Heiner Timmermann (Hrsg.)

# Sozialstruktur und sozialer Wandel in der DDR

ISSN 0932-0970

**Forum: Politik**

Herausgegeben von

Rudolf Dadder, Peter Funk,
Hartmut Gimmler, Werner Schreiber,
Uta Würfel

Heiner Timmermann (Hrsg.)

# SOZIALSTRUKTUR UND SOZIALER WANDEL IN DER DDR

dadder

Dieser Band ist zugleich Band Nr. 56
der Reihe »Dokumente und Schriften der Europäischen
Akademie Otzenhausen«



CIP-Kurztitelaufnahme der Deutschen Bibliothek

**Sozialstruktur und sozialer Wandel in der DDR** / Heiner Timmermann (Hrsg.). - Saarbrücken-Scheidt: Dadder, 1988

(Forum: Politik; 4)
ISBN 3-926406-18-6

NE: Timmermann, Heiner (Hrsg.); GT


Scheidter Straße 5A, D-6601 Saarbrücken-Scheidt
Titelentwurf: Cathrine Edlinger-Kunze, Saarbrücken
Fotosatz und Druck: K.-H. Preuß, 6639 Rehlingen-Siersburg

ISBN 3-926406-18-6

## Inhaltsverzeichnis

Deutsche Demokratische Republik
Sozialstruktur + sozialer Wandel

## Vorbemerkung

Bei der vorliegenden Publikation handelt es sich um die Veröffentlichung von Vorträgen, die während eines internationalen Kolloquiums im April 1988 in der Europäischen Akademie Otzenhausen gehalten wurden. Die Referate wurden für die Veröffentlichung überarbeitet und ergänzt.

Dr. Heiner Timmermann
stellv. Akademieleiter und verantwortlich für Konzeption, Organisation und Durchführung des Kolloquiums

## Vorwort

Die Europäische Akademie Otzenhausen ist eine Bildungs- und Forschungsstätte für Grundfragen der politischen Bildung und Wissenschaft, der deutsch-französischen Zusammenarbeit und europäischen Einigung.

Sie hat sich wiederholt mit verschiedenen poltikwissenschaftlichen Fragestellungen beschäftigt. Erstmals lud sie Wissenschaftler aus beiden deutschen Staaten, aus Frankreich, Großbritannien, Italien und Luxemburg ein, um einen Gegenstand der DDR-Forschung zu thematisieren.

Aller Skepsis zu Trotz hat diese Tagung gezeigt, daß es möglich ist, sachbezogen, wissenschaftlich fundiert, politisch engagiert und kontrovers zu diskutieren. "Wenn das Klima", so schrieb ein Wissenschaftler, "das die Tagung bestimmte, beispielgebend für die Beziehungen zwischen den beiden deutschen Staaten und Gesellschaften sein könnte, wären wir sicher einige Schritte weiter".

Die Ergebnisse dieses Kolloquiums werden hiermit vorgelegt.

Arno Krause
Akademieleiter

## Soziologie, Politik und Politikwissenschaft

Heiner Timmermann

"Ehrfurcht vor der Geschichte", so schreibt der Kieler Historiker Michael Salewski, "haben die Herrschenden nämlich niemals empfunden, Geschichte war immer nur ein politisches Instrument". (1)

Sieht es bei anderen sozialwissenschaftlichen Disziplinen ähnlich aus? Ist die instrumentelle Gefahr größer als der Nutzen für die gesellschaftliche Entwicklung und für den Fortschritt der Gesellschaft?

Soziologie befaßt sich, allgemein gesprochen, mit den Einwirkungen der Lebewesen aufeinander. (2) Sie ist die Wissenschaft vom Sozialen, d.h. den verschiedenen Formen der Vergemeinschaftung und Vergesellschaftung der Menschen. (3) Aber eine verbindliche Definition dessen, was Soziologie ist, gibt es nicht. (4) Rolshausen meint, daß die Aufzählung ihrer Gegenstandsbereiche und die Abgrenzung von anderen sozialwissenschaftlichen Disziplinen willkürlich sei. (5)

Politik bedeutet, allgemein gesprochen, Gestaltung des Gemeinwesens. Politische Wissenschaft ist der Zweig der Sozialwissenschaften, der sich mit dem Zustandekommen gesamtgesellschaftlicher oder für die Gesamtgesellschaft wichtiger Entscheidungen befaßt. (6)

Damit werden die engen Zusammenhänge und Verknüpfungen von Soziologie, Politik und Politikwissenschaft bereits durch das allgemein Begriffliche verdeutlicht.

"Die Wissenschaftskunde betrachtet den Zusammenhang der Wissenschaften und ihrer einzelnen Fächer. Damit wendet sie sich nicht an den Fachmann, sondern an die vielen Nichtspezialisten ... Für viele ist es nämlich nötig, die Wissenschaften und deren wesentlichen Inhalt im Überblick zu erkennen, ohne sich dabei in Einzelheiten zu verlieren". (7)

Die Allgemeine Soziologie wird meist in die Mikro- und Makrosoziologie und in die Soziologie des sozialen Verhaltens gegliedert.

Die Erklärung von Strukturzusammenhängen im gesamtgesellschaftlichen Rahmen zwischen den o.g. Feldern zählt zu den Hauptaufgaben der Soziologie. Unterschiedliche Machtpotentiale und eine Herrschaftsordnung begründen Sozialstrukturen, in deren Rahmen sich Lebens- und Interessenlagen der Bevölkerung in besonderer Weise schichten. Innerhalb einer Sozialstruktur (8) einer Gesellschaft werden durch Wanderungsbewegungen, Auf- und Abstieg ständige Verschiebungen durchgeführt bzw. ausgelöst, die als sozialer Wandel (9) bezeichnet werden.

In Lehre und Forschung werden eine Reihe von Gebieten der Soziologie selbständig behandelt, z.B.
- Soziologie der Familie, Ehe und anderer Verwandtschaftsgebilde
- Soziologie der Gemeinde
- Industrie- und Betriebssoziologie
- Politische Soziologie
- Rechtssoziologie
- Religionssoziologie
- Soziologie der Erziehung und Bildung
- Alterssoziologie
- Jugendsoziologie. (10)

Eine exakte Festlegung des Verhältnisses von Soziologie zu ihren Nachbarwissenschaften ist äußerst schwierig. Für unsere Betrachtung ist die Politische Soziologie der engste Nachbar der Politikwissenschaft. Wie Rudolf Heberle vor mehr als 20 Jahren feststellte, begegnet eine generalisierend soziologische Betrachtungsweise politischer Phänomene erkenntnistheoretischen Problemen. (11)

Gesellschaftswissenschaftliche Fragestellungen sind uns seit der Antike bekannt. (12) Soziale Beziehungen, Institutionen und Prozesse erfolgen in "historischer Zeit", und "Geschichte" ist nicht zu wiederholen wie ein physikalisches Experiment. Erscheinungen des politischen Lebens gehören zu den elementar sozialen. Es ist kaum möglich, allgemein gültige Gesetzmäßigkeiten des sozialen Lebens zu finden. Es gibt allerdings gewisse formale Aspekte sozialer Erscheinungen, die "für das Verständnis des politischen Lebens wichtig sind und in jeder Gesellschaft Gültigkeit haben ... Andererseits sind doch die "Zivilisation" (Toynbee) oder der "Geschichtskörper" (Alfred Weber) über lange Zeiträume relativ konstant und umfassen genügend weite Räume, um generalisierende Betrachtungen innerhalb der gegebenen Grenzen zu rechtfertigen. (13)

Sozialstruktur und sozialer Wandel sind der Gestaltung der Politik unterworfen. Die Methoden der Soziologie bestehen zunächst in tatsächlicher Feststellung und Analyse konkreter gesellschaftlicher Gebilde. In der Vielschichtigkeit der Objekte besteht das Problem, das in besonderen Fällen durch die Schwierigkeit der Datenermittlung auch durch Politik potenziert werden kann.

Die Sozialstruktur ist "die Gesamtheit der relativ dauerhaften Grundlagen und Wirkungszusammenhänge der sozialen Beziehungen und der sozialen Gebilde in einer Gesellschaft". (14) Die marxistische Sozialstruktur-Analyse geht davon aus, daß die übergreifende, die Qualität des Gesellschaftssystems prägende Ebene die Struktur der Klassen auf der Grundlage der für die gegebene Gesellschaftsformation charakteristischen Eigentumsverhältnisse ist. (15) Die Sozialstruktur-Analyse ist daher identisch mit einer Gesellschaftsanalyse.

Eine Analyse der Sozialstruktur ist eine Momentaufnahme der sie prägenden sozialen und kulturellen Prozesse. Eine möglichst umfassende Analyse der Sozialstruktur hat aber mindestens die Aufgabe, den Wandel eben dieser Struktur zu verdeutlichen und zu erfassen. (16) Dieses wird in den folgenden Beiträgen für wesentliche Bereiche der DDR versucht.

## Anmerkungen

1) Michael Salewski: Zeitgeist und Zeitmaschine. Science Fiktion und Geschichte, München 1986, S. 15.
2) Oskar Holl: Wissenschaftskunde, Bd. 1, München[2] 1976, S. 169.
3) Bernhard Schäfers (Hrsg.): Grundbegriffe der Soziologie, Opladen 1986, S. 288.
4) Harald Kerber und Arnold Schmieder (Hrsg.): Handbuch der Soziologie. Zur Theorie und Praxis sozialer Beziehungen, Hamburg 1984, S. 554 f.
5) Ebenda
6) Wolfgang Jung: Grundbegriffe aus Politik, Gesellschaft, Wirtschaft, Frankfurt 1982, S. 203; Wolfgang W. Mickel (Hrsg.): Handlexikon zur Politikwissenschaft, Bonn 1986, S. 357 ff.
7) Holl (s. Anm. 2), S. 5.
8) Schäfers (s. Anm. 3), S. 282 ff.; Gunnar Winkler (Hrsg.): Lexikon der Sozialpolitik, Berlin (Ost), 1987, S. 355 ff.
9) Kerber/Schmieder (s. Anm. 4), S. 506 ff.
10) Holl (s. Anm. 2) S. 169 f.
11) Rudolf Heberle: Hauptprobleme der Politischen Soziologie, Stuttgart 1967, S. 1 f.
12) Holl (s. Anm. 2), S. 170; P.J. Bouman: Grundlagen der Soziologie, Stuttgart 1968, S. 1 ff.; Gottfried Eisermann (Hrsg.): Die Lehre von der Gesellschaft. Ein Lehrbuch der Soziologie, Stuttgart 1973, S. 2 ff.
13) Heberle (s. Anm. 11), S. 2.
14) Schäfers (s. Anm. 8), S. 283.
15) Winkler (s. Anm. 8), S. 356.
16) Kerber/Schmieder (s. Anm. 9), S. 506.

# Sozialstruktur der DDR - Kontinuität und Wandel

Manfred Lötsch

## 1. Konturen des Problems

Wir definieren den übergreifenden Ansatz der Sozialstrukturforschung als "Struktur-Funktions-Paradigma". Aus ihm folgt, daß Strukturen nicht als separate Gegebenheiten existieren und mithin auch nicht isoliert beschrieben werden können; sie erfüllen übergreifende Systemfunktionen und lassen sich folgerichtig immer nur im Zusammenhang mit ihnen begreifen. Das hat zumindest zwei wesentliche Konsequenzen.

Erstens enthüllt dieser Blickwinkel manchen theoretischen Disput als Streit über falsch gestellte Fragen. Klassen- und schichtungstheoretische Ansätze, um ein Beispiel zu geben, verhalten sich zueinander nicht wie "wahr" oder "falsch", sondern sie stehen einfach in unterschiedlichen Erklärungszusammenhängen. Auf der einen Seite wäre es unmöglich, die Vielfalt sozialer Differenzierungen moderner Gesellschaften reduktionistisch über ein zweidimensionales Klassenmodell erklären zu wollen - wie es auf der anderen Seite schwerlich gelingen könnte, über Status- oder Schichtungsanalysen die Frage zu beantworten, ob es letzten Endes große gesellschaftliche Gruppierungen gibt, deren sozialökonomische Eigenschaften, Interessen und Verhaltensweisen gesellschaftliche **Grund**strukturen und übergreifende geschichtliche Prozesse prägen. Wenn in diesem Sinne der Marxismus von herrschenden Klassen spricht, dann meint er damit nicht einfach eine "obere Oberschicht", sondern eine komplex bestimmte soziale Gruppierung, die auf Grund ihrer Lage im gesellschaftlichen Gefüge, dabei insbesondere ihrer Stellung zum Eigentum an Produktionsmitteln, imstande ist, ihre Klasseninteressen durchzusetzen. Auch auf die Gefahr hin, ein "simples Gemüt" (Dahrendorf) gescholten zu werden, vermag ich diesem Ansatz seine Erklärungskraft nicht abzusprechen - was selbstverständlich strikt von dem Versuch abzugrenzen ist, jedes Phänomen sozialer Differenzierungen als Bewegungsform von Klassenstrukturen deuten zu wollen.

Zweitens, und das ist für diesen Beitrag wichtiger, verändern sich theoretische Blickwinkel und Ansätze mit gesellschaftlichen Bedürfnissen. Das mag für manchen Soziologen westlicher Länder verwunderlich klingen, macht jedoch eine wichtige Eigenart unseres Soziologie-Verständnisses transparent: Für uns sind Analysen und daraus hervorgehende Verallgemeinerungen immer ein Moment gesellschaftlicher Bestrebungen, Entwicklungsprozesse (vermittelt durch Erkenntnis) praktisch zu beherrschen.

In diesem Sinne leitet das Struktur-Funktions-Paradigma zu einer zutiefst praktischen Fragestellung über:

Welche übergreifenden gesellschaftlichen Entwicklungen sind (abgeleitet aus übergeordneten Zielkriterien) erstrebenswert; in welchem Maße erfüllen vorgefundene Strukturen dafür erforderliche Systemfunktionen; welche strukturellen Veränderungen sind anzustreben, um anzustrebenden Bewegungs- und Entwicklungsformen der Gesellschaft gerecht zu werden?

Das Schlüsselwort in diesem Satz heißt: Zielkriterien. Bevor eine Strukturanalyse, die nicht in bloßer Deskription versanden will, sinnvoll wird, müssen übergreifende Fragen gestellt und beantwortet werden, die mit der behandelten Thematik ziemlich genau umrissen sind: Strukturen erfüllen - als Moment der **Kontinuität** - Funktionen der Systemstablisierung, und sie wirken - als Moment von **Wandel** - als Faktoren von **Entwicklung**. Hinter all dem verbirgt sich letztlich das Problem des Fortschritts, d.h. die Frage, wie Strukturen und strukturelle Entwicklungen mit den dominierenden Werten und Fortschrittsvorstellungen einer gegebenen Gesellschaft zusammenhängen.

In diesem Sinne hat es der Soziologe nicht nur mit Interessen als Objekt seiner Forschungen zu tun; er handelt, je nachdem, zu welchem Wertesystem er sich bekennt, selbst interessengeleitet. Wer, um ein zugespitztes Beispiel zu geben, Profitmaximierung als erstrangigen Wert definiert, wird andere Strukturen erstrebenswert finden als jemand, der soziale Gerechtigkeit für wichtiger hält. In ersten Konturen läßt sich ahnen, daß wir es hier mit Problemen zu tun haben, die zentrale Punkte des Zusammenhangs von wissenschaftlich-technischem und sozialem Fortschritt betreffen.

Wenn wir nach diesen allgemeineren Erörterungen allmählich zum Kern der Dinge kommen wollen, so können wir sagen, daß es die heutige sozialistische Gesellschaft (nicht nur in der DDR) mit zwei übergeordneten Erfordernissen (Zielkriterien) zu tun hat. Auf der einen Seite definiert sich der Sozialismus als Gesellschaft, die nach der Überwindung überkommener Klassengegensätze verbliebene soziale Unterschiede weiter aus der Welt schaffen will: nicht nur zwischen Klassen und Schichten, sondern ebensosehr zwischen geistiger und körperlicher Arbeit, zwischen Stadt und Land, letztlich in der Gesamtheit der für das Phänomen "soziale Ungleichheit" relevanten gesellschaftlichen Umstände. Wie man weiß, wurden im konzeptionellen Denken unserer Länder Zielvorstellungen, die auf die Schaffung einer durch soziale Gleichheit charakterisierten Gesellschaft gerichtet sind, im Verlauf der siebziger und vor allem der achtziger Jahre einschneidend präzisiert - das heißt nicht, daß Gleichheitsziele ad acta gelegt oder kommenden Generationen überwiesen würden. Sie bleiben (man denke an untere Niveaus materieller Lebenslagen, an wesentliche soziale Unterschiede im Zusammenhang mit dem Inhalt und den Bedingungen der Arbeit, an gewichtige Unterschiede im Entwicklungsniveau von Territorien etc.) Gegenstand aktueller Anstrengungen; was sich im konzeptionellen Denken veränderte war die differenziertere und realistischere Einordnung aktueller Ziele und Erfordernisse in größer dimensionierte historische Zielvorstellungen. Der zweite Bezugspunkt ergibt sich aus dem Umstand, daß soziale Strukturen mit der ökonomischen Effektivität gesellschaftlicher Systeme zusammenhängen: im weitesten Sinne mit ihrer Fähigkeit zu Wirtschaftswachstum, im engeren Sinne mit ihrer Innovationsfähigkeit. Folglich lassen sich die gesuchten übergreifenden Zielkriterien leicht mit zwei Eckbegriffen zusammenfassen: sozialstrukturelle Entwicklungen in der sozialistischen Gesellschaft unterliegen (a) Gleichheitszielen und (b) Effektivitätserfordernissen.

Genau an dieser Stelle beginnt das Problem. Augenscheinlich wirken beide Zielkriterien nicht automatisch in die gleiche Richtung. Sie bilden ein Spannungsfeld, das sich im globalen Vergleich zunächst eindeutiger definieren läßt als im Inneren der sozialistischen Gesellschaft, dort aber, auf andere Weise und in einem anderen gesellschaftlichen Kontext, ebenfalls wirkt. Um zunächst die globalen Dimensionen anzudeuten: Segmentierungsstrategien, wie sie in den meisten kapitalistischen Industrieländern mit mehr oder weniger ausgeprägter Konsequenz verfolgt werden und deren Leitideen mit den Eckpunkten "Eliteförderung" und "Ausgrenzung" ziemlich genau definierbar sind, lassen sich schwerlich als "sozial anmutig" deuten; aber ebensowenig könnte man ihnen vorwerfen, daß sie uneffektiv wären: Leistungsdruck und wirtschaftliche Dynamik erzeugen sie allemal. Innere Probleme des Sozialismus lassen sich nicht außerhalb dieses globalen Kontextes denken: Während konzeptive Denker des heutigen Konservatismus mit staunenswerter Bedenkenlosigkeit soziale Ungleichheit als Bedingung für Freiheit legitimieren ("Freiheit versus Gleichheit"), sieht sich die marxistische Soziologie sozialistischer Länder Gleichheitszielen verpflichtet und Effizienzerfordernissen ausgesetzt. Das ist, können wir bis hierhin zusammenfassend sagen, der springende Punkt. An der Art und Weise, wie in dieser Hinsicht gedacht wurde, ließe sich ohne Mühe die ganze Geschichte der soziologischen Sozialstrukturforschung in der DDR festmachen.

## 2. Alte und neue Fragen der Sozialstrukturforschung: Kontinuität und Wandel

Die empirische Beschäftigung mit der Analyse sozialer Strukturen begann in der DDR gegen Ende der sechziger Jahre. Eine Zusammenfassung der Entwicklung des konzeptionellen Denkens findet der Leser vor allem in den aus den Soziologie-Kongressen hervorgegangenen Publikationen. Auf dem ersten Kongreß (1) dominierte die Suche nach relevanten Fragestellungen, so nach methodologischen und statistisch-methodischen Grundlagen der Klassenanalyse (2), in diesem Kontext die Diskussion über Wesenszüge, Umfang und quantitative Bestimmung der Klassen und Schichten. (3)

In der zweiten Phase wurden die Dinge schon konkreter (4); in ihr wurde versucht, empirische Ergebnisse einer repräsentativen Studie zur Struktur der Arbeiterklasse mit weiterführenden konzeptionellen Fragen zu verbinden (5). Das zentrale Thema dieser Überlegungen war die Relation zwischen sozialer Gleichheit und sozialen Unterschieden, dabei über die empirische Ortung sozialer Differenzierungen hinaus die Frage nach deren objektiven Grundlagen und den entsprechenden theoretischen Bewertungskriterien. Diese Überlegungen fanden in einer Zeit statt, in der es keineswegs als selbstverständlich galt, daß wesentliche soziale Unterschiede relativ stabile, in vielen Fällen geradezu zählebige Erscheinungen sind; vielmehr dominierte die Vorstellung, nach der Überwindung alter Klassenstrukturen würden auch alle anderen sozialen Unterschiede in einem relativ kurzen Zeitraum verschwinden. Diese Untersuchungen machten deutlich, daß neben dem Faktor "Eigentumsverhältnisse" eine zweite Determinante sozialer Unterschiede in Rechnung zu stellen ist: die gesellschaftliche Arbeitsteilung. Das führte nicht nur zu tieferen Einsichten in das langfristige Beharrungsvermögen sozialer Unterschiede, sondern zu einer noch weitergehenden Verallgemeinerung: Die Differenzierungsdominante innerhalb der sozialistischen Gesellschaft ist nicht mehr die Achse "Eigentum und Klassen", sondern die Achse "Arbeitsteilung (vertikal und horizontal), geistiges Niveau der Arbeit, Bildung und Qualifikation".

Mit dem Ende der siebziger Jahre begann eine Entwicklung, die man durchaus als tiefgehenden Wandel im konzeptionellen Denken charakterisieren kann. Bis dahin galten soziale Differenzierungen ziemlich summarisch als negative Erscheinungen; die Diskussion wurde im wesentlichen darüber geführt, auf welche Weise und in welchen Zeiträumen sie überwunden werden könnten. Allmählich bildete sich die Einsicht heraus, daß wir es hier mit einem weit komplizierteren Thema zu tun haben; so versuchte der 3. Soziologie-Kongreß, die Dialektik von sozialer Gleichheit und sozialen Unterschieden als gleichermaßen wesentliche Eigenschaften der Lebensweise in einer sozialistischen Gesellschaft zu erfassen (6). Nach manchen Diskussionen (7) bildete sich ein weitgehender Konsensus heraus, dessen Hauptpunkte sich so zusammenfassen lassen (8):

**Erstens**: Die Zielvorstellung selbst ist von falschen Simplifikationen freizuhalten (bzw. dort, wo sie eingetreten sind, freizumachen). Soziale Gleichheit und Uniformität sind zwei grundverschiedene Dinge; anzustreben ist nicht eine Gesellschaft, in der Lebenslagen, Lebenstile etc. auf einen gemeinsamen Durchschnitt hin nivelliert worden sind, sondern eine Gesellschaft gleicher Entwicklungsmöglichkeiten und Lebenschancen, was Vielfalt nicht ausschließt, sondern geradezu meint und bedingt. (9)

**Zweitens**: Innerhalb des gesamten Phänomens "soziale Differenziertheit" sind unterschiedliche Sachverhalte, hinter denen sich unterschiedliche Problemlagen verbergen, voneinander abzuheben. Bewertungskriterien sind: a) strukturelle Konsistenz (Ausmaß des Zusammenfallens vieler Faktoren des sozialen Status); b) Maß der Niveauunterschiede; funktionale und disfunktionale Wirkungsweise sozialer Differenzierungen.

**Drittens**: Die Ortung unterschiedlicher Problemlagen führt zu unterschiedlichen gesellschaftlichen Strategien, abgegrenzt von der pauschalen Vorstellung, das Maß an Unterschiedslosigkeit schlechthin als das übergreifende Fortschrittskriterium der sozialistischen Gesellschaft anzusehen.

A. Soziale Ungleichheit, bestimmt durch den Kontrast zwischen konsistent ungünstigen Lebenslagen auf der einen und höheren auf der anderen Seite, ist zielstrebig zu überwinden; nicht durch "Nivellierung nach unten", sondern durch Anhebung der unteren Niveaus bzw. dadurch, daß die Reproduktionsmechanismen solcher Differenzierungen aufgehoben werden. Konkrete soziale Problemlagen dieses Typs sind untere Niveaus materieller Lebensbedingungen, physisch gefährdende und geistig anspruchslose Arbeit, niedrigere reale Bildungschancen (bei institutioneller Chancengleichheit) für Kinder aus Familien mit niedriger Bildung und Qualifikation, ungünstige (problematische) Wohnbedingungen u.a.m. (10)

B. Unterhalb der Ebene (A), bei deren Bewertung Effizienzüberlegungen keine Rolle spielen dürfen, können nichtoptimale Strukturen (Strukturdefekte) a) als disfunktionale Differenzierungen und b) als disfunktionale Nivellierungen in Erscheinung treten. Exemplarisch für diesen Problemtyp stehen die beiden Grundrichtungen, in denen Abweichungen vom Leistungsprinzip möglich sind (und real hinreichend oft vorkommen): Einkommens- und Belohnungs**unterschiede**, die auf andere Faktoren als auf Leistungsunterschiede zurückgehen, und Einkommens- und Belohnungs**nivellierungen** über Leistungsunterschiede hinweg. Disfunktionale Strukturen dieses Typs sind in funktionale Differenzierungen zu transformieren, vorausgesetzt, daß diese Transformation nicht in die Reproduktion von Ungleichheit (Typ A) umschlägt.

C. Soziale Besonderheiten, die nicht oder nicht notwendigerweise Niveauunterschiede in Lebenslagen und Lebensbedingungen einschließen, sind nicht nur keine Alternative zu Gleichheitszielen, sondern recht eigentlich deren Bewegungs- und Erscheinungsform. Wenn, um ein Beispiel zu geben, die Lebensbedingungen des Landes nicht notwendigerweise schlechter sind als die der Stadt, sondern eben einfach anders, lassen sich Gleichheitsziele sehr wohl mit der Wahrung der Eigenarten der einen oder anderen Siedlungsform und der ihr eigenen Lebensweise vereinbaren.

Somit tritt an die Stelle der vereinfachten Vorstellung: "Je weniger Unterschiede, desto besser!" ein weitaus differenzierteres Analyse- und Bewertungskonzept, auf dessen Basis für jeden Typ sozialer Differenziertheit gesagt werden kann (und muß), welchem Grundtyp er angehört und welche Lösungsstrategien anzuraten sind. Daß dies viel mühevoller ist als die pauschale Bewertung nach einem vorgegebenen Klischee liegt in der Natur der Sache, aber anders ist die diffizile Frage, wie sowohl die Verwirklichung sozialer Grundwerte (Gleichheit, Gerechtigkeit, soziale Sicherheit) als auch die Ausprägung funktionaler Differenzierungen Entwicklungspotentiale (11) freisetzen kann, nicht zu beantworten.

Die hier nur in Konturen skizzierte Wende im konzeptionellen Denken, die etwa mit dem Übergang von den siebziger zu den achtziger Jahren zusammenfällt, hat Hintergründe, die aus der inneren Entwicklung der Soziologie nicht zu erklären sind. Hier sind vor allem zwei Faktoren wesentlich:

Mit den siebziger Jahren vollzog sich in der DDR wie in anderen Industrieländern der Übergang zu einem Wachstumstyp, den wir als intensiv-erweiterte Reproduktion definieren. Diese Wende in der volkswirtschaftlichen Wachstumsstrategie ging mit veränderten Trends der sozialstrukturellen Entwicklung einher. Das quantiativ verfügbare Arbeitskräftepotential wächst nicht weiter an, weil die einzige Quelle (12), die es dafür bei ständigem Rückgang der Gesamtbevölkerung gab - die Zunahme der Berufstätigkeit der Frauen - erschöpft ist; zugleich ist ein Wachstum des Arbeitskräftepotentials in der Industrie oder in Dienstleistungsbereichen auf Kosten der Landwirtschaft nicht mehr möglich. In den fünfziger bis siebziger Jahren erweiterte sich das Qualifikationsniveau extensiv: Die Proportion zwischen Un/Angelernten - Facharbeitern - Werktätigen mit Fach- oder Hochschulausbildung betrug Ende der vierziger Jahre 75 : 23 : 2; gegenwärtig beträgt sie 15 : 64 : 21. Nunmehr verändert sich die Qualifikationsstruktur nur noch in dem Maße, wie ältere Berufstätige aus dem Arbeitsprozeß ausscheiden und jüngere in ihn eintreten; innerhalb jedes Ausbildungsjahrgangs hat sich die genannte Proportion seit Mitte der siebziger Jahre stabil bei 10 : 65 : 25 eingependelt. (13)

Aus der Gesamtheit der Konsequenzen, die mit diesen Stabilisierungstendenzen zusammenhängen, scheinen mir zwei (im Hinblick auf unsere Rahmenthematik) besonders erwähnenswert zu sein. Erstens geht mit dem Ende extensiver struktureller Entwicklungen auch das Ende damit verbundener unterschiedsreduzierender Wirkungen einher: Auf das momentan und auf absehbare Zeit nicht zu unterschreitende Minimum reduziert, bleiben niedrigere Bildung und Qualifikation Faktoren im Gefüge sozialer Unterschiede. Zweitens stellen sich Fragen, die mit dem Eckpunkt "Effizienz" zusammenhängen, nunmehr völlig anders. Solange Ressourcen extensiv erweitert werden können, lassen sich Löcher, in denen Effektivität versickert, extensiv kompensieren. (Das gilt im übrigen nicht nur für die Ressource "Qualifikation" und nicht nur für die DDR: Man denke an die globalen Mißverständnisse, die aus der Vorstellung hervorgegangen sind, die Energiequellen wären so gut wie unerschöpflich.)

Spätestens mit den siebziger Jahren wurde - zusammen mit der Einsicht, daß extensive Wachstumsquellen an ihre Grenzen gestoßen sind - klar, welche Herausforderung für die DDR die wissenschaftlich-technische Revolution darstellt. Da das Tempo dieses Prozesses letztlich durch globale Gesetze der Produktivkraftentwicklung bestimmt wird (in erster Linie durch die permanente Rückkopplung zwischen Basisinnovationen, Diffusionsprozessen und der mit wachsender Anwendungsbreite verbundenen Perfektionierung in der Beherrschung des technologischen Grundprinzips), mußte über die Konsequenzen, die sich aus dieser Herausforderung ergeben, neu nachgedacht werden.

## 3. Intelligenzentwicklung zwischen "Elitebildung" und "Nivellierung"

Dreh- und Angelpunkt des neuen Wachstumskonzeptes ist die völlig neue Rolle der Wissenschaft, wobei die Dimensionen neuer Fragen durch den Umstand verstärkt werden, daß sich die DDR (wie andere sozialistische Länder) erheblichen Blockaden im Technologietransfer (COCOM) gegenübergestellt sieht, was die Entwicklung und Nutzung des eigenen Wissenschaftspotentials in den Mittelpunkt rückt. (14) Natur- und Technikwissenschaft, so könnte man das Wesen des Problems zusammenfassen, werden zu erstrangigen Wachstumsfaktoren; von ihrer Entwicklung hängen ökonomisches Wachstum und gesellschaftlicher Fortschritt (was nicht automatisch zusammenfällt) in einem völlig anderen Maße ab als unter den Bedingungen des vorwiegend extensiven Wachstums.

Dieser veränderte gesellschaftliche Kontext führte zu neuen Akzentuierungen in den soziologischen Fragestellungen, vor allem in den Forschungen zur Sozialstruktur. In den vorangegangenen Phasen konzentrierte sich die Aufmerksamkeit auf die Entwicklung der Arbeiterklasse und der Bauernschaft - logischerweise, könnte man sagen, denn in diesen großen gesellschaftlichen Gruppen gingen in dieser Zeit (zwischen den fünfziger und siebziger Jahren) die interessantesten Veränderungen vor sich (15). Besonderes Interesse beanspruchten jene Vorgänge, die wir als "soziale Annäherung" definieren, womit gemeint ist, daß innerhalb des gesellschaftlichen Gefüges sozialer Unterschiede Klassenunterschiede immer mehr an Bedeutung verlieren. Diese Entwicklungen nährten im übrigen auch die Vorstellung von einer gradlinigen und kurzfristigen Reduzierung sozialer Unterschiede in ihrer Gesamtheit.

Ein Effekt dieser Idee war die Vorstellung, daß es auch in der Entwicklung der Intelligenz darum ginge, die Unterschiede zwischen ihr und der Arbeiterklasse zügig zu überwinden. Das war durchaus nicht einfach ein Mißverständnis. Im Hinblick auf die Intelligenz, wie sie aus der alten Gesellschaft hervorgegangen war, ging es in der Tat um tiefgreifende Veränderungen, so um Chancengleichheit und Mobilitätsoffenheit. Im Hinblick auf die Entwicklung von Bildung und Qualifikation konzentrierte sich die Aufmerksamkeit aus mehreren Gründen auf die Arbeiterklasse: weil dort (durch den Zustrom von Landbevölkerung und die sich rasch ausdehnende Berufstätigkeit der Frau) untere Niveaus in einem historisch kurzen Zeitraum überwunden werden mußten und weil vorauszusehen war, daß die Entwicklung von Wissenschaft und Technik und ihr Eindringen in die materielle Produktion mit übernommenen Strukturen (75 % Un- und Angelernte 1949) nicht zu bewältigen sein würden.

Heute sehen wir, wie richtig es war, nicht einseitig auf die Ausdehnung der akademischen Ausbildung zu setzen. Hochtechnologien wie FMS (Flexible Manufacturing Systems) führen weder zu dominierender Dequalifizierung noch dazu, daß etwa der Hochschulingenieur zum bestimmendenTypus des materiellen Produzenten würde. Sie kommen mit gewordenen Strukturen ganz gut zurecht: der bestimmende Typ des materiellen Produzenten bleibt der Facharbeiter, freilich mit anderen Ausbildungsinhalten und Berufsbildern, während das Betätigungsfeld wissenschaftlich ausgebildeter Arbeitskräfte die Vorlaufbereiche im weiteren Sinne (von Forschung und Entwicklung bis zur Überleitung) bleiben. Da nun aber das Tempo des Gesamtprozesses an der Spitze bestimmt wird, d.h. durch den wissenschaftlichen Vorlauf, werden die mit der Intelligenzentwicklung zusammenhängenden Fragen gesellschaftlich immer wichtiger und soziologisch entsprechend interessanter.

Dabei geht es nicht einfach um die Intelligenz im breitesten Sinne des herausgebildeten Begriffsverständnisses, sondern um die sozialen Träger der Wissenschaftsentwicklung. Die DDR verfügt, um einige quantitative Kontoren zu erwähnen, über knapp 1% des Weltpotentials der Wissenschaft, was immerhin erheblich mehr ist als ihr Anteil an der Weltbevölkerung. Verglichen mit der BRD verfügt die DDR, bezogen auf 1000 Beschäftigte in der materiellen Produktion, über mehr als doppelt so viele Ingenieure und Diplomingenieure (16). In den europäischen RGW-Ländern entfielen Mitte der siebziger Jahre auf je 10 000 Einwohner 128 Beschäftigte in der Wissenschaft, darunter 42 Wissenschaftler im engeren Sinne. Vergleichsweise waren es in der BRD 67 Personen, darunter 17 Wissenschaftler. (17) In der DDR kommen auf 10 000 Einwohner 54 Hoch- oder Fachschulkader für Forschung und Entwicklung, in anderen Ländern sind es: USA = 25; Japan = 29; BRD = 17; England = 14; Schweden = 20; Frankreich = 12. (18) Insgesamt arbeiten in den RGW-Ländern etwa 30% aller Wissenschaftler der Welt.

Mit diesen Daten, die manche methodische Ungenauigkeit enthalten mögen, weil der Vergleich von Bildungsstrukturen viele Unschärfen enthält, sind die Konturen des Problems ziemlich genau umrissen: Größe des Potentials und Effektivität fallen nicht zusammen. Es kommt hinzu, daß mit einer weiteren extensiven Ausdehnung des personellen Wissenschaftspotentials kaum gerechnet werden kann, weil ab Mitte der neunziger Jahre der Ersatzbedarf durch die ausbildungsstarken Jahrgänge (ab Beginn der sechziger Jahre) bestimmt wird, so daß schon die einfache Reproduktion schwierig genug ist.

Vor diesem Hintergrund mußte das um die Eckpunkte "Gleichheitsziele" und "Effizienzerfordernisse" gruppierte Problem neu durchdacht werden. Eine der Ursachen für den Widerspruch zwischen der quantitativen Größe des Wissenschaftspotentials und seiner Effektivität fanden wir in nichtoptimalen Strukturen vom Typ disfunktionaler Nivellierungen: im Hinblick auf Verteilungsverhältnisse und Erfordernisse des Leistungsprinzips; im Hinblick auf die unzureichende Ausprägung der funktionellen und sozialen Eigenheiten wissenschaftlicher Arbeit (Durchschlagen bestimmter Funktionsprinzipien der Großindustrie auf wissenschaftliche Abläufe, Überlagerung wissenschaftlicher Arbeit mit anderen Elementen etc.); schließlich im Hinblick auf ein komplexes Gefüge von Lebenslagen und Wertorientierungen. Am Ende kulminiert das Problem - innerhalb der Gesamtheit des Wissenschaftspotentials - bei den sozialen Mechanismen, über die der kreative Kern oder die Leistungsspitze der Wissenschaftsintelligenz (was in der DDR zwischen 20.000 und 30.000 Personen sein könnten) formiert und reproduziert wird. Ohne soziale Besonderheiten, so etwa ließen sich unsere Überlegungen zusammenfassen, ist eine sich in ihren Leistungen über das Mittelmaß erhebende wissenschaftliche Intelligenz nicht zu haben.

Wie man weiß, haben diese Überlegungen (die hier nur in Konturen skizziert werden konnten), in der wissenschaftlichen Literatur und in der Tagespublizistik westlicher Länder (vor allem der BRD) bemerkenswerte Reaktionen ausgelöst: teils konservatives Frohlocken, daß nun auch die DDR den Weg zur "Elitebildung" einschlüge, teils die besorgte Frage, ob mit der Betonung der sozialen Besonderheiten der Intelligenz nicht eine Reprivilegierung gemeint sei, was Grundwerte des Sozialismus erheblich beschädigen müsse.

Wie auch immer motiviert: das sind Mißverständnisse. Erstens geht es um andere - sozialismusspezifische - Größen- und Maßverhältnisse. Mit der Durchsetzung des Leistungsprinzips sind Belohnungsdifferenzierungen gemeint, die realen Leistungsunterschieden angemessen sind - und nicht etwa Größenordnungen, wie sie für bestimmte Bereiche der Hochtechnologieforschung der westlichen Welt (vom Top-Management ganz zu schweigen) charakteristisch sind. Was als "angemessen" zu gelten hat, ist kein Gegenstand intellektueller Spekulation, sondern wird durch das übergreifende gesellschaftliche Wertesystem bestimmt. Akzeptiert man "Gerechtigkeit" als Grundwert, können sowohl nicht durch Leistung hervorgerufene Differenzierungen als auch am Leistungsprinzip vorbeigehende Nivellierungen als ungerecht gelten.

Zweitens sind soziale Besonderheiten keineswegs, wie gelegentlich eingewendet wird, ein anderes Wort für Privilegien. Wenn spezifische soziale Gruppen spezifische Funktionen im Gefüge der gesellschaftlichen Arbeitsteilung auszuüben haben, dann haben die für die Erfüllung dieser Funktion nötigen sozialen Einheiten eine instrumentale, nicht aber eine soziale Ungleichheit konstituierende Funktion: Jede soziale Gruppe benötigt die Arbeits- und Lebensumstände, die sie befähigen, ihrer Funktion im gesellschaftlichen Ganzen gerecht zu werden. Niemand, um ein einfaches Beispiel zu geben, kommt auf die Idee, einen Bauern für privilegiert zu halten, weil er im Unterschied zum Arbeiter ein eigenes Haus besitzt, warum sollte es dann ein Wissenschaftler sein, wenn spezifische Arbeitsbedingungen, Freiräume für kreatives Denken, internationale Kommunikation etc. zu den Funktionsbedingungen **seiner** Arbeit gehören? Gemeint sind funktionsbedingte Besonderheiten, nicht unverdiente Vorrechte.

Drittens und vor allem steht das Problem der Ausprägung sozialer Besonderheiten der wissenschaftlichen Intelligenz in einem völlig anderen gesamtgesellschaftlichen Zusammenhang. In einer Gesellschaft, die Teile des gesellschaftlichen Ganzen durch Segmentierung ausgrenzt und zu Rationalisierungsverlierern macht, in der bestimmte Bildungswege (Stanford, Harvard etc.) nur erlangt werden können, wenn ein bestimmter sozialer Status vorgegeben ist, wirkt die konzentrierte Entwicklung einer wissenschaftlichen Leistungsspitze in der Tat elitär - was keineswegs der Fall ist, wenn es gelingt, soziale Sicherheit als unteilbares Grundprinzip zu gewährleisten, die soziale Gleichheit der Bildungschancen über rechtliche und institutionelle Gleichstellungen hinaus zu garantieren, mit technologischem Wandel Arbeiten mit niedrigem geistigem Anspruchsniveau zu reduzieren etc. All das muß zumindest mitgedacht werden, wenn aus der Ausprägung der sozialen Besonderheiten der Intelligenz keine irreführenden Schlüsse gezogen werden sollen. Es wäre lohnend, in einer weiteren Begegnung den Themenkreis "Effizienz und soziale Sicherheit" zu behandeln.

## Anmerkungen

1) Soziologie im Sozialismus. Berlin 1970 (Schriftenreihe Soziologie, Sammelband).
2) Ebenda, S. 402 ff.
3) Zur Sozialstruktur der sozialistischen Gesellschaft (Sammelband). Berlin 1975 (Schriftenreihe Soziologie).
4) Soziologische Probleme der Klassenentwicklung in der DDR (Sammelband). Berlin 1975 (Schriftenreihe Soziologie).
5) Manfred Lötsch: Über die soziale Struktur der Arbeiterklasse. In: ebenda, S. 89 ff.
6) Lebensweise und Sozialstruktur (Sammelband), Berlin 1981 (Schriftenreihe Soziologie)
7) Ausführlicher dazu:
Manfred Lötsch: Sozialstruktur und Wirtschaftswachstum. In: "Wirtschaftswissenschaft" 1/1980.
Joachim Freitag/Manfred Lötsch: Sozialstruktur und soziale Mobilität. In: Jahrbuch für Soziologie und Sozialpolitik, Berlin 1981, S. 84 ff.
Artur Meier: Bildung im Prozeß der sozialen Annäherung und Reproduktion der Klassen und Schichten, ebenda, S. 116 ff.
Manfred Lötsch/Gerhard Wörner: Materielle Lebensbedingungen und Annäherungsprozesse. In: Jahrbuch für Soziologie und Sozialpolitik 1983, S. 161 ff.
8) Eine ausführliche Darstellung dieses Konzepts siehe: Ingrid Lötsch/Manfred Lötsch: Soziale Strukturen und Triebkräfte: Versuch einer Zwischenbilanz und Weiterführung der Diskussion. In: Jahrbuch für Soziologie und Sozialpolitik 1985, S. 159 ff.
9) Ganz im Sinne der bekannten Formulierung von Karl Marx und Friedrich Engels, daß es um eine Gesellschaft ginge, "worin die freie Entwicklung eines jeden die Bedingung für die freie Entwicklung aller ist". In: Marx/Engels, Werke Band 4, Berlin 1959, S. 482.
10) Ausführlicher dazu:
Artur Meier: Soziologie des Bildungswesens. Berlin 1974, vor allem S. 156 ff. und 291 ff.
Rudi Weidig u.a.: Abschnitt "Entwicklung des Verhältnisses von körperlicher und geistiger Arbeit und von Qualifikation und Bildung, Autoren: Manfred Lötsch/Artur Meier.

11) Soziale Triebkräfte ökonomischen Wachstums (Sammelband). Berlin 1986 (Schriftenreihe Soziologie).

12) Die Wohnbevölkerung der DDR ging von 1949 bis 1986 von 18,3 Mio auf 16,64 Mio zurück. Statistisches Jahrbuch der DDR 1987, S. 1.
Im gleichen Zeitraum stieg die Zahl der Beschäftigten von 7,31 Mio auf 8,55 Mio an. Ebenda, S. 17.
Die Zahl der weiblichen Beschäftigten erhöhte sich in diesem Zeitraum vom 2,89 Mio auf 4,20 Mio. Ebenda, S. 17.

13) Ingrid Lötsch: Zur Entwicklung des Bildungs- und Qualifikationsniveaus in der DDR. In: Jahrbuch für Soziologie und Sozialpolitik 1985, S. 511 ff.

14) Direktive des XI. Parteitages der SED zum Fünfjahresplan für die Entwicklung der Volkswirtschaft der DDR in den Jahren 1986 bis 1990. Berlin 1986.

15) Ausführlicher dazu:
Siegfried Grundmann/Manfred Lötsch/Rudi Weidig: Zur Entwicklung der Arbeiterklasse und ihrer Struktur. (Schriftenreihe Soziologie) Berlin 1976.
Kurt Krambach u.a.: Genossenschaftsbauern - gestern, heute, morgen. Berlin 1977.

16) Harry Nick u.a.: Ökonomische und soziale Wirksamkeit des wissenschaftlich-technischen Fortschritts. Berlin 1986, S. 52.

17) Internationales Autorenkollektiv: Das Kaderpotential der Wissenschaft im Sozialismus. Berlin 1982, S. 168.

18) ebenda, S. 170.

# Aspekte des sozialen Wandels in der DDR

Rüdiger Thomas

## 1. Ausgangspunkt: Transformation oder Modernisierung

"Die Deutsche Frage ist ... nicht eine politische Frage an andere, sondern eine soziale Frage an uns selbst." (1) Mit dieser These resümiert Ralf Dahrendorf ein zentrales Ergebnis seiner Studie über "Gesellschaft und Demokratie in Deutschland", die den Zusammenhang zwischen Gesellschaft und Nation in der deutschen Geschichte aus der Perspektive einer historisch orientierten Sozialwissenschaft reflektiert. In dieser Sichtweise kann die deutsche Nachkriegsgeschichte - sozialhistorisch gewendet - als Prozeß gesellschaftlicher Modernisierung gedeutet werden, doch tritt bei einer solchen Betrachtungsweise der Systemantagonismus, der sich in der doppelten Staatsgründung des Jahres 1949 manifestierte, besonders deutlich in Erscheinung. Während sich in der Bundesrepublik Deutschland sozialer Wandel und gesellschaftliche Modernisierung unter den politischen Rahmenbedingungen einer "Demokratiegründung" (Karlheinz Niclauß) vollzogen, stand die Entwicklung der DDR unter dem Vorzeichen einer "sozialistischen Revolution". Damit war zunächst auf das historisch "Unabgegoltene" (Ernst Bloch) in der deutschen Geschichte - das Scheitern einer "bürgerlichen Revolution" - verwiesen, womit folgerichtig ein nationaler Anspruch der DDR-Politik verbunden war. Gleichzeitig bezeichnet diese Charakterisierung einen Prozeß gesamtgesellschaftlicher Transformation, der nicht nur eine Umwälzung der politischen Machtverhältnisse, sondern gleichzeitig eine Umgestaltung der Wirtschaftsordnung und einen Wandel der Sozialstruktur beinhaltet. Die Herausbildung und Ausprägung einer neuen sozialistischen Gesellschaft erscheint dabei als das Hauptziel der DDR-Politik.

Hermann Rudolph hat die "Konturen der DDR-Gesellschaft" (2) am Beginn der 70er Jahre als eigentümliche Verschränkung von Kontinuität und Wandel, Modernisierung und Transformation beschrieben: "Die DDR-Gesellschaft ist, erstens, im Ansatz eine Industriegesellschaft oder, genauer, eine Gesellschaft mit industriegesellschaftlicher Mentalität; sie ist, zweitens, eine Gesellschaft, die vor allem durch das politische System geformt wird, das ihre politische Führung durchzusetzen versucht; sie ist, drittens, eine deutsche Gesellschaft und, viertens, eine Gesellschaft, die tief von den Erfahrungen der Nachkriegszeit geprägt ist." (3) Fast gleichzeitig - wenige Monate nach der Unterzeichnung des Grundlagenvertrages - hat Erich Honecker demgegenüber die fundamentale Kluft hervorgehoben, die zwischen beiden deutschen Gesellschaften entstanden sei: "Wer die seit der Beendigung des zweiten Weltkrieges vergangenen Jahrzehnte prüft, ... der wird eingestehen müssen, daß nicht Sprache und Kultur die Grenze zwischen der Deutschen Demokratischen Republik und der Bundesrepublik Deutschland gezogen haben, sondern die unterschiedliche, ja gegensätzliche soziale Struktur der Deutschen Demokratischen Republik und der Bundesrepublik Deutschland." (4)

Während Rudolph die gemeinsame historische Tradition und den industriegesellschaftlichen Charakter der DDR-Gesellschaft unterstreicht, wird die Systemspezifik der DDR in der Sichtweise Honeckers vorrangig auf den sozialökonomischen Wandel zurückgeführt. Im Kontrast dieser Urteilspositionen zeigt sich nicht nur ein Politikum. Er verweist zugleich auf ein interessantes Forschungsproblem, dessen Kernfrage lautet: Wie hat sich der strukturelle Antagonismus beider deutscher Staaten auf die Entwicklung beider deutscher Gesellschaften ausgewirkt? Indem wir im folgenden Faktoren, Elemente und Resultate sozialen Wandels in der DDR skizzieren, soll eine sozialwissenschaftlich begründete Antwort auf diese Frage versucht werden. Sozialer Wandel wird dabei als "Gesamtheit der in einem Zeitabschnitt erfolgenden Veränderungen in der Struktur einer Gesellschaft" (Heintz) verstanden, die gleichermaßen eine "Veränderung der zentralen institutionellen Ordnung" (Lockwood), eine "Veränderung des Personals in den Führungspositionen von Herrschaftsverbänden" (Dahrendorf), einen "Wandel der sozialen Beziehungen" (Don Martindale) und einen "Wandel des gesamtgesellschaftlichen Wertsystems" (Parsons) beinhaltet. (5)

## 2. Faktoren des sozialen Wandels

Die Transformation des politischen und ökonomischen Systems, die seit 1945 in der damaligen sowjetischen Besatzungszone unter dem Vorzeichen einer "antifaschistisch-demokratischen Umwälzung" eingeleitet wurde, hat auch einen tiefgreifenden Wandel der Sozialstruktur bewirkt. Im Rahmen der Entnazifizierung wurde in den ersten Nachkriegsjahren eine weitgehende Reorganisation von Justiz und Verwaltung vollzogen. Die meisten Richter und Staatsanwälte wurden aus dem Dienst entfernt. Das Berufsbeamtentum wurde abgeschafft. Allein in Thüringen wurden über 60.000 Personen aus der Verwaltung entlassen. (6) An den allgemeinbildenden Schulen wurden bis zum Beginn des Schuljahres 1946/1947 40.000 Neulehrer eingestellt, die nach Absolvierung kurzer Vorbereitungskurse ihre Tätigkeit aufnahmen.

Diese wenigen Beispiele lassen bereits den engen Zusammenhang zwischen einer Abstiegs- und Aufstiegsmobilität erkennen, bei der sich erhebliche Schwierigkeiten im Hinblick auf eine kurzfristige Rekrutierung geeigneter Führungskräfte ergeben mußten. Daher bemühte man sich im Hochschulwesen um eine wesentliche Erhöhung des Arbeiteranteils unter den Studierenden, um auf diese Weise eine zuverlässige Kaderreserve aufzubauen. 1950 betrug der Anteil der Arbeiter- und Bauernkinder an der Gesamtzahl aller Studierenden bereits ein Drittel. Durch diesen politisch induzierten sozialen Wandel wurde eine weitgehende gesellschaftliche Mobilisierung in der DDR eingeleitet, die sich durch die ökonomische Entwicklung der frühen Nachkriegszeit noch verstärkte.

In der Wirtschaftspolitik der SBZ erfolgten grundlegende Veränderungen der Eigentumsstruktur: die im September 1945 begonnene Bodenreform führte zur entschädigungslosen Enteignung von Grundbesitz über 100 Hektar und erfaßte etwa 14.000 Betriebe, denen rund ein Drittel der gesamten landwirtschaftlichen Nutzfläche gehört hatte. Es entstanden mehr als 210.000 Neubauernwirtschaften, die insbesondere von Umsiedlern und ehemaligen Landarbeitern übernommen wurden. Durch die Bodenreform waren insgesamt 560.000 Bodenempfänger begünstigt. (7)

Eine Teil-Verstaatlichung der Industrie war mit der "Enteignung der Kriegsverbrecher und Nazi-Aktivisten" nach einem Volksentscheid, der im Juni 1946 in Sachsen durchgeführt worden war, verbunden. Bis zum Abschluß der Sequestrierung im Frühjahr 1948 waren fast 9.300 gewerbliche Unternehmungen auf diese Weise verstaatlicht worden, darunter etwa 4.000 Industriebetriebe. Die von den staatlichen Behörden verwalteten "Volkseigenen Betriebe" (VEB) hatten bereits 1948 mit etwa zwei Fünftel den gleichen Anteil an der industriellen Bruttoproduktion wie die Privatbetriebe, während ein Fünftel auf Unternehmen entfiel, die direkt von der Sowjetunion als "Sowjetische Aktiengesellschaften" (SAG) für ihre eigene Volkswirtschaft zum Ausgleich von Reparationsansprüchen betrieben und genutzt wurden. Die neu berufenen Leiter der VEB waren nach ihrer sozialen Herkunft 1947 zu 21,7% Arbeiter, 30,7% Angestellte, 17,8% Ingenieure, 23,6% Kaufleute und 6,2% frühere leitende Angestellte. 1948 waren mehr als 50% aller VEB-Leiter ehemalige Arbeiter. (8) Diese Zahlen verdeutlichen, in welchem Ausmaß auch in betrieblichen Leitungspositionen schon in den ersten Nachkriegsjahren soziale Veränderungen stattgefunden hatten.

Die Veränderung der Eigentumsstruktur und die politsche Reorganisation der Gesellschaft, die mit der Gründung neuer Parteien und Massenorganisationen verbunden war, hatte zur Folge, daß in der Formierungsphase der DDR nach Angaben ihres ersten Ministerpräsidenten, Otto Grotewohl, mehrere hunderttausend Personen in politisch-administrative, ökonomische und gesellschaftliche Führungspositionen aufrückten. Der DDR-Soziologe Siegfried Grundmann gibt an, daß zwischen 1945 und 1953 etwa 160.000 ehemalige Produktionsarbeiter leitende Funktionen im Staatsapparat und in der Wirtschaft übernommen haben. (9)

Die Sozialisierung der Wirtschaft wurde 1955 durch die Bildung "halbstaatlicher Betriebe", in denen der Staat durch eine finanzielle Beteiligung gleichzeitig Kontrollrechte erwarb, und durch die Einrichtung von Produktionsgenossenschaften des Handwerks (PGH) fortgesetzt. Nachdem die ersten LPG 1952 auf freiwilliger Basis entstanden waren, konnte die Kollektivierung der Landwirtschaft im April 1960 durch den Einsatz staatlicher Machtmittel endgültig vollzogen werden. Hatten private Betriebe 1950 noch 43,2% vom Nettoprodukt der Wirtschaft erzeugt, während 56,8% durch den sozialistischen Sektor (fast ausschließlich im industriellen Bereich) realisiert worden waren, stieg der Anteil der sozialistischen Eigentumsformen (volkseigene und genossenschaftliche Betriebe) 1970 auf 85,9%. Betriebe mit staatlicher Beteiligung waren mit 8,6% am Nettoprodukt der Wirtschaft beteiligt, private Betriebe mit 5,5%. Nach der Verstaatlichung von insgesamt etwa 8.800 zuvor noch privaten oder halbstaatlichen Industrieunternehmen und produzierenden Handwerksbetrieben im Frühjahr 1972 - die im Unterschied zur Vergangenheit gegen Entschädigung erfolgte und den ehemaligen Eigentümern teilweise die Betriebsleitung überließ - wurde der private Wirtschaftssektor in der DDR auf den Bereich kleiner Handwerks- und Dienstleistungsbetriebe eingeschränkt.

In den fünfziger Jahren war die "Verschärfung des Klassenkampfes" (Walter Ulbricht) in der DDR mit einer "Umleitung sozialer Konflikte" (Ralf Dahrendorf) verbunden. Die Abwanderung in den Westen reduzierte einerseits sozialen Protest und politischen Widerstand, verursachte gleichzeitig aber einen erheblichen Schaden für die Volkswirtschaft. Sie beeinflußte die gesellschaftliche Entwicklung und den sozialen Wandel in der DDR in bedeutendem Maß. Eine Analyse der Massenfluchtbewegung verweist auf drei zentrale Ursachen: 1. Ein erheblicher Teil der Flüchtlinge rekrutierte sich aus jenen sozialen Schichten, die von der "revolutionären Umgestaltung" direkt und negativ betroffen waren, indem sie gesellschaftliche Privilegien verloren hatten oder aufgrund ihrer sozialen Stellung in ihren Karriereerwartungen beeinträchtigt wurden. 2. Politische Restriktionen veranlaßten zahlreiche desillusionierte Bürger zur Abwanderung. 3. Mit dem sichtbaren Erfolg des "Wirtschaftswunders" in der neu konstituierten Bundesrepublik Deutschland wurden schließlich zunehmend ökonomische Gründe für den Entschluß maßgebend, die DDR zu verlassen. Das abrupte Ende der Fluchtbewegung, mit einer rigorosen politischen Entscheidung erzwungen, wurde zugleich zum Fundament einer ökonomischen Stabilisierung und einer neuen gesellschaftspolitischen Entwicklungsetappe. Die Periode der revolutionären Umgestaltung und eines politisch induzierten sozialen Wandels war abgeschlossen.

Durch die Abriegelung der DDR nach außen, die mit der Errichtung der Berliner Mauer 1961 vollzogen wurde, ist die Entwicklung der DDR in eine neue Etappe eingetreten. Die revolutionäre Transformation der Gesellschaft war damit weitgehend abgeschlossen. Sie wurde durch eine Konsolidierungspolitik abgelöst, die sich vorrangig an den Systemzielen der ökonomischen Modernisierung und gesellschaftlichen Mobilisierung orientierte und im Konzept der "wissenschaftlich-technischen Revolution" zum Ausdruck kam.

Das Wirtschaftswachstum der DDR sollte gleichermaßen durch effektive Organisation, technologische Innovation und eine Qualifizierung der Werktätigen forciert werden. Daher rückte die Bildungspolitik zunehmend in den Mittelpunkt der Gesellschaftspolitik und prägt seit Beginn der 60er Jahre die "leistungsorientierte Laufbahngesellschaft" in entscheidender Weise.

In der Bildungspolitik der DDR läßt sich eine eigentümliche Verschränkung von gesellschaftspolitischen und bildungsökonomischen Zielsetzungen registrieren. In der Frühphase der DDR-Entwicklung - die durch die Parole "Brecht die bürgerlichen Bildungsprivilegien!" bestimmt war - stand die doppelte Aufgabe im Vordergrund, Bildungsdefizite der neuberufenen Leitungskader in allen gesellschaftlichen Bereichen möglichst schnell zu kompensieren und gleichzeitig durch eine gezielte Förderung von Arbeiter- und Bauernkindern zur sozialen Mobilität und zur künftigen Rekrutierung ebenso qualifizierter wie politisch zuverlässiger Führungskräfte beizutragen. Durch ein breitgefächertes System der Erwachsenenqualifizierung (Einführung des Fern- und Abendstudiums 1951, insbesondere für Wirtschaftsleiter) und die nachträgliche wissenschaftliche Ausbildung politischer Funktionäre (im Rahmen von Sonderstudiengängen an Parteihochschulen und ähnlichen staatlichen Einrichtungen) wurde eine Anhebung des Bildungsniveaus von Funktionseliten der DDR-Gesellschaft angestrebt, um auf diese Weise die Effizienz ökonomischer und politischer Führungstätigkeit zu erhöhen.

Mit einer Hochschulpolitik, die bis zum Beginn der 60er Jahre vormals unterprivilegierte soziale Schichten bei der Zulassung zur weiterführenden Bildung eindeutig bevorzugte, konnte der Anteil der Arbeiterkinder bei den Direktstudenten an Hochschulen bis 1960 auf 50,3% gesteigert werden (vgl. Tab. 1).

Nachdem im Zuge der Wirtschaftsreform seit 1963 eine Modifizierung der Zulassungspraxis erfolgt war, die sich in einer verstärkten Gewichtung des Leistungsprinzips gegenüber den Kriterien der sozialen Herkunft und der gesellschaftlichen Aktivität äußerte, ging der Arbeiteranteil bei den Hochschulstudenten 1967 auf 38,2% deutlich zurück. Kinder von Angehörigen der Intelligenz waren nach diesen Angaben 1967 mit 20,4% weit überproportional vertreten. (10) (Bei der Volks- und Berufszählung 1964 wurde der Anteil der Intelligenz an der Gesamtbevölkerung mit 6,6% ermittelt). Die gesellschaftspolitische Brisanz dieser

Entwicklung wird durch den Umstand verdeutlicht, daß seit dieser Zeit keine statistischen Daten über die soziale Herkunft der Studierenden publiziert worden sind. Am Ende der 60er Jahre kündigte sich damit eine deutliche Abschwächung gesellschaftlicher Mobilitätsprozesse, eine zunehmende Reproduktion des erworbenen sozialen Status und eine wachsende einkommenspolitische Differenzierung an. Damit werden die ursprünglich erwarteten fortschreitenden "Tendenzen der sozialen Annäherung der Klassen und Schichten", die durch die rasche allgemeine Zunahme des Anteils der "produktivgeistigen Tätigkeit in der Wirtschaft und durch die Teilnahme an der Leitung des Staates und der Gesellschaft" bestimmt sein sollen (11), in Frage gestellt.

**Tabelle 1:** Soziale Herkunft der Studierenden[1] in der DDR 1955-1967 (in Prozent)

| Jahr | Soziale Stellung des Vaters | | | | | |
|---|---|---|---|---|---|---|
| | Arbeiter | Angestellter | Mitglied von Produktionsgenossenschaften | Intelligenz | Selbständiger Erwerbstätiger | Sonstiger |
| 1955[2] | 48,9 | 22,3 | 5,6 | 12,9 | - | 10,3 |
| 1960 | 50,3 | 19,2 | 4,2 | 15,6 | 8,0 | 2,7 |
| 1963 | 44,9 | 22,0 | 6,3 | 17,0 | 5,9 | 3,9 |
| 1965 | 40,6 | 24,0 | 6,7 | 18,7 | 6,7 | 3,3 |
| 1967 | 38,2 | 23,5 | 7,8 | 20,4 | 7,1 | 3,0 |

1 Im Direktstudium, ohne Abend- und Fernstudium.
2 Für 1955 teilweise andere Abgrenzungen der Kategorien. Die Selbständigen wurden nicht gesondert ausgewiesen; statt "Mitglieder von Produktionsgenossenschaften" wurden "Bauern" erfaßt.

Quelle: Ralf Rytlewski/Manfred Opp de Hipt: Die Deutsche Demokratische Republik in Zahlen 1945/49 - 1980. München 1987, S. 126.

**Tabelle 2:**
Studierende im Hochschulstudium in der DDR und der BRD 1950 - 1980.

| Jahr | DDR insgesamt | DDR je 10.000 der Bevölkerung | DDR Anteil der Studentinnen in Prozent | BRD Wissenschaftl. Hochschulen[1] in Tausend | BRD je 10.000 der Bevölkerung | BRD Anteil der Studentinnen[3] in Prozent |
|---|---|---|---|---|---|---|
| 1950 | 30.000 | 16,3 | 19,2 | 100.3[2] | 21,0 | 16,7 |
| 1955 | 75.084 | 42,1 | 25,5 | 117.2[2] | 23,4 | 17,4 |
| 1960 | 99.860 | 58,1 | 25,2 | 207.7 | 37,2 | 27,9 |
| 1965 | 111.591 | 65,5 | 26,1 | 270.7 | 45,6 | 30,9 |
| 1970 | 143.163 | 83,9 | 35,4 | 422.0 | 69,6 | 30,8 |
| 1972 | 160.967 | 94,6 | 40,7 | 550.6 | 89,3 | 32,6 |
| 1975 | 136.854 | 81,4 | 48,2 | 695.6 | 112,5 | 35,8 |
| 1980 | 129.970 | 77,6 | 48,7 | 842.2 | 136,8 | 38,3 |

Quelle: Statistisches Taschenbuch der DDR 1982, S. 121.

1 Einschließlich Kunsthochschulen, ohne Fachhochschulen.
2 Ohne Saarland und Berlin
3 Wissenschaftliche Hochschulen ohne Kunsthochschulen.

Quellen: Statistisches Bundesamt; Grund und Strukturdaten 1982/83, S. 113 und S. 117.

Die Reduzierung sozialer Mobilitätsprozesse in den 70er Jahren ist wesentlich durch eine Neuorientierung der Bildungspolitik beeinflußt worden, die den Zugang zum Hochschulstudium aus ökonomischen Gründen drastisch begrenzt und damit die Möglichkeit des sozialen Aufstiegs erheblich beeinträchtigt hat.

Bis zum Beginn der 70er Jahre ist in der DDR eine starke Ausweitung der Hochschulkapazitäten erfolgt (vgl. Tab. 2). Diese Entwicklungstendenz wurde nach 1972 grundlegend revidiert. Der Mangel an Facharbeitern bewirkte, daß im Rahmen der Bildungsplanung die Zulassungsquote zum Hochschulstudium um etwa 20% auf rund 130.000 Studierende beschränkt wurde. Dadurch sieht sich die DDR-Gesellschaft einem doppelten Verteilungskonflikt konfrontiert: Es geht nicht nur um eine sozialpolitisch begründete Verteilung materieller Güter. Zunehmend wird die Frage nach der bildungspolitischen Verteilungsgerechtigkeit zu einem zentralen Problem sozialistischer Gesellschaftspolitik, da die Bildungsqualifikation als ein vorrangiges Kriterium sozialer Statuszuweisung fungiert.

In der Entwicklung der Studentenzahlen an Hochschulen sind zwischen beiden deutschen Gesellschaften gegenläufige Trends feststellbar. Während die Studentenquote sowie der Anteil weiblicher Studierender in beiden deutschen Staaten 1950 vergleichbare Werte aufwies, kann man in den 50er Jahren ein forciertes Wachstum in der DDR registrieren, das als Folge einer intensiven gesellschaftspolitisch motivierten Bildungspolitik (gezielte Bildungswerbung bei Arbeiter- und Bauernkindern) gelten kann. Hinsichtlich der sozialen Herkunft der Studierenden weisen beide deutsche Staaten 1960 gravierende Differenzen auf. Während zu diesem Zeitpunkt in der DDR mehr als die Hälfte aller Studenten aus Arbeiter- und Bauernfamilien kommen, liegt der entsprechende Anteil in der Bundesrepublik noch unter 10% (12). Der Anteil weiblicher Studierender erreichte 1960 in beiden deutschen Staaten lediglich ein Viertel. Eine markante Erhöhung der Studentenzahlen und eine deutliche Ausweitung des Frauenanteils läßt sich in der DDR vor allem in der zweiten Hälfte der 60er Jahre registrieren. Seit 1972 geht die Studentenquote in der DDR jedoch zurück, sie wird bildungsökonomischen Zielen und volkswirtschaftlichen Zwängen (Mangel an Facharbeitern) schrittweise angepaßt und zum Teil durch einen Ausbau der Fach(hoch-)schulbildung kompensiert.

Die sozialstrukturellen Auswirkungen der Bildungsplanung in der DDR treten in den 70er Jahren markant in Erscheinung: Während sich zwischen 1970 und 1980 die Studentenzahl in der Bundesrepublik nahezu verdoppelt, wird sie in der DDR seit 1973 deutlich nach unten korrigiert. Aus diesem Sachverhalt können zwei Folgerungen abgeleitet werden: Qualifikationsprozesse, die in industriell entwickelten Gesellschaften vorrangige Bedeutung für soziale Mobilitätsprozesse besitzen, können in der DDR-Gesellschaft durch politische Entscheidungen direkt gesteuert werden, während sie in der bundesdeutschen Gesellschaft nur indirekt (Studienförderung, Zulassungsbeschränkung) beeinflußbar sind. Insoweit wird die Wirkung unterschiedlicher politischer Systeme auf die Qualifikationsstruktur der Gesellschaft erkennbar. Die gesellschaftspolitischen Zielsetzungen stoßen jedoch in beiden Gesellschaften gleichermaßen an die Grenzen ökonomischer Bedarfskapazitäten, die sich auf Berufskarrieren unmittelbar (durch Beschränkung des Zugangs zur weiterführenden Bildung in der DDR) oder mittelbar (durch das Risiko künftiger Arbeitslosigkeit in der Bundesrepublik) auswirken.

### 3. Zur Entwicklung der Sozialstruktur der DDR 1950 - 1980

Eine konkrete Analyse der Sozialstruktur der DDR stößt auf erhebliche Schwierigkeiten, da die von der marxistisch-leninistischen Soziologie verwendeten Klassenkonzepte und Schichtenmodelle differenzierte Aussagen erschweren. Die politische Ideologie unterscheidet lediglich die beiden "befreundeten Klassen" der Arbeiter und Genossenschaftsbauern sowie die "soziale Schicht der sozialistischen Intelligenz und andere werktätige Schichten, wie genossenschaftlich organisierte und private Handwerker, Gewerbetreibende und freiberuflich Schaffende" (13). Die sozialistische Intelligenz wird als "wichtigste soziale Schicht" bezeichnet und als "Träger der geistigen Produktion" charakterisiert. Zu dieser Schicht werden die "politische, militärische, technische, ökonomische, naturwissenschaftliche, pädagogische, medizinische, künstlerische Intelligenz" gerechnet (14).

Das Statistische Jahrbuch der DDR veröffentlicht lediglich regelmäßige Übersichten über die "sozialökonomische Struktur der Beschäftigten", deren Aussagewert sehr gering ist, weil dabei nahezu 90% als "Arbeiter und Angestellte" zusammengefaßt werden. Weitere 8,5% werden als Mitglieder von Produktionsgenossenschaften (darunter Landwirtschaft: 6,5%; Handwerk: 1,8%) registriert (1980). Während andere sozialistische Staaten in der Beschäftigungsstatistik zwischen Arbeitern und Angestellten unterscheiden, werden die Angestellten in der DDR-Statistik seit Mitte der 60er Jahre nicht mehr gesondert ausgewiesen. Der Erklärungswert dieser Kategorie, die sich teilweise mit der "sozialistischen Intelligenz" überschneidet, wird von DDR-Soziologen als sehr niedrig veranschlagt. So hat Helmut Steiner schon 1965 darauf hingewiesen, daß sich hinter dieser Bezeichnung "der Verkäufer im Lebensmittelhandel und der Generaldirektor eines Außenhandelsunternehmens, eine Stenotypistin und ein Staatssekretär usw. verbergen" können. (15) Soweit man versucht, die Intelligenz von den Angestellten abzugrenzen, wird betont, daß die Intelligenz "geistig-schöpferisch und/oder leitender Art" sei, während die Angestellten vorwiegend "geistig-repetiv" arbeiteten. (16)

Versucht man den Wandel der Sozialstruktur in beiden deutschen Staaten bis zum Beginn der 80er Jahre vergleichend zu erfassen, so zeigen sich deutliche Unterschiede (vgl. Tab. 3), die in entscheidendem Maße aus der Umgestaltung der Produktionsverhältnisse in der DDR resultieren. Während 1950 der Anteil der Selbständigen (einschließlich mithelfende Familienangehörige) in beiden deutschen Staaten über ein Viertel aller Erwerbstätigen ausmachte, hat er sich in der DDR schon 1960 auf 5,5% reduziert, während er in der Bundesrepublik noch 24,6% erreichte. Diese Vergleichszahlen unterstreichen, daß die 50er Jahre die zentrale Periode des politisch induzierten sozialen Wandels in der DDR darstellen.

Der Einfluß industriegesellschaftlicher Entwicklungsfaktoren auf die Ausbildung der Sozialstruktur wird in Tabelle 4 sichtbar. Betrachtet man die Erwerbstätigkeit nach Wirtschaftsbereichen, läßt sich zwar eine parallele Entwicklungstendenz in beiden deutschen Staaten feststellen, doch hat sich der Anteil des Agrarsektors in der Bundesrepublik in größerem Umfang reduziert, während der Dienstleistungssektor deutlich stärker expandierte.

Als ein zentrales Ergebnis des sozialen Wandels in der DDR-Gesellschaft wird die grundlegende Veränderung der Qualifikationsstruktur der Beschäftigten bezeichnet.

**Tabelle 3:** Erwerbstätige nach der beruflichen Stellung in der DDR und der BRD (in Prozent) 1950-1980

<table>
<tr><th rowspan="2">Berufliche Stellung</th><th colspan="2">1950</th><th colspan="2">1960</th><th colspan="2">1975</th><th colspan="2">1980</th></tr>
<tr><th>DDR</th><th>BRD</th><th>DDR</th><th>BRD</th><th>DDR</th><th>BRD</th><th>DDR</th><th>BRD</th></tr>
<tr><td>- Selbständige</td><td>13,8</td><td>14,7</td><td>4,2</td><td>13,6</td><td rowspan="2">2,3</td><td>9,8</td><td rowspan="2">2,1</td><td>8,6</td></tr>
<tr><td>- Mithelfende Familienangehörige</td><td>12,8</td><td>14,4</td><td>1,3</td><td>11,0</td><td>5,5</td><td>3,4</td></tr>
<tr><td>- Mitglieder von Produktionsgenossenschaften</td><td></td><td></td><td>14,3</td><td></td><td>9,3</td><td></td><td>8,5</td><td></td></tr>
<tr><td>- Arbeiter</td><td>52,1</td><td>50,9</td><td rowspan="2">80,2</td><td>51,1</td><td rowspan="2">88,3</td><td>46,1</td><td rowspan="2">89,4</td><td>42,3</td></tr>
<tr><td>- Angestellte</td><td>21,3</td><td>16,0</td><td>19,6</td><td>32,4</td><td>37,2</td></tr>
<tr><td>- Beamte</td><td>-</td><td>4,0</td><td>-</td><td>4,7</td><td>-</td><td>6,2</td><td></td><td>8,4</td></tr>
</table>

Quelle: Rüdiger Thomas: Modell DDR. München 1981, S. 308. Statistisches Taschenbuch der DDR 1981. S. 34. Statistisches Jahrbuch 1981 für die Bundesrepublik Deutschland, S. 95.

**Tabelle 4:** Erwerbstätige nach Wirtschaftsbereichen in der DDR und der BRD (in Prozent)

| Wirtschaftsbereich | 1950 DDR | 1950 BRD | 1960 DDR | 1960 BRD | 1970 DDR | 1970 BRD | 1980 DDR | 1980 BRD |
|---|---|---|---|---|---|---|---|---|
| - Agrarsektor | 27,9 | 24,6 | 17,0 | 13,3 | 12,8 | 8,8 | 10,7 | 5,3 |
| - Produzierendes Gewerbe | 43,9 | 42,6 | 48,7 | 48,4 | 51,2 | 48,7 | 51,5 | 45,3 |
| - Dienstleistungssektor einschl. Handel und Verkehr | 28,2 | 32,8 | 34,3 | 38,3 | 36,0 | 42,5 | 37,8 | 49,4 |

Quellen: Friedrich Fürstenberg: Die Sozialstruktur der Bundesrepublik Deutschland, Opladen 1978, S. 37; Gesellschaftliche Daten 1982, S. 110; Statistisches Taschenbuch der DDR 1982, S. 34.

Nach offiziellen Angaben (vgl. Tab.5) verfügten Anfang der 70er Jahre bereits zwei Drittel aller Beschäftigten über eine abgeschlossene Berufsausbildung. Der Anteil der Hochschulabsolventen hatte sich in den 60er Jahren verdoppelt und zwischen 1955 und 1975 sogar vervierfacht. Als Un- und Angelernte war am Beginn der 70er Jahre noch ein Drittel beschäftigt, 1980 hatte nur noch ein Fünftel der Werktätigen keine abgeschlossene Berufsausbildung. Diese Entwicklung wurde im erheblichen Umfang durch eine Ausweitung der (berufsbegleitenden) Erwachsenenqualifizierung erreicht und erfaßte vor allem ältere Arbeitskräfte und berufstätige Frauen.

**Tabelle 5:** Qualifikationsstruktur der Beschäftigten in der sozialistischen Wirtschaft 1955-1980

| Ausbildungsstufe | 1955 | 1960 | 1965 | 1971 | 1975 | 1980 |
|---|---|---|---|---|---|---|
| | | | | in % | | |
| Un- und Angelernte | 69,9 | 59,6 | 47,9 | 34,2 | 32,9 | 19,8 |
| Facharbeiter und Meister | 25,8 | 33,6 | 41,5 | 54,9 | 53,0 | 61,4 |
| Fachschulabschluß | 3,1 | 4,9 | 7,6 | 6,9 | 8,6 | 12,1 |
| Hochschulabschluß | 1,2 | 1,9 | 3,0 | 4,0 | 5,5 | 6,7 |

Quelle: Einheit 9/1981, S. 911; Statistisches Taschenbuch der DDR 1982, S. 38.

Ein direkter Vergleich der Qualifikationsniveaus zwischen beiden deutschen Staaten wird dadurch erschwert, daß ihre Bildungssysteme eine verschiedenartige Struktur aufweisen, die im Bereich der Fach(hoch)schul-Ausbildung besonders stark differiert. Die vorliegenden Angaben über den Ausbildungsabschluß von Erwerbstätigen in der Bundesrepublik Deutschland (Mikrozensus 1978) vermitteln allerdings ein Bild, das auf weitgehende Parallelen im Qualifikationsniveau hindeutet. Ohne beruflichen Bildungsabschluß waren in der Bundesrepublik im Jahr 1973 33% der Erwerbspersonen, eine Lehrausbildung oder einen gleichwertigen Berufsabschluß hatten 53,1%, über eine Meister- oder Technikerausbildung verfügten 6,3%, ein Fachhochschul- bzw. Ingenieurabschluß wurde für 2,3% angegeben, 5,2% waren Hochschulabsolventen. (17)

Analysen zur gesellschaftlichen Stellung der Intelligenz, die nach der Ausweitung soziologischer Forschung in den 70er Jahren (Sozialstrukturuntersuchung 1973) intensiviert worden sind, haben in besonderer Weise verdeutlicht, daß in der DDR beträchtliche soziale Statusunterschiede bestehen. Die Schicht der Intelligenz wurde in der DDR zeitweilig mit der Gesamtgruppe der Hoch- und Fachschulabsolventen gleichgesetzt (so bei der Volks- und Berufszählung 1964). Demgegenüber wird diese soziale Kategorie seit Ende der 70er Jahre - freilich ohne eindeutige Abgrenzungskriterien - auf die verschiedenen Funktionseliten beschränkt, die geistig-schöpferische Arbeit leisten bzw. eine qualifizierte Leitungstätigkeit ausüben. Der Anteil der sozialistischen Intelligenz dürfte nach dieser Abgrenzung 1970 etwa 7 - 8% und 1980 zwischen 10 und 12% aller Beschäftigten erreicht haben. (18) "Herrschaftssoziologisch betrachtet, ist die Intelligenz aufgespalten in den Teil, der zur Führungsschicht zu rechnen ist und in den bei weitem überwiegenden Teil, der auf den nachfolgenden Rängen der politisch-ökonomisch bestimmten Leitungshierarchie im Rahmen der von der politischen Führungsschicht erlassenen Direktiven an der Herrschaftsausübung als Leitungskader oder Spezialisten beteiligt ist." (19) Detaillierte Analysen zur Rolle der Intelligenz sind vor allem in den 80er Jahren vorgelegt worden. Dabei wird ihre Bedeutung für die Intensivierung der Wirtschaft und die Durchsetzung des wissenschaftlich-technischen Fortschritts besonders hervorgehoben.

Ein wichtiges Element des sozialen Wandels in der DDR besteht in der veränderten gesellschaftlichen Stellung der Frau, die vor allem durch ihre weitgehende Integration in das Berufsleben beeinflußt worden ist. Durch die anhaltende Massenabwanderung in die Bundesrepublik bis 1961 war in der DDR ein zunehmender Arbeitskräftemangel entstanden, der seit Mitte der 50er Jahre zu einer Stagnation der Beschäftigtenzahlen geführt hatte.

Allein im Zeitraum von 1950 bis 1960 hatten 1,9 Millionen Menschen die DDR verlassen, im überdurchschnittlichen Umfang qualifizierte Fachkräfte und jüngere Menschen, bei denen die Mobilitätsbereitschaft am stärksten ausgeprägt ist. Der Rückgang der Bevölkerungszahl war gleichzeitig mit einer Verschlechterung der Altersstruktur verbunden. So entfielen 1970 in der DDR

**Schaubild 1:** Die Entwicklung der Erwerbstätigkeit in der DDR

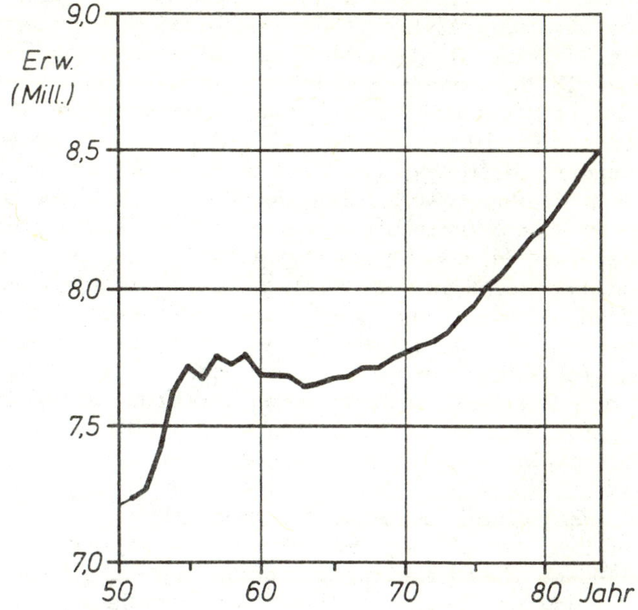


Quelle: Dieter Voigt/Werner Voss/Sabine Meck: Sozialstruktur der DDR. Eine Einführung. Darmstadt 1987, S. 77.

auf 100 Personen im arbeitsfähigen Alter bereits 73 Personen im nichtarbeitsfähigen Alter (Kinder bis 15 Jahre und Rentner), die Vergleichszahl für 1939 war dagegen 100 zu 48.

Diese prekäre Situation konnte nur verbessert werden, wenn es gelang, alle Arbeitskräftereserven voll auszuschöpfen. Obwohl Anfang der 60er Jahre bereits fast zwei Drittel aller Frauen im arbeitsfähigen Alter zwischen 16 und 60 Jahren erwerbstätig waren, ließ sich nur noch in diesem Bereich ein ungenutztes Potential erschließen. In den 60er Jahren wurde daher in verschiedenen Mobiliserungskampagnen und mit spezifischen Förderungsprogrammen gleichermaßen eine Ausweitung der Berufstätigkeit und eine Erhöhung des Qualifikationsniveaus von Frauen propagiert.

Das Politbüro der SED veröffentlichte im Dezember 1961 ein Kommuniqué "Die Frau - der Frieden und der Sozialismus", das die umfassende Verwirklichung der Gleichberechtigung der Frau als eine zentrale gesellschaftliche Aufgabe proklamierte. Es stellte fest, daß die "Fähigkeiten und Leistungen der Frauen ungenügend für ihre eigene Entwicklung und für den gesellschaftlichen Fortschritt genutzt werden". Das Frauenkommuniqué enthielt eine Reihe statistischer Angaben über Ausmaß und Schwerpunkte der Frauenbeschäftigung. Danach waren im September 1961 3,5 Millionen Frauen erwerbstätig, das entsprach 43,9% aller Beschäftigten. Nach Wirtschaftsbereichen aufgegliedert, arbeiteten knapp zwei Fünftel der berufstätigen Frauen in der Industrieproduktion, annähernd ein Fünftel in der Landwirtschaft und zwei Fünftel in verschiedenen Dienstleistungssektoren. Von der Gesamtzahl der Produktionsarbeiter waren in der Konfektion 90%, in der Textilindustrie 70%, in der chemischen Industrie 34% und in der Metallurgie 13% Frauen. Der Frauenanteil unter den Direktstudenten an Universitäten betrug 28%, an den technischen Hochschulen dagegen nur 6%. (20)

Da der Anteil ausgebildeter Fachkräfte bei Frauen deutlich niedriger war als bei Männern, wurden in den 60er Jahren verschiedene Qualifizierungsprogramme entwickelt, die der Doppelbelastung von Frauen in Beruf und Familie in besonderer Weise Rechnung tragen sollten. So wurde 1963 ein "Frauensonderstudium" eingeführt, das vor allem berufstätigen Müttern die Möglichkeit erschließen sollte, eine Fortbildung aufzunehmen. Für die Hoch- und Fachschulen der DDR wurde in der zweiten Hälfte der 60er Jahre die Einrichtung von "Frauensonderklassen" vorgeschrieben. Bis Mitte der 70er Jahre haben rund 15.000 Frauen ein solches Sonderstudium (überwiegend an Fachschulen) erfolgreich abgeschlossen, doch hat diese Studienform danach an Bedeutung verloren, weil der bestehende Nachholbedarf offenbar weitgehend gedeckt war. (21)

Da viele - vorwiegend ältere - berufstätige Frauen als un- oder angelernte Arbeitskräfte tätig waren, konzentrierte sich die Erwachsenenqualifizierung vor allem auf den Erwerb des Facharbeiterabschlusses. Durch gezielte Förderungsmaßnahmen wurde ein deutlicher Zuwachs an weiblichen Fachkräften erreicht. "Konnten 1963 erst 16% aller Industriearbeiterinnen eine Fachausbildung nachweisen, so waren es 1971 immerhin schon 28,1%. Von 1966 bis 1971 erwarben über 500.000 Frauen einen

Facharbeiterabschluß, darunter 40% im Rahmen der Erwachsenenbildung." (22)

Die Erwerbsbeteiligung der Frauen konnte bis 1975 kontinuierlich erhöht werden, so daß seit Mitte der 70er Jahre Frauen die Hälfte aller Beschäftigten in der DDR stellen (1985: 49,3%), wovon allerdings etwa ein Drittel eine Teilzeitbeschäftigung ausübt. (23) Diese Entwicklung war nur möglich, weil auch Mütter mit mehreren Kindern in einem hohen Maß berufstätig sind. Zahlreiche sozialpolitische Regelungen haben dafür die Voraussetzungen geschaffen.

**Tabelle 6:** Erwerbstätige mit abgeschlossener Berufsausbildung 1971 (Volkszählung)

| **Altersgruppe** | **Männer** % | **Frauen** % |
|---|---|---|
| 18 bis unter 20 Jahre | 78,3 | 74,8 |
| 20 bis unter 30 Jahre | 84,1 | 78,2 |
| 30 bis unter 35 Jahre | 80,8 | 67,0 |
| 35 bis unter 40 Jahre | 77,0 | 48,4 |
| 40 bis unter 50 Jahre | 79,6 | 43,8 |
| 50 bis unter 60 Jahre | 77,6 | 34,2 |
| 60 bis unter 65 Jahre | 69,6 | 25,2 |
| über 65 Jahre | 57,3 | 18,6 |

Quelle: Statistische Praxis, Berlin (Ost), 11/1972.

In der jüngeren Generation waren die Bildungsunterschiede zwischen Männern und Frauen bereits Anfang der 70er Jahre gering (vgl. Tab. 6), doch zeigte sich mit zunehmendem Alter ein starkes Gefälle. Während nach den Ergebnissen der Volkszählung 1971 erst knapp die Hälfte der Frauen eine abgeschlossene Berufsausbildung besaß, war ihr Anteil 1977 bereits auf 70% gestiegen. Im gleichen Jahr hatten 4% der Frauen eine Hochschulbildung, 12% hatten eine Fachschule absolviert. (24) "Es dürfte feststehen, daß auch in der DDR der weitaus überwiegende Teil aller Frauen mit Fach- und Hochschulabschluß außerhalb der materiellen Produktion tätig ist. 1978 waren 65,8% der Lehrer (aber nur 20% der Schulleiter), etwa 10% der Dozenten und Professoren, 49% der Ärzte (20% der Kreisärzte), 52% der Zahnärzte, 64% der Apotheker und 45,1% der Richter ... weiblich." (25)

Auf die Doppelbelastung von Frauen in Familie und Beruf ist auch in der DDR häufig hingewiesen worden. Frauen haben erheblich weniger Freizeit als Männer und bleiben überwiegend mit der Hausarbeit belastet. Aus einer soziologischen Untersuchung von 1970 geht hervor, daß Ehefrauen 78,7%, Ehemänner 13% und sonstige Familienangehörige 8,3% der Hausarbeit übernahmen. In einer empirischen Studie aus dem Jahr 1974 wurde für Hausarbeiten ein täglicher Zeitaufwand von 4,57 Stunden bei Frauen und 2,13 Stunden bei Männern ermittelt. (26) "Von einer partnerschaftlichen Aufteilung der familiären Aufgaben kann also keine Rede sein." (27)

Der hohe Beschäftigungsgrad der Frauen in der DDR hat ihren sozialen Emanzipationsprozeß wesentlich gefödert. Empirische Untersuchungen registrieren ein gewandeltes Selbstbewußtsein und eine bemerkenswerte Präsenz der Frauen zumindest in mittleren Führungspositionen der DDR-Gesellschaft (28), während sie in den politischen Entscheidungsgremien deutlich unterrepräsentiert sind. Nicht ohne Ironie heißt es in dem vielgelesenen "Hexenroman" von Irmtraud Morgner "Amanda" (1983) in provokativer Zuspitzung: "Emanzipierte Frauen sind alle potentielle Dissidenten" (29) - was auf das Beharrungsvermögen konventioneller Rollenklischees und konservativer Wertorientierungen, zumal in der älteren und mittleren Generation, verweist. Insgesamt läßt sich auch in der DDR feststellen, "daß Männer durchschnittlich höher qualifizierte Tätigkeiten ausüben und damit auch über ein höheres Einkommen verfügen" (30) als Frauen.

## 4. Schwerpunkte der Sozialstrukturforschung in den 80er Jahren

Der VIII. Parteitag der SED (1971) hatte als programmatische Rahmenbedingung für die "Gestaltung der entwickelten sozialistischen Gesellschaft" die "Einheit von Wirtschafts- und Sozialpolitik" proklamiert. Unter dem Vorzeichen der "wissenschaftlich-technischen Revolution" sollte ökonomisches Wachstum vorrangig durch eine Intensivierung der Wirtschaft, durch beschleunigte technologische Innovation und eine deutliche Erhöhung der Arbeitsproduktivität erreicht werden. In dem Maße, wie sich die Politik vorrangig an Kriterien ökonomischer Effizienz orientierte, wandte sich auch die soziologische Forschung der Aufgabe zu, Instrumente zur "Planung und Leitung sozialer Prozesse" und Maßstäbe "sozialer Effektivität" zu entwickeln.

Sozialistische Gesellschaftspolitik ist gleichzeitig durch das Postulat der "sozialen Homogenität" wie durch die Anwendung des Leistungsprinzips bestimmt und damit im Spannungsfeld von Gleichheit und Differenzierung angesiedelt. Während traditionelle Konzepte das Egalitätsprinzip in den Vordergrund rückten und dabei soziale Unterschiede als überwindbare Zwischenstufe der gesellschaftlichen Entwicklung interpretierten, betonen DDR- Soziologen seit Beginn der 80er Jahre ausdrücklich und entschieden die "ökonomisch effektive Funktion sozialer Unterschiede" und lehnen daher "pauschale Annäherungs- und Homogenisierungsmodelle" ab. (31) Nachdem einzelne DDR-Soziologen abstrakte Vorstellungen über das Zielkriterium "soziale Homogenität" als Simplifizierung kritisiert und eine konkrete Analyse der "strukturierten Komplexität sozialer Unterschiede" gefordert hatten (32), wurde eine zunächst kontroverse Debatte über das Verhältnis von Gleichheit und Differenzierung eingeleitet, die gleichzeitig den Beginn einer neuen Phase der Sozialstrukturforschung in der DDR markiert.

Von einem strukturfunktionalen Erklärungsansatz ausgehend, schlagen Ingrid und Manfred Lötsch vor, soziale Unterschiede im Hinblick auf ihre gesamtgesellschaftlichen Wirkungen zu prüfen. Soziale Unterschiede werden als funktional bezeichnet, wenn sie den angestrebten Zielen ("Systemfunktionen") entsprechen und gelten als disfunktional, wenn sie ihre Realisierung behindern. Daraus läßt sich beispielsweise für die Einkommenspolitik der Grundsatz ableiten: "Grundsätzlich sind Einkommensunterschiede funktional, wenn sie realen Leistungsunterschieden entsprechen. Die Vergrößerung von Einkommensunterschieden ist funktional, wenn sie den Erfordernissen des Leistungsprinzips entspricht und die Stimulierung überdurchschnittlicher Leistungen bewirkt." (33) Damit werden "Tendenzen falscher Nivellierung" zurückgewiesen, die lediglich zu einer leistungsmindernden "Nivellierung nach unten" (34) führen würden. Die rationelle Nutzung des Qualifikationspotentials (des "gesellschaftichen Arbeitsvermögens") wird gleichermaßen zur zentralen Aufgabe der Wirtschafts- und Gesellschaftspolitik; denn "nichtrealisierte Qualifikationspotentiale sind verschenkte Wachstumsfaktoren." (35)

Sozialstrukturforschung richtet sich in diesem Verständnis nicht nur auf eine "deskriptive Strukturdarstellung", sondern fragt vor allem, "welche Veränderungen anzustreben sind, um Strukturoptimierungen im Hinblick auf gegebene und zukünftige Erfordernisse der wissenschaftlich-technischen Revolution durchzusetzen." (36) Bei einer solchen Betrachtungsweise treten traditionelle Sozialstrukturanalysen, die sich lediglich auf die Achse "Eigentum und Klassen" beziehen, gegenüber einer neuen "Differenzierungsdominante", die sich an der Achse "Arbeitsteilung, körperliche und geistige Arbeit, geistiges Niveau der Arbeit, Qualifikation und Bildung" orientiert, in den Hintergrund. (37)

In Bezug auf die klassen- und schichtspezifische Entwicklung der Sozialstruktur erscheint die Gesellschaft der DDR seit Beginn der 80er Jahre durch die "Sicherung der sozialen und politischen **Stabilität**" (38) gekennzeichnet. Bezogen auf die Klassen- und Schichtstruktur in der DDR rechnet Rudi Weidig 75% zur Arbeiterklasse, 6,5 werden als Genossenschaftsbauern erfaßt, 15,0% der Intelligenz zugerechnet, 3,5% sind Handwerker (genossenschaftlich und privat). (39) Die Entwicklung zur sozialen Stabilität wird vornehmlich durch ökonomische Faktoren erklärt: "Während extensives Wirtschaftswachstum durch tiefgreifende Veränderungen in den zahlenmäßigen Proportionen der Klassen und Schichten gekennzeichnet ist, beruht intensives Wachstum auf einer Stabilisierung der herausgebildeten zahlenmäßigen Proportionen der Klassen- und Schichtstruktur." (40)

Die weitreichenden Prozesse sozialer Mobilität in den 50er und 60er Jahren sind durch eine zunehmende Tendenz zur Reproduktion der Sozialstruktur abgelöst worden, wobei seit den 70er Jahren die Selbstrekrutierung von Eliten zugenommen hat. Untersuchungen von Freitag und Lötsch haben gezeigt, daß die Kinder von Angehörigen der Intelligenz, Angestellten und Selbständigen - in dieser Rangfolge - unter den Hochschulabsolventen überproportional vertreten sind, während Arbeiter und Bauern unterrepräsentiert bleiben. (41) Dieser Tatbestand wurde zunächst als Zwischenstufe bei der vollen Verwirklichung sozialer Chancengleichheit interpretiert. Seit Beginn der 80er Jahre hat sich dagegen zunehmend die Auffassung durchgesetzt, daß sich nach

Abschluß der umfassenden sozioökonomischen Transformation der DDR-Gesellschaft die soziale Mobilität entsprechend reduziert. Die überproportionale Selbstreproduktion der Intelligenz wird als notwendige Ausschöpfung von Begabungspotentialen legitimiert und gleichzeitig durch die Wirksamkeit spezifischer Erziehungsstile und Wertorientierungen erklärt: "... familiäre Lebensstile, die durch den geistigen Inhalt der Arbeit der Eltern geprägt werden, können (allerdings niemals monokausal) Lernhaltung und Berufsorientierung frühzeitig formen und stimulieren ... All das zwingt zumindest zu der Hypothese, daß auch gewissen Mechanismen der Eigenreproduktion der Intelligenz Triebkräfte des Leistungsverhaltens innewohnen, die sorgfältig bewahrt und zum Nutzen eines beschleunigten wissenschaftlich-technischen Fortschritts gefördert werden müssen." (42)

Die Analyse des Bildungs- und Qualifikationsniveaus ist zu einem Schwerpunkt der Sozialstrukturforschung geworden. Sie stützt sich vornehmlich auf eine Auswertung der Ergebnisse der letzten Volkszählung 1981 und richtet sich auf eine Prognose der weiteren Qualifikationsentwicklung. Die Wohnbevölkerung der DDR weist im Hinblick auf den höchsten Berufsbildungsabschluß für die verschiedenen Altersgruppen erhebliche - historisch bedingte - Unterschiede auf. Die Altersgruppe der 31- bis 32jährigen hatte zum Zeitpunkt der Volkszählung ihre Erstausbildung (einschließlich der längsten denkbaren Ausbildungswege) nach Einführung der zehnklassigen Oberschule abgeschlossen und erweist sich daher für Prognosen als besonders geeignet: "In diesem Altersjahrgang findet sich eine bemerkenswerte Struktur: Hochschulabschluß 11,1%; Fachschulabschluß 15,0%; Meisterabschluß 4,4%; Facharbeiterabschluß 58,6%; Teilausbildung 3,6% und ohne einen der genannten Abschlüsse 7,3%." (43) Ingrid Lötsch vertritt die Auffassung, daß sich der Anteil der Facharbeiter (einschließlich Meister) künftig bei etwa 65% und der Anteil der Hoch- und Fachschulabsolventen bei 25% stabilisieren wird; gleichzeitig zeigt der Anteil der Personen, die keinen dieser Abschlüsse erreichen, entgegen früheren bildungsoptimistischen Erwartungen ein "Beharrungsvermögen" bei etwa 10% (44), die nach der gegenwärtigen Einschätzung nicht wesentlich reduziert werden können. "Die Qualifikationsstruktur (1985: 60,2% Facharbeiter; 3,9% Meister; 13,4% Fachschulkader; 7,5% Hochschulkader; 15% ohne einen dieser Abschlüsse) stabilisiert sich in den Konturen, die in den heute das Ausbildungssystem verlassenden Jahrgängen gegeben sind." (45)

Zunehmend wird die Frage nach den Tätigkeitssektoren der Beschäftigten in der Volkswirtschaft sowie der inneren Differenzierung einzelner Klassen und Schichten bedeutsam. Wichtige Verschiebungen haben sich zwischen den Wirtschaftsbereichen ergeben. Der Anteil der Beschäftigten in den nichtproduzierenden Bereichen (ohne Handel und Verkehr) hat sich im Zeitraum von 1950 bis 1985 von 12,5 auf 21,8% erhöht, hier wird bis 1995 ein zusätzlicher Bedarf von 300.000 Arbeitskräften prognostiziert. (46) "Innerhalb der Arbeiterklasse nimmt mit fortschreitender Automatisierung der Anteil der Arbeiter im unmittelbaren Fertigungsprozeß tendenziell weiter ab, während die Gruppen mit technisch vorbereitenden und unterstützenden Funktionen (Rationalisierungsmittelbau, Wartung und Instandhaltung) sowie in nichtindustriellen Wirtschaftsbereichen quantivativ zunehmen." (47) Die Verteilung der Beschäftigten nach Sektoren stellt Tabelle 7 dar.

**Tabelle 7:** Verteilung der Beschäftigten der Volkswirtschaft der DDR (in Prozent)

| | |
|---|---|
| 1. Produktion | 26 |
| 2. Reparatur und Instandhaltung | 19 |
| 3. Produktionsvorbereitung einschließlich Wissenschaft; darunter 4% Forschung/Entwicklung | 9 |
| 4. Leitung und Verwaltung | 18 |
| 5. Handel und Dienstleistungen | 14 |
| 6. Gesundheits- und Sozialwesen | 5 |
| 7. Bildung | 6 |
| 8. Kultur und Kunst | 1 |
| 9. Sonstige Bereiche | 2 |

Quelle: R. Schäfer/J. Wahse: Zum Einfluß des WtF auf die Struktur der Arbeitskräfte und ihre Qualifikation, in: Wirtschaftswissenschaften, H. 8/1986, S. 1130.

Mit zunehmender Automatisierung der Produktion und einer Ausweitung des Beschäftigtenanteils in den nichtproduzierenden Bereichen und der Hochtechnologie ergeben sich weitreichende Konsequenzen für die Beschäftigung, wobei man davon ausgeht, "daß ca. 40 bis 50% der Werktätigen in der Industrie der DDR bis 2000 den Beruf, die Arbeit, den Betrieb wechseln werden/ müssen." (48)

In den letzten Jahren haben vor allem Forschungsprojekte an Bedeutung gewonnen, die auf eine differenzierte Analyse der Schicht der Intelligenz zielen. Unklarheit besteht dabei im Hinblick auf die Frage nach der inhaltlichen Bestimmung der "Intelligenz", die offensichtlich weder die Gesamtheit aller Hoch- und Fachschulabsolventen (zu denen beispielsweise auch das mittlere medizinische Personal zählt) umfaßt, noch auf die Hochschulabsolventen beschränkt werden kann. Auch die in der Volkszählung 1981 verwendete Kategorie der "Geistesschaffenden" erweist sich als unbefriedigend, weil sie Fachschulqualifikationen subsumiert, die nicht als intelligenzspezifisch gelten können. (49) Da keine eindeutigen Zuordnungskriterien vorhanden sind, weisen Versuche, die Größe dieser Gruppe zu bestimmen, eine "relevante Differenz" auf, die zwischen 10 und 15% schwankt. Für eine empirische Sozialstrukturforschung ist die Feststellung ebenso plausibel, daß ein "Bedürfnis nach quantifizierenden Aussagen" besteht, wie die Forderung, "daß wir uns über die methodologischen Grundlagen verständigen müssen, wenn wir grundlegende quantitative Aussagen machen wollen." (50)

Im Hinblick auf die "innere Struktur der Intelligenz" wird zunehmend die vorherrschende traditionelle Auffassung problematisiert, daß die DDR den Erfordernissen bei der "Entwicklung intelligenzspezifischer Qualifikationen wie auch für die innere strukturelle Gliederung der Intelligenz, besonders für den Anteil der wissenschaftlich-technischen Intelligenz" gerecht wird. (51) In der DDR wurden 1985 zwar 21% Hoch- und Fachschulabsolventen registriert, von diesen insgesamt 1,63 Millionen Personen waren jedoch nur 122.000 (1,43% aller Beschäftigten) in der Forschung und Entwicklung tätig. Als Vergleichszahl für die Bundesrepublik nennt Manfred Lötsch 375.000 Personen, das entspricht einem Anteil von 1,44%. Obwohl die Ähnlichkeit der prozentualen Anteile "geradezu verblüffend" erscheint, kann daraus nicht ohne weiteres eine gleiche Effektivität gefolgert werden: "Während sich im Vergleich DDR-BRD die Zahl der Wissenschaftskader wie 1 : 3,05 verhält, beträgt die Relation in den aufgewendeten Mitteln 1 : 5,35, was auf Unterschiede in der materiell-technischen Ausrüstung und damit in einer wichtigen Effektivitätsbedingung schließen läßt." Lötsch vermutet ein

"Strukturdefizit" im Bereich Forschung und Entwicklung in der DDR und plädiert für eine rationelle Nutzung sowie eine Ausweitung des Wissenschaftspotentials unter Einbeziehung spezifischer Leistungsanreize, um die "Abstände zum internationalen Höchstniveau, die den objektiven Maßstab für unsere eigenen Leistungsziele darstellen, zu verkürzen." (52)

Solche Argumentationsmuster machen deutlich: Ökonomische, wissenschaftlich-technische und soziale Effektivität bilden eine Einheit. Sie werden durch strukturfunktionale Bedingungen bestimmt, die mit den gesellschaftlichen Zielkriterien in Einklang gebracht werden müssen. Sozialstrukturforschung ist daher nicht nur als Deskription und Interpretation des sozialen Wandels in der eigenen Gesellschaft möglich, sondern auf eine vergleichende Analyse von Prozessen industriegesellschaftlicher Entwicklung unter dem Vorzeichen der wissenschaftich-technischen Revolution angewiesen.

## 5. Resümee: Sozialer Wandel und sozialistische Gesellschaft

Der politisch induzierte sozioökonomische Umbau der DDR-Gesellschaft, der sich in einer grundlegenden Veränderung der Produktionsverhältnisse (Beseitigung des Besitzbürgertums) und einem weitreichenden Austausch gesellschafticher Macht- und Funktionseliten ausgedrückt hat, ist am Beginn der 60er Jahre im wesentlichen abgeschlossen. Damit ist eine nachhaltige Abschwächung gesellschaftlicher Mobilitätsprozesse verbunden. In der nachrevolutionären Konsolidierungsphase, die durch die Zäsur des Mauerbaus ihren Ausgangspunkt findet, wird der Prozeß einer Transformation der Gesellschaft durch eine Politik der Modernisierung abgelöst, die gleichermaßen gesellschaftliche Stabilisierung und soziale Differenzierung erfordert. Neben der politisch und ökonomisch bestimmten strukturellen Differenz beider deutscher Staaten tritt - in sozialwissenschaftlicher Perspektive - eine industriegesellschaftlich geprägte prozessuale Parallelität beider deutscher Gesellschaften seit Beginn der 70er Jahre wieder deutlicher hervor. Im sozialwissenschaftlichen Diskurs unter dem Vorzeichen einer Dialog- und Streitkultur müßten systembedingte Spezifika ebenso wie funktionsbezogene analoge Problemlagen gleichermaßen identifiziert werden.

## Anmerkungen


1) Ralf Dahrendorf: Gesellschaft und Demokratie in Deutschland, 2. Aufl. München 1966, S. 480.
2) Hermann Rudolph: Die Gesellschaft der DDR - eine deutsche Möglichkeit?, München 1972, S. 25.
3) Ebd., S. 26.
4) Erich Honecker: Bericht des Politbüros an die 9. Tagung des ZK der SED, 28. Mai 1973, in: Neues Deutschland vom 29. Mai 1973, S. 3 f.
5) Zit. nach Wolfgang Zapf (Hrsg.): Theorien des sozialen Wandels, 2. Aufl. Köln/Berlin 1970, S. 13.
6) Rolf Badstübner u.a.: Geschichte der Deutschen Demokratischen Republik, Berlin (DDR) 1981, S. 44.
7) Ebd., S. 50.
8) Ebd., S. 68 f.
9) Vgl. Günter Erbe: Arbeiterklasse und Intelligenz in der DDR, Opladen 1982, S. 77.
10) Statistisches Jahrbuch der DDR 1968, S. 470.
11) Walter Ulbricht: Die Rolle des sozialistischen Staates bei der Gestaltung des entwickelten gesellschaftlichen Systems des Sozialismus. Rede am 12. Oktober 1968, in: Das System der sozialistischen Gesellschafts- und Staatsordnung in der Deutschen Demokratischen Republik. Dokumente, Berlin (DDR) 1970, S. 231.
12) Gesellschaftliche Daten 1982, Bonn 1982, S. 87.
13) Wörterbuch der marxistisch-leninistischen Soziologie, Berlin (DDR) 1977, S. 559.
14) Wörterbuch des wissenschaftlichen Kommunismus, Berlin (DDR) 1982, S. 171.
15) Helmut Steiner: Aspekte der sozialen Mobilität in der DDR, in: Günther Bohring/Kurt Braunreuther: Soziologie und Praxis, Berlin (DDR) 1965, S. 42.
16) Wörterbuch Kommunismus (wie Anm. 14), S. 20.
17) Vgl. Gesellschaftliche Daten (wie Anm. 12), S. 59.
18) Vgl. Zur Entwicklung der Klassen und Schichten in der DDR, Berlin (DDR) 1977, S. 136.
19) Erbe (wie Anm. 9), S. 72.
20) Zit. bei Hermann Weber: Geschichte der DDR, München 1985, S. 339 f.
21) Gisela Helwig: Frau und Familie in beiden deutschen Staaten, Köln 1982, S. 35, 37.

22) Gisela Helwig: Frau ´75. Bundesrepublik Deutschland - DDR, Köln 1975, S. 71.

23) Ebd., S. 85.

24) Helwig (wie Anm. 21), S. 35. - Zur aktuellen Situation vgl. Gisela Ehrhardt/Brigitte Weichert: Einige soziologische und sozialpolitische Aspekte zur Entwicklung der Frau im gesellschaftlichen Arbeitsprozeß, in: Jahrbuch für Soziologie und Sozialpolitik 1988, Berlin (DDR) 1988, S. 527 f.: "1985 verfügten 81,5% aller weiblichen Berufstätigen über eine abgeschlossene Ausbildung. 48% aller Facharbeiter, 12,4% der Meister, 61,8% der Fach- und 38,2% der Hochschulkader sind Frauen."

25) Helwig (wie Anm. 21), S. 41.

26) A. Albrecht: 15 Milliarden Stunden für Hausarbeit in der DDR, in: Marktforschung, H. 1/1972, S. 8; Helmut Hanke: Freizeit in der DDR, Berlin (DDR) 1979, S. 57.

27) Dieter Voigt/Werner Voss/ Sabine Meck: Sozialstruktur der DDR. Eine Einführung, Darmstadt 1987, S. 71.

28) Vgl. jetzt Ehrhardt/Weichert (wie Anm. 24), S. 528. Allerdings ergab eine soziologische Untersuchung, daß nur 14% der befragten Frauen, jedoch 42% der Männer bereit waren, "in verantwortlichen Positionen zu arbeiten und Leitungsfunktionen zu übernehmen" (ebd.).

29) Irmtraud Morgner: Amanda. Ein Hexenroman, Berlin (DDR)/ Weimar 1983, S. 455.

30) Toni Hahn/Loni Niederländer: Zur großstädtischen Lebensweise. Theoretisch-methodologische Probleme ihrer Erforschung, in: Deutsche Zeitschrift für Philosophie, H. 6/1982, S. 762.

31) Manfred Lötsch: Soziale Strukturen als Wachstumsfaktoren und als Triebkräfte des wissenschaftlich-technischen Fortschritts, in: Deutsche Zeitschrift für Philosophie, H. 6/ 1982, S. 721.

32) Ingrid Lötsch/Manfred Lötsch: Soziale Strukturen und Triebkräfte: Versuch einer Zwischenbilanz und Weiterführung der Diskussion, in: Jahrbuch für Soziologie und Sozialpolitik 1985, Berlin (DDR) 1985, S. 174.

33) Ebd., S. 172.

34) Manfred Lötsch: Sozialstruktur und Wirtschaftswachstum - Überlegungen zum Problem sozialer Triebkräfte des wissenschaftlich-technischen Fortschritts, in: Wirtschaftswissenschaft, H. 1/1981, S. 67.

Lötsch/Lötsch (wie Anm. 32), S. 172.

36) Manfred Lötsch: Sozialstruktur und wissenschaftlich-technische Revolution, in: Informationen zur soziologischen Forschung in der DDR, H. 6/1986, S. 10, 8 f.
37) Lötsch/Lötsch (wie Anm. 32), S. 173.
38) Manfred Lötsch/Joachim Freitag: Sozialstruktur und soziale Mobilität, in: Jahrbuch für Soziologie und Sozialpolitik 1981, Berlin (DDR) 1981, S. 95.
39) Vgl. Rudi Weidig: Die Bewältigung der sozialen Probleme der wissenschaftlich-technischen Revolution, in: Sozialismus heute. Realität - Theoretische Analyse - Perspektive, Frankfurt am Main 1986, S. 58 - 60.
40) Rudi Weidig: Soziale Triebkräfte ökonomischen Wachstums, in: Soziale Triebkräfte ökonomischen Wachstums. Materialien des 4. Kongresses der marxistisch-leninistischen Soziologie in der DDR, 26. bis 28. März 1985, Berlin (DDR) 1986, S. 18.
41) Manfred Lötsch: Probleme der Reduzierung wesentlicher Unterschiede zwischen körperlicher und geistiger Arbeit, in: Deutsche Zeitschrift für Philosophie, H. 1/1980, S. 35 f.
42) Lötsch/Freitag (wie Anm. 38), S. 100 f.
43) Ingrid Lötsch: Zur Entwicklung des Bildungs- und Qualifikationsniveaus in der DDR, in: Jahrbuch für Soziologie und Sozialpolitik 1985, a.a.O., S. 513.
44) Ebd., S. 512.
45) Lötsch (wie Anm. 36), S. 6.
46) Gunnar Winkler: Marxistisch-leninistische Sozialpolitik - Theorie und Praxis. IV. Internationales Symposium zur Sozialpolitik, Linowsee vom 23. bis 24. März 1988, S. 31 (unveröffentlichtes Manuskript).
47) Vgl. Irene Falconere: Lebensweise im Spannungsfeld von wisenschaftlich-technischem, ökonomischem und sozialem Fortschritt - Standpunkte, Probleme und Ergebnisse von Lebensweiseforschungen am Institut für Soziologie und Sozialpolitik der Akademie der Wissenschaften der DDR, in: Jahrbuch für Soziologie und Sozialpolitik 1988, Berlin 1988, S. 34.
48) Winkler (wie Anm. 46), S. 33.
49) Ingrid Lötsch: Zu einigen Problemen der Sozialstruktur, in: Informationen zur soziologischen Forschung in der DDR, H. 4/1987, S. 30 f.
50) Ebd., S. 32.
51) Weidig (wie Anm. 40), S. 20.
52) Lötsch (wie Anm. 36), S. 6 f.

# Sozialstruktur - Soziale Herkunft - Persönlichkeitsentwicklung

## dargestellt an der sozialen Reproduktion der Hochschulstudenten und ihrer Persönlichkeitsentwicklung in der DDR

Gustav-Wilhelm Bathke

Die weiteren gesellschaftlichen Aufgabenstellungen in der DDR in ihrer Einheit von wirtschafts- und sozialpolitischen Orientierungen gehen von einem erreichten Stand der sozialen Entwicklung aus, der u.a. durch die Gewährleistung sozialer Sicherheit, die stetige Erhöhung des materiellen und geistigen Lebensniveaus, durch weitreichend verbesserte Arbeits- und Wohnbedingungen, durch umfassendere Möglichkeiten der Persönlichkeitsentwicklung der Angehörigen aller Klassen und Schichten charakterisiert ist.

Die soziale Entwicklung, der soziale Fortschritt erfordert eine Politik der Förderung, Unterstützung und Betreuung aller sozialen Gruppen, wobei deren unterschiedliche Arbeits- und Lebensbedingungen, Interessen- und Bedürfnisstrukturen zu berücksichtigen sind. Darin findet das historisch bedeutende und mögliche Maß sozialer Sicherheit und sozialer Gerechtigkeit, sozialer Gleichheit und sozialer Annäherung seinen Ausdruck (vgl. Winkler 1987, S.26 ff.). In diesem Prozeß der ökonomischen und sozialen Entwicklung haben die produktiven und schöpferischen Potenzen der Angehörigen aller Klassen und Schichten einen festen Platz. In der vollen Ausbildung und Nutzung ihrer spezifischen Potenzen liegen einerseits entscheidende Faktoren und Triebkräfte des Wirtschaftswachstums und andererseits werden über diesen Weg notwendige Voraussetzungen für die soziale Annäherung der Klassen und Schichten geschaffen (vgl. Soziale Triebkräfte ökonomischen Wachstums, 1986). Die weitere Entwicklung der Sozialstruktur in der DDR ist in ihrer historischen Grundrichtung ein Prozeß der sozialen Annäherung der Klassen und Schichten, mit der wachsenden Ausprägung von sozialen, politischen und geistig-kulturellen Gemeinsamkeiten.

Mit der sozialen Reproduktion der Klassen und Schichten ist immer auch unmittelbar die Jugend angesprochen. Das Profil des Nachwuchses, der künftigen jungen Arbeiter, Genossenschaftsbauern, der Handwerker oder der Angehörigen der Intelligenz hat wesentlichen Einfluß auf die weitere Vervollkommnung der spezifischen Potenzen der Klassen und Schichten, ihrer Leistungsfähigkeit.

Mit der sozialen Reproduktion ist ein breites Spektrum von Fragen und Problemen verbunden, z. B. hinsichtlich der Entwicklung und Stabilisierung der sozialen Struktur der Gesellschaft, der Effizienz der Klassen und Schichten, der sozialen Gerechtigkeit, der Chancengleichheit und -realisierung, der Nutzung des Begabungspotentials, um nur einige zu nennen.

Die soziale Reproduktion der Klassen und Schichten geht nicht widerspruchslos vor sich. Probleme und Diskussionen entzünden sich an der stärkeren Selbstreproduktion der Un- und Angelernten auf der einen und der Intelligenz, vor allem der mit Hochschulqualifikation, auf der anderen Seite. Für die Diskussion theoretischer und praktischer Probleme der sozialen Reproduktion und Mobilität erweist sich die soziale Reproduktion der Intelligenz unter den aktuellen gesellschaftlichen Bedingungen als besonders fruchtbar.

In den vergangenen Jahren wurden in der Jugendforschung zunehmend theoretische und empirische Untersuchungen zur Bedeutung von sozialen Herkunftsbedingungen bearbeitet. Dieses Herangehen ist theoretischen und methodologischen Positionen geschuldet, die Anfang der 70er Jahre zur Diskussion gestellt wurden (vgl. Friedrich 1976 a,b; Friedrich/Henning 1975, 1976).

In Anlehnung an die Klassiker des Marxismus-Leninismus wird "Jugend" nicht als eigenständige soziale Klasse oder Schicht betrachtet, sondern selbst als ein Produkt der Gesellschaftsstruktur, das entsprechend der sozialen Klassen und Schichten strukturiert ist (vgl. Friedrich 1976 a, S. 140 f.; Friedrich/Gerth 1984, S. 9 f.).

Da mit dem Jugendalter in der DDR ein Zeitabschnitt vom 14. bis zum 25. Lebensjahr und darüber hinaus untersucht wird, muß hinsichtlich des Einflusses von sozialstrukturellen Bedingungen auf die Persönlichkeitsentwicklung zwischen der **sozialen Herkunft** und der **eigenen Klassen- bzw. Schichtzugehörigkeit** unterschieden werden. Mit der Arbeitsaufnahme als junger Arbeiter, Genossenschaftsbauer oder Angehöriger der Intelligenz entwickelt sich eine eigene soziale Position und die fremdbestimmte soziale Herkunft als vermittelte Klassen- und Schichtzugehörigkeit verliert nach und nach an unmittelbarer Bedeutung. Die Tätigkeitsanforderungen im Arbeitsprozeß und die sozialen und individuellen Bedingungen ihrer Realisierung beeinflussen die weitere Persönlichkeitsentwicklung. Doch dieser eingenommene Platz der Jugendlichen im System der gesellschaftlichen Arbeitsteilung hat seine Geschichte, er wird von sozialen Bedingungen, z.B. den gesamtgesellschaftlichen Bedingungen, der Sozialstruktur und dem ihr zugrunde liegenden Niveau sozialer Einheitlichkeit und Differenziertheit beeinflußt. Mit dem Abschluß der zehnklassigen allgemeinbildenden polytechnischen Oberschule (POS) - die um 85% der Schüler erfolgreich beenden - beginnen differenzierte Ausbildungswege, die einerseits weiterhin durchlässig sind, jedoch andererseits in der Regel einen Bezug zur späteren sozialen Stellung haben. So wird im allgemeinen mit der Aufnahme in die Abiturstufe und der Zulassung zum Hochschulstudium eine überwiegend geistig-schöpferische Tätigkeit angestrebt, die sich in der Zugehörigkeit zur sozialen Schicht der Intelligenz manifestiert. Die unterschiedlichen Ausbildungswege verbinden sich mit charakteristischen Lebenswegen, die von großer gesellschaftlicher und persönlicher Tragweite sind.

Aus gesellschaftlicher Sicht wird mit dem Übergang in die unmittelbare Berufsvorbereitung wesentlicher Einfluß auf die soziale Reproduktion, das soziale Profil der Klassen und Schichten genommen. In diesem Sinne ist die Persönlichkeitsentwicklung von Jugendlichen als Vorbereitung und Hinentwicklung in das System der gesellschaftlichen Arbeitsteilung und damit der sozialen Strukturen zu verstehen.

Aus entwicklungspsychologischer Sicht sind die differenzierten Bildungs- und Berufswege der Jugendlichen das Ergebnis eines längeren Vorbereitungs- und Auswahlprozesses, der mit bestimmten Forderungen an die persönliche Reife, das Wissen und Können, die gesellschaftliche Aktivität - also insgesamt an die Persönlichkeitsentwicklung der Jugendlichen gebunden war.

Neben einer Reihe von Besonderheiten dieser altersgleichen Jugendlichen lassen sich auch viele Gemeinsamkeiten hervorheben.

Die Gemeinsamkeiten beruhen darauf, daß alle Jugendlichen unter relativ gleichen Entwicklungsbedingungen heranwachsen. Prinzipiell kann sich jeder - unabhängig von der sozialen Herkunft - über das einheitliche Bildungssystem eine hohe Allgemeinbildung bzw. im Studium eine spezielle Qualifikation erwerben. Ein Arbeitsplatz und günstige Möglichkeiten der weiteren Qualifizierung sind gesichert. Die Jugendlichen sind aufgefordert und haben reale Möglichkeiten zur aktiven Mitgestaltung der Gesellschaft, besonders in den Reihen des einheitlichen Jugendverbandes. Jeder kann die sozialpolitischen Rechte und jugendspezifischen Förderungen in Anspruch nehmen. Ein spezielles Jugendgesetz gilt prinzipiell für alle Jugendlichen. Von diesen relativ einheitlichen objektiven gesamtgesellschaftlichen Bedingungen wird eine einheitliche Grundcharakteristik der Jugend bestimmt. Daraus ergeben sich auch gewisse subjektive Übereinstimmungen im Denken, Werten und Verhalten. Die objektiven gesellschaftlichen Lebensbedingungen führen zu relativ einheitlichen Grunderfahrungen, sie widerspiegeln sich in der Psychologie der Jugend.

Gleichzeitig darf das Spezifische im Leben einzelner Gruppen der Jugend oder gar einzelner Jugendlicher nicht übersehen werden (vgl. Friedrich 1984, S. 13 ff.). Die sozialen Besonderheiten sind ohne die Berücksichtigung der sozial-strukturellen familiären Herkunftsbedingungen nicht zu erklären.

Der sozialwissenschaftliche Forschungsansatz der Jugendforschung mit den Prinzipien konkret-historisches, differenziertes, persönlichkeitszentriertes und komplexes methodisches Herangehen bietet gute Möglichkeiten, um sowohl entscheidende sozialstrukturelle Prozesse als auch deren Einfluß auf das reale Verhalten von Jugendlichen unterschiedlicher sozialer Gruppen zu ergründen. Die Verbindung von Sozialstruktur- und Persönlichkeitsforschung zielt darauf ab, die Bedeutung sozialstruktureller Zustände und Prozesse für die Persönlichkeitsentwicklung umfassender und differenzierter herauszuarbeiten (vgl. Weidig 1981 b, S. 1450; Lötsch/Freitag 1981, S. 85). Bezogen auf die Studentenforschung wurde das Ziel verfolgt, unter den aktuellen gesellschaftlichen Bedingungen in der DDR die Bedeutung der objektiven sozialstrukturellen familiären Herkunftsbedingungen für die soziale Reproduktion der Intelligenz mit Hochschulabschluß zu untersuchen und gleichzeitig deren Einfluß auf grundlegende Persönlichkeitsmerkmale zu analysieren. Als empirische Grundlage konnten mehrere Untersuchungen - vor allem auch Intervallstudien - des Zentralinstituts für Jugendforschung an über 10.000 Hochschulstudenten genutzt werden.

Bei der empirischen Untersuchung des Zusammenhanges von sozialer Herkunft und Persönlichkeitsentwicklung gingen wir von bestimmten theoretischen Grundpositionen aus und nutzten deren methodologische Ausrichtung für die inhaltliche und methodische Umsetzung. Zwei Positionsbereiche sollen knapp herausgestellt werden.

## 1. Zu Problemen der Vermittlungsprozesse

Die Persönlichkeitsentwicklung junger Menschen wird von vielfältigen Faktoren beeinflußt. Innerhalb der sozialen Einflußfaktoren nehmen im Kindes- und Jugendalter die objektiven sozialstrukturellen Herkunftsbedingungen einen besonderen Platz ein, weil sich aus ihnen konkrete soziale Bedingungen für die Persönlichkeitsentwicklung ableiten. Der Heranwachsende steht nicht mit der ganzen Gesellschaft, mit dem Gesamtkomplex der konkret-historischen Verhältnisse, sondern nur mit bestimmten "Ausschnitten" in aktiver Wechselbeziehung. Die Herkunftsfamilie ist in ihrer klassen- und schichtspezifischen Eingebundenheit, die sich aus der sozialen Stellung der Eltern ableitet, also in ihrer sozial-ökonomischen Bestimmung, die wichtigste Vermittlungsinstanz gesellschaftlicher Verhältnisse. In ein solches soziales Umfeld wird das Individuum hineingeboren, hier werden in Ableitung von der sozialen Stellung der Eltern bestimmte Tätigkeitsanforderungen initiiert, stehen bestimmte Inhalte im Mittelpunkt der Kommunikation, über deren Realisierung sich im Prozeß der Persönlichkeitsentwicklung wichtige Dispositionen zum Finden einer eigenen sozialen Stellung in der Gesellschaft herausbilden.

In diesem Sinne ist die Persönlichkeitsentwicklung in der Kindheit und Jugend als zunehmende Integration in das System der gesellschaftlichen Arbeitsteilung zu begreifen. Im Laufe der Entwicklung erweitern sich die gesellschaftlichen Bezugspunkte, mit denen der Heranwachsende konfrontiert wird, die er aktiv mitgestaltet. Die ersten sozialen Erfahrungen werden in starkem Maße von der sozialen Lage der Herkunftsfamilien bestimmt, ohne zu übersehen, daß die objektiven sozialstrukturellen familiären Herkunftsbedingungen erst über Vermittlungsprozesse für die Persönlichkeitsentwicklung relevant werden.

Der Einfluß der sozialen Herkunft auf die Persönlichkeitsentwicklung der Hochschulstudenten muß in den allgemeinen Zusammenhang von Individuum und Gesellschaft eingeordnet werden. Auf welcher Ebene auch die soziologische Betrachtung von gesellschaftlichen Bedingungen und Persönlichkeitsentwicklung erfolgt, in jedem Falle sind **direkte Ursache-Wirkungs-Beziehungen auszuschließen**. Bei der theoretischen Erklärung der empirischen Ergebnisse müssen vielfältige **Vermittlungsprozesse** beachtet werden.

Die Vermittlungsprozesse haben bisher seltener Eingang in die theoretischen und empirischen Konzepte gefunden. Es erwies sich auch bei unserer Arbeit als schwierig, die vielschichtigen Vermittlungen zwischen der Tätigkeit der Eltern und der sozialen Lage der Herkunftsfamilie auf der einen und der sozialen Herkunft und Persönlichkeitsentwicklung der Hochschulstudenten auf der anderen Seite theoretisch zu fassen und erst recht empirisch in Teilbereichen zu operationalisieren.

Die marxistische Persönlichkeitstheorie nutzt sowohl soziologische als auch psychologische Erklärungsansätze. Die Soziologie kann individuelles Verhalten nicht erschöpfend erklären. Sie untersucht die Persönlichkeitsentwicklung in Abhängigkeit von speziellen sozialen Einheiten und Bedingungen. Dieses Vorgehen hat vor allem deshalb Bedeutung, **weil nur über die sozialstrukturell orientierte Analyse feststellbar ist, was unter spezifischen gesellschaftlichen Bedingungen an Persönlichkeitsentwicklung, an Selbstverwirklichung möglich ist.**

An der theoretischen Durchdringung der Probleme der Vermittlungen versuchen sich Vertreter verschiedener Wissenschaftsdisziplinen. Zu nennen sind hier z.B. Leontjew, Sève, Vertreter der Kritischen Psychologie um Klaus Holzkamp. Interessante Bemühungen gehen auch von der Sozialisationstheorie aus (vgl. u.a. Hurrelmann 1986). In der DDR hat vor allem Irene Dölling die Diskussion zu Formen der Individualität unter Philosophen, Soziologen, Ökonomen, Psychologen und Pädagogen angeregt (vgl. Formen der Individualität 1982; Dölling 1978, 1986). Den Problemen der Vermittlung von sozialer Klasse und Persönlichkeit sowie der Erklärung des Leistungsverhaltens aus sozialpsychologischer Sicht wurde gerade in den letzten Jahren stärkere Beachtung geschenkt (vgl. z.B. Kretzschmar 1985, Friedrich/Hoffmann 1986).

Anlehnend an diese und andere Autoren sollen in Kürze nochmals folgende Positionen thesenartig betont werden, die für die theoretische Erklärung der empirischen Zusammenhänge Bedeutung haben:

Bei der Betrachtung des Zusammenhanges von sozialer Herkunft und Persönlichkeitsentwicklung der Kinder haben wir es aus persönlichkeitstheoretischer Sicht mit zwei Personengruppen zu tun: Eltern und Kinder. Generell gilt: Die Entwicklungsnotwendigkeiten und -möglichkeiten der Persönlichkeit leiten sich letztlich aus dem historischen Stand der Gesellschaftsstrukturen ab, ohne zu übersehen, daß für die Persönlichkeitsentwicklung ein aktives und bewußtes Verhältnis zu den objektiven Bedingungen vorausgesetzt werden muß. Die Persönlichkeitsentwicklung ist immer auch **Selbst**entwicklung und **Selbst**erziehung, "das alles" - so betont Leontjew - "muß getan werden, ein bloßes Unterwerfen unter den Einfluß des Milieus ist nicht möglich" (vgl. 1979, S. 205).

Die der Sozialstruktur einer Gesellschaft zugrunde liegende Form der gesellschaftlichen Arbeitsteilung wird allgemein als entscheidende Bedingungsgrundlage für Persönlichkeitsunterschiede zwischen den Angehörigen verschiedener sozialer Gruppen angesehen, die sich im individuellen Vergesellschaftungsprozeß entwickeln. Somit ist mit der gesellschaftlichen **Arbeitsteilung** einerseits unter **sozialökonomischem Aspekt** ein wesentliches, die Klassen konstituierendes Bestimmungselement gegeben und andererseits ist unter **persönlichkeitstheoretischem Aspekt** aus ihr jene Tätigkeitsstruktur ableitbar, die letztlich eine differenzierte Persönlichkeitsentwicklung bestimmen. Über den arbeitsteilig organisierten Produktionsprozeß ergeben sich Unterschiede in den sozialen Einstellungen und Qualifikationen.

Aus den sozialökonomischen Verhältnissen, der Qualität der Arbeitsteilung leitet Sève Aktivitätsmatrizen des individuellen Verhaltens ab und entwickelt seine auf Marx begründete Theorie der **Individualitätsformen**, die er als objektive Positionen versteht, die die Menschen innerhalb historisch bestimmter arbeitsteiliger Produktionsverhältnisse notwendig innehaben müssen, wenn die gesamtgesellschaftliche Lebenssicherung gewährleistet werden soll. Diese **objektiv ableitbaren Tätigkeitsanforderungen** haben eine zentrale Bedeutung für die Richtung der Persönlichkeitsentwicklung. Vermittlungen ergeben sich dadurch, daß der individuellen Entwicklung immer eine **durch Tätigkeit** vermittelte individuelle

Aneignung der objektiven Verhältnisse zugrunde liegt. Über die Arbeitstätigkeit erfolgt eine individuelle Aneignung von objektiven Bedeutungsstrukturen, in der Arbeitstätigkeit liegen die **entscheidenden und konkreten Lern- und Entwicklungsbedingungen der Persönlichkeit**.

Die Persönlichkeit kann sich im individuellen Vergesellschaftungsprozeß, in der Tätigkeit, jedoch nicht die gesamte kumulierte gesellschaftliche Erfahrung aneignen, sondern nur in bestimmten arbeitsteiligen Bereichen, also in Teilaspekten der Tätigkeit.

Die Bedeutung und der Einfluß der Herkunftsfamilie für bzw. auf die Persönlichkeitsentwicklung der heranwachsenden Kinder kann nur richtig begriffen und bestimmt werden, wenn von diesen **entscheidenden Verhältnissen** ausgegangen wird, d.h. von der objektiven Stellung der Eltern im gesellschaftlichen Arbeitsprozeß, im System der gesellschaftlichen Arbeitsteilung. Damit ist nicht gesagt - und hier wird wiederum eine Vermittlungsebene deutlich - daß das Persönlichkeitsprofil der Eltern ein unmittelbares "lineares" Ergebnis dieser objektiven Arbeits- bzw. Lebensumstände ist. Es müssen jedoch alle Versuche scheitern, die Familie und ihren Einfluß aus "sich heraus", aus isolierten - außerökonomischen - abgeleiteten familiären Kategorien, aus unspezifischen familiären Sozialisationsmechanismen zu erklären.

Im Kindes- und Jugendalter ist die Schutz- und Unterstützungstätigkeit der Eltern bei der Aneignung gesellschaftlich-historischer Erfahrungen von besonderer Bedeutung. Die Arbeitsverhältnisse und die übrigen (wirtschaftlichen, politischen, sozialen, ideologischen) Lebensbedingungen der Familie beeinflussen Ziele, Werte, Möglichkeiten der Erziehung der Kinder. Die **Tätigkeitsanforderungen** an die Kinder in der Familie ergeben sich vermittelt aus der sozialen Stellung der Eltern und der damit zusammenhängenden sozialen Lage. Sie sind sozial differenziert, werden über spezifische Werte und Ziele, den Erziehungsstil und andere subjektive Faktoren gebrochen. Die Einflußmöglichkeiten der Herkunftsfamilie leiten sich aus dem Doppelcharakter der Beziehungen des Subjekts zur Umwelt ab, ihrer zweifachen Vermitteltheit - durch die **gegenständliche Tätigkeit** und durch die **Kommunikation.** Diesen Vermittlungsprozessen wurde in unserer empirischen Untersuchung besondere Beachtung geschenkt.

Wir erfaßten inhaltliche Orientierungen der Eltern, die sowohl über **kommunikative Beziehungen** zwischen Eltern und Kindern als auch über **Tätigkeitsanregungen** realisiert wurden.

## 2. Zur Bestimmung der sozialen Herkunft

Das Aufdecken von Zusammenhängen zwischen der sozialen Herkunft und der Persönlichkeitsentwicklung macht die konkrete Bestimmung der Kriterien erforderlich.

Die Bestimmung der sozialen Herkunft ist mit vielfältigen theoretischen und praktischen Problemen verbunden, weil zum einen die Herkunftsfamilie durch verschiedene und komplex wirkende Faktoren ihre soziale Bestimmung erhält und zum anderen in der Regel mindestens zwei Personen - Vater und Mutter - mit durchaus unterschiedlichen Tätigkeitsmerkmalen die soziale Lage bestimmen (vgl. Rutkewitsch/Filippow 1979, S. 260 und 268).

In der sozialwissenschaftlichen Forschung wird überwiegend noch von der sozialökonomischen Stellung des Vaters ausgegangen. Auch wenn Vater und Mutter berücksichtigt werden, wird nicht selten zur definitiven Festlegung der sozialen Herkunft derjenige Partner herangezogen, der bestimmten Zwecksetzungen besser entgegen kommt.

Für unser Forschungsanliegen waren solche und ähnliche Vorgehensweisen ungeeignet, weil sie von keiner persönlichkeitstheoretisch fundierten Position ausgehen. Im Zusammenhang mit der Bestimmung der sozialen Herkunft sollen drei theoretische bzw. methodologisch-methodische Probleme hervorgehoben werden:

**Das erste Problem** umfaßt die Bestimmung der sozialen Herkunftsmerkmale, die unter unseren gesellschaftlichen Bedingungen entscheidend für soziale Unterschiede sind.

Wo liegen im Sozialismus die wentlichen Determinanten für soziale Unterschiede? Zunächst wurde davon ausgegangen, daß sich die soziale Herkunft als vermittelte Klassen- bzw. Schichtzugehörigkeit aus der Tätigkeit der Eltern, aus ihrer sozialen Stellung im gesellschaftlichen Produktionsprozeß ableitet. Mit der Schaffung der sozialistischen Eigentums- und Machtverhältnisse verschwinden für immer die aus der Klassen- bzw. Schichtzugehörigkeit bzw. der sozialen Herkunft abgeleiteten **sozialen**

**Gegensätze**. Aus dieser Sicht verlieren unter nichtantagonistischen Klassenbeziehungen die Klassen und Schichten als differenzierende Faktoren für die Persönlichkeitsentwicklung an Bedeutung. Gleichzeitig verbinden sich mit der sozialen Herkunft die historisch konkreten **sozialen Unterschiede** der sozialistischen Gesellschaft.

In der bisherigen Entwicklung des Sozialismus lassen sich zwei wesentliche Determinationsverlagerungen für soziale Unterschiede herausarbeiten:

a) Mit der Beseitigung der **sozialen Gegensätze und der sozialen Ungleichheit** zwischen den Klassen und Schichten durch Überwindung der antagonistischen Ungleichheitsebene "Eigentum an Produktionsmitteln" verlagern sich die für den Sozialismus charakteristischen **sozialen Unterschiede** auf die Ebene der "Arbeitsteilung" und werden "dreiachsig" sichtbar:
- zwischen den nichtantagonistischen Klassen und Schichten
- zwischen körperlicher und geistiger Arbeit und
- zwischen Stadt und Land.

b) Mit der Festigung der sozialistischen Eigentums- und Machtverhältnisse, mit der Brechung des Bildungsprivilegs, mit der Stabilisierung der Sozialstruktur, dem Niveau der Annäherung der Klassen und Schichten sowie von Stadt und Land hat sich innerhalb der drei arbeitsteilig bestimmten Determinanten für soziale Unterschiede eine Schwerpunktverlagerung auf die Achse "körperliche und geistige Arbeit, geistiges Niveau der Arbeit, Bildung und Qualifikation" vollzogen. Die auf dieser Achse angelagerten sozialen Unterschiede erweisen sich unter den gegenwärtigen gesellschaftlichen Bedingungen als die tieferen, nachhaltigeren und sozial komplizierteren. Ihre Reduzierung ist an einen längeren geschichtlichen Prozeß gebunden. Jede Reduzierung auf dieser Achse hat Einfluß auf die weitere Annäherung der Klassen und Schichten, auf die Annäherung von Stadt und Land (vgl. Lötsch 1984, S. 13 f.). Damit müssen bei der Bestimmung der sozialen Herkunft zunehmend stärker Unterschiede im Niveau der geistigen Anforderungen in der Arbeit, z.B. zwischen vorwiegend körperlicher und vorwiegend geistiger, zwischen organisierender und ausführender, qualifizierter und weniger qualifizierter Arbeit beachtet werden, die aber durch alle Klassen und Schichten gehen. Zum Teil bestehen innerhalb der Klassen und Schichten größere Unterschiede als zwischen ihnen. Gerade an solche arbeitsteilig abgeleiteten sozialstrukturellen Merkmale bleiben im Sozialismus unterschiedliche Bedingungen für die Persönlichkeitsentwicklung der Angehörigen der jeweiligen sozialen Gruppierung und deren Kinder gebunden. Generell müssen die konkreten sozialstrukturellen Bedingungen der Herkunftsfamilie beachtet werden, weil die Persönlichkeitsanalyse in Abhängigkeit von sozialen Grobstrukturen viele noch bestehende soziale Unterschiede verwischt.

**Das zweite Problem** bezieht sich auf die soziale Herkunftsbestimmung aus der Sicht von Vater **und** Mutter. Beim gegenwärtigen Stand der Berufstätigkeit der Frau in unserer Gesellschaft, ihrem beruflichen und gesellschaftlichen Engagement und den nachweisbaren Leistungen in allen Bereichen ist eine vaterzentrierte Bestimmung der sozialen Herkunft nicht zu vertreten. Aus persönlichkeitstheoretischer Sicht ist einsichtig - und wir können durch sehr differenzierte Vater-Mutter-Kombinationen anhand der Hochschulstudenten eindeutig belegen - daß bei **fach-, leistungs- und kulturbezogenen Persönlichkeitsmerkmalen** der Studenten sich stärkere Beziehungen zu dem Elternteil ergeben, bei dem höhere Anforderungen im geistigen Niveau der Arbeit zu vermuten sind, der höher qualifiziert ist, ebenso einsichtig wie bei **weltanschaulich-ideologisch akzentuierten Persönlichkeitsmerkmalen** deutliche Beziehungen zum gesellschaftlich engagierteren Ehepartner bestehen. Bei Berücksichtigung nur eines Elternteils werden bestehende Unterschiede im Persönlichkeitsprofil der Kinder nivelliert.

**Das dritte Problem** hängt mit der Zielstellung zusammen, nicht nur verschiedene sozialstrukturelle Merkmale der studentischen Herkunftsfamilie zu erfassen, sondern den Einfluß sozialstruktureller Herkunftsbedingungen auf die Persönlichkeitsentwicklung von Studenten zu untersuchen. Dazu reichen einzelne Merkmale bzw. Indikatoren nicht aus. Darauf machen die Zusammenhänge bzw. die Abhängigkeit zwischen den verschiedenen sozial-strukturellen Merkmalen aufmerksam. Unsere untersuchungsleitenden methodischen Bemühungen konzentrieren sich auf mehrdimensionale Merkmalskombinationen, die unter unseren gesellschaftlichen Bedingungen wesentliche Herkunftsbedingungen möglichst differenziert abbilden.

Das Qualifikationsprofil der Herkunftsfamilie und die gesellschaftliche Engagiertheit der Eltern erwiesen sich als entscheidende, in jedem Falle zu berücksichtigende soziale Herkunftsmerkmale bei der sozialstrukturellen Persönlichkeitsanalyse.

Im Ergebnis dieser Positionen haben wir ein ganzes Bündel von sozialstrukturellen Merkmalen der studentischen Herkunftsfamilien erfaßt, z.B.:

- die soziale Herkunft und Stellung der Eltern (Vater und Mutter),
- der konkrete Tätigkeits- und Arbeitsbereich der Eltern
- die Bildung, berufliche Qualifikation und wissenschaftlichen Abschlußgebiete der Eltern,
- die Leitungstätigkeiten der Eltern im Arbeitsprozeß,
- die gesellschaftlichen Aktivitäten der Eltern und ihre politische Organisiertheit,
- die materiellen Bedingungen der Herkunftsfamilie (das monatliche Nettoeinkommen der Eltern, der Besitz ausgewählter materieller und kultureller Güter),
- der Wohnsitz der Eltern und ihre territoriale Mobilität,
- der Familienstand der Eltern, Kinderzahl.

Folgende **Haupterkenntnisse** sind hervorzuheben:

1. Neben vielen grundsätzlich übereinstimmenden sozialen Entwicklungsbedingungen für Jugendliche in der sozialistischen Gesellschaft sind für Hochschulstudenten besondere sozialstrukturelle familiäre Herkunftsbedingungen charakteristisch. Obwohl aus allen Klassen und Schichten stammend, reproduzieren sich die heutigen Hochschulstudenten nicht proportional aus ihnen. Hochschulstudenten haben häufiger als gleichaltrige Jugendliche in anderen Tätigkeitsbereichen hochgebildete, beruflich besonders engagierte Eltern mit Leitungsverantwortung im beruflichen Arbeitsprozeß.

   Aus der Sicht der hohen Qualifikation und der überwiegend geistig-schöpferischen Tätigkeit der Eltern reproduzieren sich die heutigen Hochschulstudenten als zukünftige Intelligenz verstärkt überproportional aus der sozialen Schicht der Intelligenz; Jugendliche, deren Eltern nicht die 10klassige polytechnische Oberschule abgeschlossen haben und Tätigkeiten mit einem geringeren Niveau geistiger Anforderungen ausüben, sind in den zur Hochschulreife führenden Einrichtungen und im Hochschulstudium unterrepräsentiert. Dies gilt eingeschränkt auch für Jugendliche aus Facharbeiterfamilien.

2. Die objektiven sozialstrukturellen Herkunftsbedingungen der Hochschulstudenten stehen mit charakteristischen subjektiven Bedingungen im Zusammenhang, die sich in der familiären Atmosphäre, den Erziehungszielen, den Tätigkeitsformen und inhaltlichen (kommunikations- und tätigkeitsorientierten) Anregungen sowie in den Beziehungen zwischen Eltern und Kindern widerspiegeln. Die überwiegende Mehrheit der Studenten bekundet eine starke Übereinstimmung mit den politischen Ansichten und den grundsätzlichen Lebensauffassungen der Eltern und hat ein gutes Verhältnis zu ihnen.

3. In Abhängigkeit von der Fachrichtung der Studenten ergeben sich z. T. Unterschiede im sozialstrukturellen Herkunftsprofil, vor allem hinsichtlich der Bildung und Qualifikation der Eltern, ihres politischen Engagements und ihres territorialen Wohnsitzes.

4. Auch innerhalb der Hochschulstudenten bestehen in Abhängigkeit von verschiedenen sozialstrukturellen Merkmalen ihrer Herkunftsfamilien deutliche Unterschiede im Persönlichkeitsprofil. Dabei erweisen sich unter unseren gesellschaftlichen Bedingungen die **Qualifikation** (als ein Indikator für das geistige Niveau der Tätigkeit) **und** das **politische Engagement** der Eltern als die entscheidenden sozialstrukturellen familiären Herkunftsbedingungen, die einerseits mit anderen objektiven sozialstrukturellen Merkmalen im Zusammenhang stehen bzw. sie differenzieren und andererseits das Persönlichkeitsprofil ihrer studierenden Kinder nachhaltig beeinflussen. Dabei bedürfen Vater und Mutter differenzierter Berücksichtigung, weil sonst konkrete Zusammenhänge zwischen sozialer Herkunft und Persönlichkeitsentwicklung ungenau bleiben.

Bei genereller Beachtung von Qualifikation und politischem Engagement der Eltern zeigt sich, daß unter den gesellschaftlichen Bedingungen der DDR die Einkommens- und materiellen Besitzverhältnisse, z.T. auch die territoriale Herkunft ihre Bedeutung als soziale Differenzierungsfaktoren weitgehend verloren haben.

Auch die Klassen- bzw. Schichtherkunft erweist sich in der Regel als zu "grobes" Maß (vgl. Starke 1979), um Unterschiede im Persönlichkeitsprofil der Studenten zu erklären, weil das geistige Niveau der Arbeit - als wesentliche sozialstrukturelle Differenzierungsdeterminante im Sozialismus - auch innerhalb der Klassen und Schichten sehr unterschiedlich ist.

Die mehrdimensionale sozialstrukturelle Persönlichkeitsanalyse deckt folgende grundlegende Zusammenhänge auf:

**Erstens** ergeben sich hinsichtlich aller weltanschaulich-ideologisch akzentuierter Persönlichkeitsmerkmale der Studenten, z.B. ihrer Weltanschauung und Ideologie, entsprechenden Werten und Zielen, der gesellschaftlichen Aktivität, gravierende Differenzierungen in Abhängigkeit von weltanschaulich-ideologisch untersetzten Herkunftsmerkmalen, z.B. dem gesellschaftlichen Engagement der Eltern, ihrer Tätigkeit in bestimmten Arbeitsbereichen und der Beschäftigung mit bestimmten Arbeitsinhalten.

In der Regel gilt: Je gesellschaftlich engagierter die Eltern, desto gesellschaftlich aktiver ihre studierenden Kinder.

**Zweitens** ergeben sich bei fach- leistungs- und kulturbezogenen Persönlichkeitsmerkmalen der Studenten, z.B. dem Abiturprädikat, den Leistungen im Studium, den leistungsbezogenen Werten und Zielen, der Einstellung zur Wissenschaft und Kunst, den fachlichen und kulturellen Aktivitäten, Differenzierungen in Abhängigkeit vom Charakter und Inhalt der Arbeit, dem Besitz kulturtragender Güter, der Bildung und Qualifikation der Eltern. Es differenzieren also solche Herkunftsmerkmale, die auf der Achse "geistiges Niveau der Arbeit" angesiedelt sind und die sich bereits bei der Aufnahme eines Hochschulstudiums als wesentlich für soziale Zugangsdifferenzierungen herausgestellt haben.

In der Regel gilt: Studenten aus hochqualifizierten Familien (mit überwiegend geistig-schöpferischer Tätigkeit zumindest eines Elternteils) haben häufiger bessere ergebnis- und motivationsbezogene Leistungsdispositionen. Besonders deutliche Unterschiede bestehen in den geistig-kulturellen Interessen und Tätigkeiten. Traditionelle Reproduktionsprozesse über Generationen beeinflussen die Herausbildung fach-, leistungs- und kulturbezogener Persönlichkeitsmerkmale, vor allem studienspezifische Motivationen, positiv.

**Drittens** ist bei unterschiedlicher Qualifikation bzw. politischer Engagiertheit von Vater und Mutter eindeutig nachweisbar: Der höherqualifizierte oder der gesellschaftlich stärker engagierte Ehepartner hat nachhaltigeren Einfluß auf das Bildungsstreben, die Bewältigung der Leistungsanforderungen der Oberschule bzw. auf die weltanschaulich-ideologischen Werte, die gesellschaftliche Aktivität der studierenden Kinder.

Für die Erklärung und Bewertung der Reproduktionstendenzen und der Zusammenhänge von sozialstrukturellen Herkunftsbedingungen und der Persönlichkeitsentwicklung von Hochschulstudenten sollen folgende Aspekte hervorgehoben werden:

**Aspekt 1**

Die gesamtgesellschaftlichen Bedingungen sind entscheidende Faktoren für die Persönlichkeitsentwicklung. Der Sozialismus bietet den Angehörigen aller Klassen und Schichten sowie deren Kindern neue, umfassendere Möglichkeiten zur Persönlichkeitsentwicklung. Die soziale Herkunft hat unter sozialistischen Bedingungen ihre **dominante** Zuweisungsfunktion für Bildung und Qualifikation, soziale Stellung und Sicherheit, Macht und Persönlichkeitsentwicklung verloren. Das zeigt sich u.a. daran, daß alle Kinder die Möglichkeit zur Oberschulausbildung und zur Berufsausbildung haben und einen Arbeitsplatz erhalten. Beide Geschlechtergruppen haben günstige Bedingungen für ihre Persönlichkeitsentwicklung. Die Ausschließung der Frau von Bildung und Qualifikation, von der gesellschaftlichen Produktion gehört der Vergangenheit an. In historisch kurzer Zeit wurde die bildungs- und qualifikationsspezifische Diskriminierung der Frau überwunden. Große Aufmerksamkeit wurde und wird der zielstrebigen Förderung der Frauen in der Aus- und Weiterbildung und in der beruflichen Tätigkeit gewidmet. Immer bessere Bedingungen werden geschaffen, damit die Mädchen und Frauen ihr schöpferisches Wirken im Beruf, im Studium, im gesellschaftlichen Leben und in der Familie realisieren können. Das Prinzip der umfassenden Förderung der Frauen in unserer Gesellschaft drückt sich auch im Anteil weiblicher Studenten an den Hoch- und Fachschulen unseres Landes aus. Heute sind über 50% der neuzugelassenen Direktstudenten an den Hochschulen und über 80% an den Fachschulen Mädchen und junge Frauen. In den letzten 20 Jahren hat sich der an Hoch- bzw. Fachschulen eingeschriebene Anteil weiblicher Studenten mehr als verdoppelt, fast verdreifacht. Dieser Prozeß kann als sozialer Wandel, als Indikator für die Reduzierung sozialer Unterschiede interpretiert werden.

Die Mehrheit der heute tätigen Intelligenz hat sich aus Arbeitern und Bauern bzw. deren Kindern rekrutiert. Im Ergebnis dieses Reproduktionsprozesses hat sich das soziale und politische Profil der Intelligenz grundlegend gewandelt, neue Werte und Verhaltensweisen, wie die Haltung zur sozialistischen Gesellschaft, die Bereitschaft zur Gemeinschaftsarbeit mit anderen Werktätigen und Kollektivität sind charakteristisch (vgl. Weidig 1981 a).

Die heutigen Hochschulstudenten in der DDR rekrutieren sich deutlich häufiger aus Arbeiter- und Genossenschaftsbauernfamilien als in allen kapitalistischen Ländern.

Die gesamtgesellschaftlichen Bedingungen, das einheitliche Bildungssystem in der DDR haben einen entscheidenden Beitrag geleistet, früher stark benachteiligte soziale Gruppen zu fördern. Aus dieser Sicht haben die neuen sozialen Bedingungen historische Bedeutung für die Persönlichkeitsentwicklung, für das Freisetzen der Anlagen und Talente des einzelnen. Von diesen historischen Errungenschaften ist bei der Erklärung der aktuellen Reproduktionstendenzen der Hochschulstudenten auszugehen.

**Aspekt 2**

Die aktuelle soziale Reproduktion der Hochschulstudenten muß aus historischer Sicht betrachtet werden: Einerseits war eine hohe Zustrommobilität der Klassen und Schichten, vor allem von Arbeitern und Bauern bzw. deren Kindern, zur Intelligenz ein Ergebnis der besonderen historischen Situation nach der Zerschlagung des Faschismus.

Eine neue sozialistische Intelligenz mußte geschaffen werden. Die Brechung des Bildungsprivilegs, die Eröffnung von Vorstudienanstalten bzw. Arbeiter- und Bauern-Fakultäten, die Organisation von Neulehrerkursen - als wesentliche Maßnahmen einer radikalen Bildungsreform - waren entscheidende Voraussetzungen zur Öffnung der Hochschulen für alle Kinder des Volkes. Andererseits war mit dem objektiv notwendigen quantitativen Anwachsen der sozialen Schicht der Intelligenz eine Erweiterung ihrer sozialen Rekrutierungsquellen verbunden. Entscheidendes Ergebnis ist eine neue Intelligenz in der DDR, die sich zu großen Teilen aus Arbeitern und Bauern bzw. deren Kindern entwickelte.

Die heutigen Hochschulstudenten als zukünftige Angehörige der sozialistischen Intelligenz reproduzieren sich in starkem Maße aus dieser neuen Intelligenz und tragen viele ihrer sozialen und politischen Merkmale.

**Aspekt 3**

Die anhand des Hochschulzugangs deutlich werdenden sozialen Differenzierungen müssen in das Maß der Dialektik von sozialer Gleichheit und sozialen Unterschieden eingeordnet werden, wie es sich aus den konkret historischen ökonomischen Bedingungen und Möglichkeiten ableitet. Mit der bestehenden Form der gesellschaftlichen Arbeitsteilung verbinden sich mit Notwendigkeit noch Unterschiede in den Arbeitstätigkeiten, im geistigen Niveau der Arbeit, in Bildung und Qualifikation der verschiedenen Klassen und Schichten, die Einfluß auf die Persönlichkeitsentwicklung haben. Die weitere Reduzierung dieser sozialen Unterschiede - ein erklärtes Ziel der sozialistischen Gesellschaft - kann nur im Rahmen der Einheit von Wirtschafts- und Sozialpolitik erfolgen.

E. Honecker betonte bereits vor mehr als 15 Jahren, daß die Duldung der Verwischung von sozialen Unterschieden innerhalb der Klassen und Schichten bedeuten würde, "die Rolle der Arbeiterklasse zu schmälern und den Anschein zu erwecken, als sei der Sozialismus imstande, die Probleme der sozialen Struktur der Gesellschaft bereits so zu lösen, wie das erst im Kommunismus möglich sein wird." (Honecker 1972, S. 725).

**Aspekt 4**

Auf dem gegenwärtigen Stand der gesellschaftlichen Arbeitsteilung ist die Zugehörigkeit zur Intelligenz mit sozialen Besonderheiten verbunden, die soziale Unterschiede in sich tragen. An die objektiv notwendigen Besonderheiten der Intelligenz sind nicht nur spezifische Bedingungen für die Persönlichkeitsentwicklung ihrer Angehörigen gebunden, sondern die intelligenztypisch eingebundene Herkunftsfamilie **hat und schafft** besonders günstige Voraussetzungen für die Persönlichkeitsentwicklung der Kinder. Aus den Besonderheiten der Intelligenz leiten sich objektive und subjektive Voraussetzungen (Bestrebungen) zur Selbstreproduktion ab, die besonders deutlich werden, wenn diese Tendenz nicht durch ein beträchtliches quantiatives Anwachsen dieser Schicht überdeckt wird. Es muß folgender Zusammenhang bedacht werden: In Ableitung von einer überwiegend geistig-schöpferischen Tätigkeit der Eltern ergeben sich frühzeitig solche Tätigkeitsorientierungen und stehen solche Inhalte im Mittelpunkt der Kommunikation mit den Kindern, die analoge Sachinteressen, Einstellungen, Strebungen und Aktivitäten der Heranwachsenden begünstigen.

Die Kinder aus solchen Herkunftsfamilien sind besonders gut vorbereitet und eingestellt, die Bildungs- und Erziehungsbemühungen des einheitlichen sozialistischen Bildungssystems der DDR - vor allem der Oberschule - zu nutzen. Dies führt zu sozial bedingten Aktivitäts- und Leistungsvorteilen und entsprechenden Bewertungen durch die Schule, die zur Motivationsverstärkung beitragen. Die Kinder bewältigen die Oberschule besonders gut und streben häufiger und motivierter weiterführende Bildungseinrichtungen mit dem Ziel an, später eine überwiegend geistig-schöpferische Tätigkeit auszuüben.

Lötsch hebt hervor: "Im Bildungssystem angelegte Gleichheit der Bildungschancen wird durch diese Mechanismen modifiziert; Unterschiede im geistigen Niveau der Elterngeneration korrespondieren mit Unterschieden in den Wertorientierungen, Verhaltenweisen und damit der faktischen Nutzung angelegter gleicher Chancen in der Generation der Kinder; Unterschiede im geistigen Niveau der Arbeit spielen somit eine dominante Rolle nicht nur im Komplex bestehender sozialer Unterschiede, sondern auch in den Mechanismen ihrer Reproduktion." (Lötsch 1981, S. 214)

**Aspekt 5**

Hinzu kommt im Sozialismus eine neue Erscheinung: Die sozial "homogene" Intelligenzfamilie und die höher qualifizierte Mutter. Diese beachtenswerten gesellschaftlichen Erscheinungen sind ein Ergebnis sozialistischer Bildungspolitik und der Förderung der Frau in unserer Gesellschaft. Damit ist jedoch zugleich verbunden, daß in solchen Herkunftsfamilien Vater **und** Mutter ein ausgeprägtes Bestreben zeigen, ihre Kinder für ein Hochschulstudium anzuregen. Dies erfolgt unter den neuen Bedingungen verstärkt auch über die Mütter, die wiederum besonders auf das Bildungsstreben der Töchter Einfluß nehmen.

## Aspekt 6

Die objektiven sozialen Besonderheiten inklusive Unterschiede der Intelligenz in der jetzigen Entwicklungsetappe des Sozialismus können nicht ohne weiteres auf die Notwendigkeit ihrer sozialen Selbstreproduktion übertragen werden. Bei Folgerungen ist ein breites Spektrum von ökonomischen, sozialen und politischen Kriterien zu beachten:

a) Die Anlagen und Talente für die Herausbildung intelligenztypischer Fähigkeiten und Fertigkeiten sind nicht auf die Kinder der Intelligenz beschränkt, sondern gleichmäßig auf alle Klassen und Schichten verteilt. Eine überwiegende Selbstreproduktion der Intelligenz steht aus dieser Sicht einer immer besseren Nutzung des Begabungspotentials des ganzen Volkes entgegen. Doch gerade mit dieser Aufgabenstellung verbinden sich Vorzüge des Sozialismus, die genutzt werden müssen. Hinzu kommt, daß aus sozialer Sicht eine überwiegende Selbstreproduktion der Intelligenz über Generationen zwangsläufig mit der Reproduktion von Bildungs- und Qualifikationsvorteilen bzw. -nachteilen, d.h. von sozialen Unterschieden verbunden ist, die dem weiteren Annäherungsprozeß der Klassen und Schichten, der weiteren Reduzierung von sozialen Unterschieden entgegen stehen. Damit kann sowohl aus der Sicht der Nutzung des Begabungspotentials der Gesellschaft als auch unter sozialem Aspekt gefolgert werden:

Die sozialen Rekrutierungsquellen der Intelligenz im Sozialismus müssen breit bleiben. Die frühzeitige Förderung von befähigten Kindern im allgemeinen und aus allen nicht überwiegend geistig-schöpferisch arbeitenden Klassen und Schichten, vor allem dem großen Reservoir der Arbeiter und der Klasse der Genossenschaftsbauern im besonderen muß ständige Aufgabe der sozialistischen Gesellschaft, aller Bereiche des einheitlichen Bildungssystems bleiben.

Diese Aufgabe stellt sich unter sozialistischen Bedingungen im Zusammenhang mit der jetzigen Form der gesellschaftlichen Arbeitsteilung auch unter der Prämisse der weiteren Erhöhung des Bildungsniveaus aller Kinder des Volkes immer wieder neu (vgl. Soziale Triebkräfte 1986, S. 228 ff.).

b) Traditionelle Reproduktionsprozesse als leistungsförderndes Element sind keine Besonderheiten der Intelligenz, sondern gelten für alle Klassen und Schichten (vgl. Bathke 1986, S. 243 ff.). Sie sind gesamtgesellschaftlich ein notwendiges Element der Reproduktion und Stabilisierung der Klassen und Schichten, ihrer Leistungsfähigkeit, ihres politisch-ideologischen Profils, der Nutzung ihrer Besonderheiten als Triebkräfte für den ökonomischen und damit letztlich für den sozialen Fortschritt. Aus dieser Sicht läßt sich nun wieder folgern, daß die verstärkte Selbstreproduktion der Intelligenz **ein** Ausdruck ihrer qualitativen Entwicklung ist bzw. werden kann. Es muß beachtet werden:

Die heutigen Hochschulstudenten reproduzieren sich überwiegend in erster Generation aus einer neuen Intelligenz, die überwiegend aus Arbeiter- und Bauernfamilien stammt. Intelligenztypische Wertorientierungen, Verhaltensweisen, die Verbundenheit mit der eigenen sozialen Schicht und ihrer Tätigkeit und andere notwendige Besonderheiten zur Erfüllung der Aufgaben im System der gesellschaftlichen Arbeitsteilung lassen sich nicht in einer Generation vollständig ausprägen und stabilisieren.

Wie in allen Klassen und Schichten treten mit der Stabilisierung der Sozialstruktur auch bei der Intelligenz - bei Abschluß ihrer quantitativen Entwicklung in und für absehbare Zeit - qualitative Wachstumsfaktoren in den Vordergrund, die als Triebkräfte für den ökonomischen und sozialen Fortschritt zu nutzen sind.

## Literaturverzeichnis


Bathke, G.-W.: Soziale Herkunft. In: Friedrich/Hoffmann: Persönlichkeit und Leistung. Berlin 1986, S. 243-251.

Braun, K.-H./Holzkamp, K. (Hrsg.): Kritische Psychologie. Bericht über den I. Kongreß kritischer Psychologie in Marburg vom 13. bis 15. Mai 1977, Band II: Diskussion. Köln 1977.

Dölling, I.: Naturwesen. Individuum - Persönlichkeit. Berlin 1979.

Dölling, I.: Individuum und Kultur. Ein Beitrag zur Diskussion. Berlin 1986.

Formen der Individualität. Mitteilung aus der kulturwissenschaftlichen Forschung Nr. 11, HUB Berlin 1982 (Manuskriptdruck)

Friedrich, W.: Jugend und Jugendforschung. Berlin 1976 a.

Friedrich, W.: Zur gesellschaftlichen Zielstellung und zu methodologischen Problemen der marxistisch-leninistischen Jugendforschung in der DDR. In: Friedrich/Henning (Hrsg.): a.a.O.; 1976 b, S. 11-30.

Friedrich, W.: Einleitung. In: Friedrich/Gerth: a.a.O.; 1984, S. 9-19.

Friedrich, W./Gerth, W.: Jugend konkret. Berlin 1984.

Friedrich, W./Henning, W. (Hrsg.): Der sozialwissenschaftliche Forschungsprozeß. Berlin 1975.

Friedrich, W./Henning, W. (Hrsg.): Jugendforschung - Methodologische Grundlagen, Methoden und Techniken. Berlin 1976.

Friedrich, W./Hoffmann, A.: Persönlichkeit und Leistung. Berlin 1986.

Holzkamp, K.: Gesellschaftlichkeit des Individuums. Aufsätze 1974-1977, Köln 1978.

Holzkamp-Osterkamp, U.: Grundlagen der psychischen Motivationsforschung. Berlin 1981.

Honecker, E.: Fragen von Wissenschaft und Politik in der sozialistischen Gesellschaft der DDR. In: Einheit, Heft 1/1972.

Hurrelmann, K.: Einführung in die Sozialisationstheorie. Weinheim und Basel 1986.

Kretzschmar, A.: Soziale Unterschiede - unterschiedliche Persönlichkeiten? Berlin 1985.

Leontjew, A.N.: Tätigkeit - Bewußtsein - Persönlichkeit. Berlin 1979.

Lötsch, M.: Annäherung von Arbeiterklasse und Intelligenz. Gesetzmäßigkeiten der Reduzierung sozialer Unterschiede zwischen körperlicher und geistiger Arbeit. In: Lebensweise und Sozialstruktur. Materialien des dritten Kongresses der marxistisch-leninistischen Soziologie in der DDR 25. bis 27. März 1980. Berlin 1981, S. 212-221.

Lötsch, M.: Sozialstruktur und Triebkräfte. In: Informationen zur soziologischen Forschung in der DDR. 3/1984, S. 3-16.

Lötsch, M./Freitag, J.: Sozialstruktur und soziale Mobilität. In: Jahrbuch für Soziologie und Sozialpolitik 1981. Berlin 1981, S. 84-101.

Rutkewitsch, M.N./Filippow, F.: Klassen und Schichten in der Sowjetunion. Berlin 1979.

Sagawe, P.: Zur Entwicklungslogik von Persönlichkeiten. In: Braun/Holzkamp (Hrsg.): a.a.O.; 1977, S. 333-337.

Sève, L.: Marxismus und Theorie der Persönlichkeit. Berlin 1972.

Soziale Triebkräfte ökonomischen Wachstums. Materialien des 4. Kongresses der marxisitisch-leninistischen Soziologie in der DDR 26. bis 28. März 1985. Berlin 1986.

Starke, K.: Jugend im Studium. Zur Persönlichkeitsentwicklung von Hochschulstudenten. Berlin 1979.

Weidig, R.: Sozialstruktur und Lebensweise bei der Gestaltung der entwickelten sozialistischen Gesellschaft in der DDR. In: Lebensweise ... a.a.O.; 1981 a, S. 10-55.

Weidig, R.: Aufgaben der marxistisch-leninistischen Soziologie der DDR nach dem X. Parteitag der SED. In: DZfPh 12/1981 b, S.1451 ff.

Winkler, G.: Soziale Entwicklung - Soziologie - Sozialpolitik. In: Jahrbuch für Soziologie und Sozialpolitik 1987, Berlin 1987, S. 26-53.

# Jugend in der DDR

Barbara Hille

Der Akzent in dem folgenden Beitrag liegt auf sozialpsychologischen Aspekten, speziell auf der Frage nach den Auswirkungen sozialstruktureller Rahmenbedingungen auf die junge Generation.

## 1. Merkmale sozialstrukturellen Wandels

Der thematische Zugang "sozialer Wandel" ist mit Blick auf die heutige Jugend in der DDR eher mit Fragezeichen zu versehen. Jugend gilt zwar in der Regel als Faktor bzw. Träger sozialen Wandels innerhalb der Gesellschaft. Doch in welchem Bezugsrahmen und von welcher Ausgangsbasis her kann man diesen Wandel überhaupt messen? Nach anfänglich radikalen Umbrüchen und Veränderungen der politischen Systemstruktur und der Eigentumsverhältnisse in den 40er und 50er Jahren zeichnet sich in den folgenden Jahrzehnten eher eine kontinuierliche Entwicklung in Richtung einer Stabilisierung der neuen sozialen Strukturen ab, sowie zum Teil einer Vertiefung bestehender Differenzierungen zwischen unterschiedlichen sozio-professionellen Gruppen und Schichten. Erreicht wurde dabei u.a. eine gewisse Nivellierung der Bevölkerung in Richtung der "unteren Mittelschicht", vornehmlich geprägt durch Absolventen der Pflichtschulzeit mit anschließender Facharbeiterausbildung. Ob es sich dabei noch um die "Arbeiterklasse" klassischer Prägung handelt - oder aber um eine breite Schicht mit sehr unterschiedlicher Herkunft und vorwiegend "kleinbürgerlicher" Prägung, wäre einmal genauer zu untersuchen.

Sozialer Wandel in der DDR ist einzuschätzen vor dem Hintergrund vergleichbarer Entwicklungen anderer (auch westlicher) moderner Industriestaaten, deren Beschreibungsmodelle teilweise nutzbar zu machen sind. Nach deren Erkenntnisse wird sozialer Wandel wesentlich bestimmt durch die folgenden Faktoren:

1) Neue **Gesetze** in großer Zahl (z.B. Familiengesetzbuch, Bildungsgesetz, Arbeitsgesetzbuch, Jugendgesetz);

2) Ausweitung des **öffentlichen Sektors** durch:
"regulative Bürokratien",
"konzentrierte Interessengruppen" (z.B. Gewerkschaften),
"innovative Märkte", die in Verbindung stehen mit
"investierenden Haushalten" und typische Merkmale der (westlichen) **Konsumgesellschaften** darstellen;

3) **Wissenschaft und Technik** als mobilisierende, produktive Faktoren;

4) Veränderungen der demographischen Entwicklung und **Bevölkerungsstruktur**;

5) infolge dieser Prozesse Veränderungen der Bildungssysteme und der Berufsstruktur.

Die Zielsetzung der **Angleichung der Schichten und Klassen** im Sozialismus, der Angleichung u.a. von körperlicher und geistiger Arbeit muß vor allem unter den Bedingungen moderner **technologischer Entwicklungen** neu durchdacht werden. Deren Auswirkungen auf die Arbeit stellen neue, spezielle Anforderungen an Qualifikation und Leistung der werktätigen Bevölkerung. Arbeit wird einerseits erleichtert durch einen Abbau körperlicher Tätigkeiten. Andererseits kommen neue belastende Faktoren hinzu, wie z.B. Monotoniebelastung bei Kontrolle von Maschinen und Schalttafeln. Außerdem werden viele Arbeitsvorgänge immer komplizierter, erfordern eine spezielle Arbeitsorganisation und -leitung, höhere Qualifikation und Spezialisierungen. **Schöpferische Initiative** zur Weiterentwicklung moderner Technologien ist zunehmend gefragt. Im Zuge dieser erforderlichen Differenzierungen erscheint es wenig wahrscheinlich, daß künftig Unterschiede und Ungleichheiten in der Arbeitstätigkeit abgebaut werden können - ganz im Gegenteil. Das bedeutet zugleich, daß Unterschiede zwischen den verschiedenen sozialen Gruppen, gekennzeichnet durch unterschiedliche Qualifikationen und Positionen, zunächst bestehen bleiben oder sich sogar noch vertiefen werden.

Welche Konsequenzen ergeben sich daraus für die junge Generation?

Die meisten Jugendlichen vollziehen den Prozeß des **Hineinwachsens in die Erwachsenengesellschaft** relativ zügig, wobei die Jugendphase entsprechend dem Jugendgesetz (1974) mit dem 25. Lebensjahr endet. Es handelt sich um eine vergleichsweise kurze Statuspassage vom Jugendlichen zum Erwachsenen. Ohnehin wird Jugend unter der Zielsetzung der Entwicklung "sozialistischer Persönlichkeiten" kein spezieller sozialer Sonderstatus anerkannt, sondern als Teil der sozialen Klassen und Schichten der sozialistischen Gesellschaft eingestuft. Dennoch wurden für Jugendliche spezielle Gesetze geschaffen, z.B. das 3. Jugendgesetz von 1974. Demgemäß sind im Jugendalter vielfältige Aufgaben zu bewältigen, nämlich der Schulabschluß, die Berufsvorbereitung und -einmündung, die Mitarbeit im Jugendverband, Partnerwahl und Familiengründung, sowie die Intensivierung und Ausweitung der gesellschaftlichen und politischen Aufgaben und Pflichten mit Erreichen der Volljährigkeit im Alter von 18 Jahren.

Nimmt man den Abschluß der Berufsausbildung und den Eintritt in die Erwerbstätigkeit sowie die Familiengründung als Kriterien für den Abschluß der Jugendphase bzw. den Beginn des Erwachsenenstatus, so ist dieser Zeitpunkt für die meisten Jugendlichen zwischen dem 23. und dem 25. Lebensjahr erreicht. Für die meisten Jugendlichen ist die Berufsausbildung mit ca. 18 Jahren abgeschlossen, es folgt für die männlichen Jugendlichen der Dienst in der NVA. Die meisten Jugendlichen gründen mit ca. 23 bis 25 Jahren eine eigene Familie. Allerdings weitet sich diese Phase im Zuge längerfristiger Qualifikationen insbesondere bei den Studenten zunehmend aus. Außerdem führt die zunehmende Zahl außerehelicher Lebensgemeinschaften zu einer Verschiebung des Zeitpunktes der Eheschließung und Familiengründung. Mehrheitlich handelt es sich jedoch um eine relativ kurze Lebensphase Jugend, die mit vielfältigen Aufgaben, Ansprüchen und Verantwortungen ausgefüllt und weitgehend verplant ist.

## 2. Rahmenbedingungen für Jugendliche

Wichtige Impluse resultieren vor allem aus den **Gesetzen** der sechziger Jahre, die auch für die heutige junge Generation noch bedeutsam sind. Damals mußten zunächst die Voraussetzungen zur Schaffung eines qualifizierten Facharbeiternachwuchses auf breiter Basis entwickelt und ausgebaut werden. Die Anhebung des schulischen Bildungsniveaus, die Verbesserung der schulischen und beruflichen Qualifikationen waren die wichtigsten Grundlagen dafür. Sie richteten sich gleichermaßen an Männer und Frauen. Insbesondere die Frauen, die erhebliche Defizite aufzuholen hatten, erhielten Möglichkeiten, fehlende Berufsabschlüsse nachzuholen (Facharbeiterqualifikation). Schwerpunktmäßig wurde den Frauen der Zugang zu technisch-industriellen Berufen eröffnet, in denen zugleich ein besonders hoher Bedarf an Arbeitskräften vorherrschte. Die Rahmenbedingungen waren abgesteckt durch das Bildungsgesetz (1965) und das Familiengesetzbuch (1966). Der Schwerpunkt liegt unverändert auf dem Bereich der Arbeit (s. Gesetzbuch der Arbeit 1977), deren zentrale Rolle für den Menschen im Sozialismus unbestritten ist. Der planmäßige Zugang der Jugendlichen zur Produktion (bereits in der Schulzeit) und ihr effektiver Einsatz im Betrieb (u.a. in speziellen Jugendobjekten) spielt eine besonders wichtige Rolle, die auch im Jugendgesetz (1974) ausdrücklich unterstrichen wird.

Innerhalb dieses Rahmens sind folgende Faktoren für die Entwicklung der jungen Generation von besonderer Bedeutung:

## 2.1. Entwicklung des einheitlichen Bildungssystems

Erreicht wurde damit eine generelle Anhebung der allgemeinen Schulpflicht auf 10 Jahre. Wesenticher Bestandteil ist die polytechnische Bildung für alle Schüler und Schülerinnen, die auch spezielle berufsvorbereitende Funktionen hat. Damit wurde eine stetige Verbesserung der Schulabschlüsse sowie der beruflichen Qualifikationen und Weiterbildung erreicht. Vor allem wurde die analoge schulische und berufliche Qualifikation der Mädchen verwirklicht. Die Benachteiligung von Frauen, die auf fehlende Qualifikationen zurückzuführen waren, konnten damit weitgehend beseitigt werden.

Andererseits läßt sich die Quote der wenig Qualifizierten offensichtlich kaum noch weiter reduzieren. So muß gegenwärtig und auch auf längere Sicht mit einer relativ konstanten Quote von ca. 15% innerhalb der erwerbsfähigen Bevölkerung gerechnet werden, die für weitergehende Qualifikationen nur schwer zugänglich und geeignet sind. Psychologischen Befunden zufolge hat man es hierbei mit Grenzen der individuellen Leistungsfähigkeit aufseiten der Betroffenen zu tun.

Plangemäße Quotierungen (z.B. bei der Zulassung zur EOS, Abitur, Studium) begrenzen den Anteil der Höherqualifizierten. Problematisch sind die Selektionsmechanismen bei der Zulassung zu höherer Qualifikation. Damit soll eine Angleichung bzw. Umschichtung zwischen den sozialen Gruppen und Schichten erreicht und vor allem der Anteil der Arbeiterkinder gegenüber den Angehörigen der Intelligenz erhöht werden. Solche Umschichtungen haben sich im Laufe von Jahrzehnten mehrfach vollzogen, wenngleich nicht so gravierend, zumal Angehörige der Intelligenz immer wieder Wege gefunden haben, um ihren Kindern den Zugang zu höherer Qualifikation dennoch zu eröffnen. Allerdings waren auch die Angehörigen der jeweils "neuen" Intelligenz in stärkerem Maße um eine höhere Qualifikation ihrer Kinder bemüht als Angehörige der "Arbeiterschicht". Je geringer die Qualifikation, um so niedriger ist das angestrebte Qualifikationsniveau. Die Leistung spielt bei der Selektion zu höherer Qualifikation (Abitur und Studium) nur eine begrenzte Rolle neben den weiteren Kriterien: Zugehörigkeit zur Arbeiterklasse, gesellschaftlich-politische Aktivitäten, Mitgliedschaft in der FDJ. Es handelt sich also nicht primär um eine Selektion der Leistungsbesten, was mit Blick auf die künftigen erhöhten Arbeitsanforderungen unter den technologischen Veränderungen besonders nachteilig sein dürfte.

Parallel dazu wurde seit den siebziger Jahren die politisch-ideologische Erziehung intensiviert, die bereits in der Kinderkrippe einsetzt und systematisch ausgebaut wurde. Wichtiger Bestandteil ist eine generelle Verstärkung der vormilitärischen Erziehung und Ausbildung für beide Geschlechter in Schule und Berufsausbildung, u.a. durch die Einführung des Wehrkundeunterrichts in den Schulen seit 1979. Die verschärfte kritische Auseinandersetzung mit Positionen des Klassengegners stellt zugleich einen Versuch der ideologischen Aufarbeitung und Abgrenzung von westlichen Einflüssen, zunehmenden Westkontakten und Reiseeindrücken dar.

### 2.2 Stellung der Frauen

Ein weiterer wichtiger Faktor für die Entwicklung der jungen Generation ist die veränderte Stellung der Frauen. Typisch ist für die DDR deren bereits in den fünfziger Jahren gesetzlich garantierte Gleichberechtigung und Gleichstellung in Beruf, Familie und Politik. Erreicht werden sollte zunächst vor allem eine gleiche schulische und berufliche Qualifikation für die weiblichen und männlichen Jugendlichen, für Frauen und Männer, die Hinlenkung von Mädchen und Frauen in technische Berufe in der industriellen Produktion.

Inzwischen erreichen die Mädchen nicht nur analoge schulische Qualifikationen und Abschlüsse, sondern sie erbringen auch jeweils bessere Schulleistungen und Schulzeugnisse. Aufgrund der besseren Schulleistungen hätten also mehr Mädchen als Jungen die Chance, in die zum Abitur führende Erweiterte Oberschule (EOS) aufgenommen zu werden und einen Studienplatz zu erhalten. Diese Entwicklung wurde inzwischen als problematisch und als Benachteiligung der Jungen gewertet. Jungen haben nämlich - durch zahlreiche entwicklungspsychologische Befunde belegt - in der entscheidenden Altersphase, in der die (Vor)Selektion für die EOS erfolgt, gegenüber den Mädchen Entwicklungsrückstände, die sie erst später im Laufe ihrer Entwicklung teilweise aufholen. Als Korrektiv wurde deshalb eine ausgewogene Quotierung nach Geschlechtszugehörigkeit eingeführt, was zu einer neuartigen Benachteiligung von leistungsbesseren Mädchen führt. Es dürfte für die Lehrer schwer sein, unter solchen Selektionskriterien auszuwählen (zur Zeit pro Klasse je eine Schülerin und einen Schüler) - und zugleich bei den Jugendlichen mehrheitlich eine positive Arbeitseinstellung und Leistungsmotivation zu entwickeln bzw. zu erhalten, bzw. die Einsicht in die gesellschaftlichen Notwendigkeiten zu erzeugen und "bewußt" zu machen.

## 2.3 Einflüsse der Familie

Weiterhin ist die Situation der Jugendlichen gekennzeichnet durch Veränderungen in Größe, Struktur und Form der Familien. Diese manifestieren sich in den demographischen Entwicklungen, in der Tendenz zu wenigen Kindern und zur Zwei-Generationen-Familie. Dabei ist die Berufstätigkeit der Ehefrauen und Mütter ein wesentliches Merkmal heutiger DDR-Familien, ebenso die umfassende außerfamiliale Kinderbetreuung und -erziehung.

Dennoch hat die Familie einen wesentlichen Einfluß auf die Entwicklung, die Meinungs- und Interessenbildung der jungen Generation. Dabei hat sich die **soziale Herkunft** als wichtigstes Differenzierungsmerkmal herauskristallisiert bzw. erhalten. Der Bildungsstand, die berufliche Tätigkeit der Eltern (meist des Vaters), das damit verbundene Anregungspotential und kulturelle Niveau haben einen deutlich differenzierenden Einfluß u.a. auf die elterlichen Leistungsansprüche und Aspirationen hinsichtlich der schulischen und beruflichen Entwicklung der Kinder. Je qualifizierter die Schul- und Berufsausbildung der Eltern ist, umso häufiger fungieren sie darüber hinaus als kompetente Ratgeber und Gesprächspartner in vielen Lebensbereichen. Trotz der sozio-ökonomischen Umschichtungen seit 1945 konnte offensichtlich nicht verhindert werden, daß sich immer wieder neue soziale Gruppierungen mit spezifisch unterschiedlichen Lebensformen herausgebildet haben. Auch die Angehörigen der heutigen "Intelligenz" sind bestrebt, ihren Kindern eine der eigenen Qualifikation entsprechende höhere schulische und berufliche Bildung zu ermöglichen.

Demgegenüber wurde der negative Einfluß eines niedrigen sozioökonomischen Niveaus vor allem in Zusammenhang mit Schul- und Berufsversagen, mit sozial auffälligem und kriminellem Verhalten nachgewiesen. Eine Kumulation negativer Faktoren hat dabei Verstärkerfunktion. Ein negatives familiales Klima, ein ungünstiges soziales Milieu, Unvollständigkeit bzw. Zerrüttung der Familie werden als typische Merkmale sogenannter "Problemfamilien" nachgewiesen.

Unterschiede in den Einstellungen, Interessen und Verhaltensweisen der Jugendlichen lassen sich ferner nach deren eigener unterschiedlicher schulischer und beruflicher Qualifikation nachweisen. Differenzen treten deutlicher zutage zwischen qualifizierten und wenig qualifizierten Facharbeitern, sie scheinen sich zu vermindern zwischen qualifizierten Facharbeitern und Angehörigen höherer Qualifikationsstufen.

### 2.4. Geschlechtsspezifische Differenzen

Am wenigstens scheint bislang der Abbau geschlechtsspezifischer Differenzen gelungen zu sein - trotz einer seit Jahrzehnten konsequent egalisierenden Erziehung vornehmlich durch die Schule. Nach wie vor differieren Mädchen und Jungen deutlich in ihren schulischen und außerschulischen Interessen, Einstellungen und Verhaltsweisen, - und zwar mit zunehmendem Alter umso ausgeprägter. Mädchen bevorzugen z.B. musische, soziale, sprachliche Interessen, die Jungen dagegen technische, naturwissenschaftliche, sportliche Bereiche. Für diese Differenzen werden vornehmlich die Eltern verantwortlich gemacht, was teilweise zutrifft. Sie stellen in der Tat höhere Erwartungen z.B. an die Schulleistungen der Jungen. Mädchen sind stattdessen stärker zur Mithilfe im elterlichen Haushalt eingesetzt und haben entsprechend weniger Freizeit als Jungen. Auch in den Berufswünschen und -interessen von Jungen und Mädchen zeigen sich typische Unterschiede - ebenfalls trotz einer langjährigen egalisierenden Beeinflussung. Die geschlechtsspezifischen Differenzierungen und Abgrenzungen verstärken sich interessanterweise in einer Altersphase (etwa ab dem 12. Lebensjahr), in der der familiale Einfluß zunehmend zurücktritt gegenüber Freundschaften mit Gleichaltrigen. Offenbar - und das legen westliche Befunde nahe - führt die Koedukation in stärkerem Maße zu einer Akzentuierung der Andersartigkeit gegenüber dem anderen Geschlecht und weniger zu ihrem Abbau. Andererseits wird den Eltern angelastet, daß sie selbst innerhalb der Familie an der traditionellen Rollenteilung festhielten und damit als Vorbilder in unerwünschter Richtung wirkten. In der Tat erfolgt auch in jungen Familien weithin noch eine Aufgabenteilung zu Lasten der Frauen. Letzlich ist jedoch die Frage nach den Einflußfaktoren dieser relativ stabilen Differenzen noch ungelöst. Biologische und anthropologische Faktoren sind ebenso in Rechnung zu stellen wie spezielle Umwelteinflüsse, die jeweils zusammenwirken.

Zunehmend wird allerdings auch die Frage gestellt, ob es überhaupt wünschenswert sein kann, den Prozeß der Angleichung der Geschlechter noch weiter fortzuführen. Auf diese Weise könnten der sozialistischen Gesellschaft wesentliche Merkmale und Fähigkeiten im Zusammenleben der Menschen verlorengehen, wie sie primär von Frauen verkörpert werden (z.B. Fürsorge, Wärme, Zärtlichkeit), zumal sich eine gewisse Angleichung bislang insbesondere im beruflichen und politischen Bereich stärker in Richtung traditionell "männlicher" Merkmale vollzogen hat.

Die berichteten sozialen und geschlechtsspezifischen Differenzen haben sich in Jahrzehnten nur geringfügig abbauen lassen, sie haben sich aber keineswegs erst neu entwickelt. Verändert hat sich vornehmlich die offizielle Zurkenntnisnahme und die ausdrückliche Berücksichtigung solcher Differenzen auch in Veröffentlichungen und deren genauerer Aufschlüsselung im Bereich der Forschung.

## 2.5 Organisierte Freizeit

Weiteres typisches Merkmal für die Situation der Jugendlichen ist die organisierte Freizeit. Freizeit wird durch die Kinder- und Jugendorganisation wesentlich bestimmt und gestaltet. An der Jugendorganisation FDJ kommt im Grunde kein Jugendlicher vorbei, wenn er sich nicht die schulischen und beruflichen Chancen verstellen bzw. erheblich erschweren will. Die Teilnahme an der Jugendweihe ist ein wesentlicher Bestandteil der zu absolvierenden Pflichten, was für Christen Konflikte bzw. Kompromisse zur Folge hat. Allerdings ist für die Mehrheit der Jugendlichen der lang wirkende erzieherische Einfluß durch die außerfamilialen Institutionen, beginnend mit der Kinderkrippe, in Rechnung zu stellen. So ist es z.B. für die sechsjährigen Schulanfänger selbstverständlich, bei den jungen Pionieren aufgenommen zu werden. Die wenigen Eltern, die sich dagegen wenden, riskieren, daß ihre Kinder zu Außenseitern abgestempelt werden und sich auch so erleben. Die meisten Kinder sind immerhin gern dabei. Hinzu kommt, daß nahezu sämtliche Urlaubs- und Freizeitangebote vor allem für die Jugendlichen über die FDJ organisiert sind (z.B. Jugendklubs, Diskotheken, Reisen in das sozialistische Ausland), die im Grunde konkurrenzlos dastehen. Dennoch hat gerade die nicht durch die FDJ organisierte und gestaltete "informelle" Freizeit bei Jugendlichen den höheren Stellenwert, erst recht haben Reisemöglichkeiten in das nicht sozialistische Auslang höchste Faszination. Frei disponible Zeit ist allerdings infolge der starken zeitlichen Beanspruchung in Schule, Beruf und gesellschaftlichen Funktionen generell knapp.

Wieweit die FDJ die Jugendlichen mit ihren Angeboten tatsächlich erreicht und politisch aktiviert, erscheint eher strittig. Mitgliederzahlen geben darüber jeweils nur begrenzte Auskunft. Immerhin sind von den 6- bis 14-jährigen Schülern fast 100% in der Pionierorganisation Mitglied. Der Anteil der in der FDJ organisierten Jugendlichen im Alter von 14 bis 25 Jahren beträgt etwa 75%. Das aktive Engagement ist in den meisten Fällen auf das Schulalter beschränkt und bei den Mädchen größer als bei den Jungen. Es nimmt mit Berufseintritt und Familiengründung erheblich ab. Junge Erwachsene sind kaum mehr beteiligt. Unterschiede ergeben sich vor allem nach der schulischen Qualifikation: Schüler und insbesondere Schülerinnen der EOS sowie Studenten/innen stellen die höchsten Mitgliederanteile. Am wenigsten engagieren sich die jungen Arbeiter, die eigentlich tragende Schicht in der sozialistischen Gesellschaft der DDR. Die Mitgliedschaft und erst recht das aktive Engagement in der FDJ zielt somit vornehmlich auf die Chancen ab, die sich dadurch in Schule, Studium und Beruf eröffnen.

Im Zusammenhang mit der Diskussion über die notwendige Entwicklung und intensivere Förderung schöpferischer Qualitäten wird von pyschologischer und pädagogischer Seite die "frei disponible" Zeit in der Freizeit als besonders wichtig eingeschätzt.

## 3. Jugenspezifische Reaktionsformen

Wie bewältigen Jugendliche die zentralen Aufgabenbereiche? Wie verhalten sie sich? Gibt es für sie Wahlmöglichkeiten, Alternativen in ihrer Lebensgestaltung?

Anders als in den westlichen Gesellschaften und den Theorien der westlichen Jugendforschung bleibt in der DDR unberücksichtigt, daß das Jugendalter eine Lebensphase ist bzw. sein sollte, in der das Experimentieren mit verschiedenen Lebensformen, die Suche nach neuen Erfahrungen, die kritische Auseinandersetzung mit dem Bestehenden bis hin zur Konfrontation mit den Erwachsenennormen noch möglich sind bzw. sein sollten. In unterschiedlicher Ausprägung und Akzentuierung handelt es sich hierbei um typische und wohl nicht nur "bürgerliche" Merkmale des Jugendalters. Solche Tendenzen sind allerdings entsprechend dem marixistisch-leninistischen Erziehungsziel eher unerwünscht bzw. als Fehlentwicklungen einzustufen. Probleme einer verlängerten Adoleszenz existieren allerdings kaum. Dazu ist der Spielraum zu eng und die Jugendphase relativ kurz aufgrund der zeitlich begrenzten Schul- und Ausbildungszeiten und der durchschnittlich frühzeitigen Familiengründung (s.o.). Somit bleibt ohnehin wenig Zeit zur Ausprägung jugendtypischer Verhaltensweisen oder gar "Subkulturen", abgesehen von kleinen, im Großstadtmilieu angesiedelten, zum Teil alternativ lebenden Gruppen Jugendlicher (etwa seit Beginn der 80er Jahre). Die politischen Rahmenbedingungen setzen dafür enge Grenzen.

Möglicherweise vollzieht aber ein "sozialer Wandel" gerade in solchen neuen Lebens- und Artikulationsformen innerhalb dieser spontanen Gruppierungen? In den kleinen Gruppen einer alternativen Szene scheint sich so etwas wie eine jugendliche "Subkultur" zu entwickeln, "Jugendprotest" als neue Artikulationsform im Rahmen z.B. von systemübergreifenden bzw. -konträren Friedensinitiativen und ökologischen Aktionen zu entstehen, wofür die evangelische Kirche bislang begrenzten Raum und Schutz geboten hat. Es handelt sich allerdings nur um kleine Gruppen und Zirkel, die in kritischer Distanz leben und zum Teil öffentlich Protest artikulieren. Sie lassen allenfalls Rückschlüsse auf bestimmte Grundstimmungen innerhalb der Jugendbevölkerung zu, an deren eventueller Mobilisierung oder Dämpfung das Verhalten der Organe von Partei und Staat wesentlichen Anteil haben dürfte. Bislang ist ihre Ausstrahlung auf die Mehrheit der Jugendlichen fraglich - von modischen Extravaganzen und ausgefallenen Stylings im Freizeitverhalten abgesehen. Hierüber fehlen allerdings genauere Daten und Informationen. Hier zeigen sich auch im Rahmen der Jugendforschung der DDR (ebenso in der westlichen Jugendforschung) die Grenzen in den bisher angewandten Methoden und untersuchten Fragestellungen. Die Jugendforschung der DDR richtet sich vornehmlich auf die Mehrheit innerhalb der Jugendbevölkerung bzw. auf repräsentative Stichproben.

Die Mehrheit der Jugendlichen konzentriert sich auf die in dieser Lebensphase zu bewältigenden Aufgaben mit dem Blick auf das jeweils aktuell Abgeforderte. Langfristige Zukunftsperspektiven treten dahinter zurück. Als Gegengewichte zu den vielfäligen Anforderungen in Schule, Beruf und gesellschaftlichen und politischen Aktivitäten schaffen sich die meisten Jugendlichen gewisse "Freiräume" bzw. "Nischen" in ihrer verbleibenden informellen, disponiblen Freizeit, die sie bevorzugt in der informellen Clique der Gleichaltrigen und im familiären Bereich verbringen (Fernsehen, Kino, Rockmusik u.a.). Der Einfluß westlicher Medien, die Faszination vor allem durch das Westfernsehen sind dabei nicht zu unterschätzen. Daraus entwickeln sich immer wieder systemunspezifische, am westlichen Standard orientierte Konsumwünsche, Freizeitpräferenzen, Verhaltensweisen und Moden. Damit entgleiten sie leicht den Intentionen sozialistischer Erziehung, weichen teils auf nicht alltägliche Interessen aus und kompensieren damit die alltäglichen Anforderungen und auch Einschränkungen.

Im Vergleich zu ihren Eltern scheinen sie relativ weniger zu unkritischer, bedingungsloser Meinungsbildung und Anpassung bereit zu sein. Dabei geht es ihnen kaum um eine grundlegende Ablehnung des bestehenden Systems in seinen Prinzipien, sondern primär um Distanz gegenüber ihrer praktischen Ausführung und Umsetzung.

Frühzeitige Eheschließung und Familiengründung, aber auch die zunehmende Zahl außerehelicher Lebensgemeinschaften legen zugleich neue weitreichende Pflichten auf und binden und kanalisieren damit frühzeitig jugendliche Unruhe. Letztlich streben die meisten Jugendlichen wie die Erwachsenen nach dem kleinen (bürgerlichen) Glück mit Auto, Haus und Datsche. Die Mehrheit arrangiert sich also, paßt sich an, funktioniert im ganzen positiv. Dabei werden jedoch Kräfte verbraucht, die zum Teil besser genutzt und entfaltet werden könnten. Es fehlen offiziell tolerierte "Freiräume" für die individuelle Entfaltung und Ausgestaltung, für Entspannung ohne Programm und Zeitplan.

Von psychologischer wie pädagogischer Seite wird zunehmend auf die Bedeutung dieser nicht plangemäßen, zur freien Disposition verfügbaren Zeit hingewiesen, weil damit erst eine Entwicklung und Freisetzung von schöpferischen Fähigkeiten möglich würde, die für die hochqualifizierten Arbeitsleistungen der Zukunft dringend benötigt werden. Dem steht die Forderung nach "sinnvoller" Freizeitgestaltung, nach stärkerem Einwirken der FDJ, u.a. im Wohnbereich, gegenüber. Somit dürfte die perfekt organisierte Betreuung und Erziehung, die bereits in der Kinderkrippe systematisch beginnt, die Entwicklung schöpferischer Fähigkeiten weiterhin erschweren und stattdessen eher breites Mittelmaß produzieren.

## 4. Zukunftsperspektiven

Sozialer Wandel bzw. weitere Differenzierungen werden sich möglicherweise in Zukunft im Zusammenhang mit den forcierten technologischen, industriellen Entwicklungen vollziehen, wobei die ungünstige demographische Entwicklung der neunziger Jahre zu einem überhöhten Bedarf bzw. Mangel an Arbeitskräften führen wird.

Die im Gang befindlichen und weiter fortschreitenden Veränderungen in der **Arbeitswelt** lassen sich folgendermaßen zusammenfassen:

1) Mehrbedarf an höheren und vielseitigen bzw. zusätzlichen Qualifikationen. Zu diesem Zweck wird u.a. eine strengere Selektion und planmäßige Förderung der Leistungsbesten und insbesondere der technisch, mathematisch und naturwissenschaftlich befähigten Schüler/innen sowie Studenten/innen angestrebt. Vor allem im Bereich der Forschung werden hoch motivierte und schöpferische Hochschulabsolventen gesucht. Die Selektionskriterien dafür müssen offensichtlich noch entwickelt werden. Allerdings sollte auch die Anzahl und die Proportion dieser höher Qualifizierten prognostisch realistisch eingeschätzt werden.

2) Starker Wechsel der Personalkapazitäten in den verschiedenen Sparten und Bereichen der Berufsstruktur u.a. durch höhere Produktiviät, technologische Innovationen, Konsumveränderungen, was für eine beträchtliche Zahl der Werktätigen Betriebs-, Berufs- und zum Teil Ortswechsel zur Folge haben wird. Von den erwachsenen Werktätigen muß deshalb künftig immer mehr Flexibilität, Umstellungsfähigkeit und Lernfähigkeit bis ins hohe Lebensalter abverlangt werden. Für die Berufsausbildung werden darauf zugeschnittene neue Lehrpläne entwickelt, deren praktische Umsetzung die Aufgabe vor allem der jungen Generation bis zum Jahr 2000 sein wird. Nicht jeder verfügt jedoch über die spezifischen Fähigkeiten und vermag eventuell mehrfache Umstellungsleistungen zu vollbringen.

3) Mehrbedarf an Arbeitskräften im Dienstleistungssektor gegenüber dem Produktionssektor. Das könnte vor allem Auswirkungen auf die Berufspräferenzen der weiblichen Jugendlichen und der Frauen haben, die traditionell diesen Berufssparten stärker zuneigen. Durch eine stärkere Auslagerung von hauswirtschaftlichen Aufgaben aus dem Familienhaushalt (u.a. Reinigung, Wäscherei) könnte sich eine weitere Notwendigkeit zur Ausweitung des Dienstleistungssektors ergeben.

4) Nach vorübergehender Überkapazität von Facharbeitern auf nicht voll qualifizierten Arbeitsplätzen setzen neue Prozesse der Dequalifizierung in der Serienproduktion ein. Weitere

Rationalisierungsmaßnahmen führen in diesem Bereich zu einem Abbau von Arbeitsplätzen.

5) Abbau bzw. Fortfall von Arbeitsplätzen für Minderqualifizierte, was deren weitere Beschäftigung erschweren dürfte.

Damit setzen neue Selektionsprozesse ein, die dazu führen können, daß sich der Abstand zwischen hochqualifizierten und wenig qualifizierten, flexiblen und wenig umstellungsfähigen Gruppen innerhalb der Bevölkerung weiter vertieft - und vor allem die weniger Leistungsfähigen mit der Entwicklung immer weniger Schritt halten können. Dies ist ein Problem, mit dem alle hochentwickelten Industriestaaten zunehmend konfrontiert werden und das auch in der DDR auf längere Sicht gelöst werden muß.

**Literaturauswahl**


Anweiler, Oskar (Hrsg.), Staatliche Steuerung und Eigendynamik im Bildungs- und Erziehungswesen osteuropäischer Staaten und der DDR. Berlin: Verlag Arno Spitz 1986.

Belwe, Katharina, Weniger produzieren mehr. Probleme der Freisetzung von Arbeitskräften in der DDR. Deutschland Archiv, 1984, 5, 496-509.

Dölling, Irene, Individuum und Kultur. Ein Beitrag zur Diskussion. Berlin (O): Dietz Verlag 1986.

Flora, Peter et al., State, Economy, and Society in Western Europe 1815 - 1975. Volume I: The Growth of Mass Democracies and Welfare States. Frankfurt/M.: Campus Verlag 1983.

Friedrich, Walter; Müller, Harry (Hrsg.), Zur Psychologie der 13- bis 22-Jährigen. Resultate einer Intervallstudie. Berlin (O): Deutscher Verlag der Wissenschaften 1980.

Friedrich, Walter; Müller, Harry, Soziale Psychologie älterer Schüler. Berlin (O): Volk und Wissen 1983.

Gransow, Bettina; Gransow, Volker, Disponible Zeit und Lebensweise. Freizeitforschung und Freizeitverhalten in der DDR. Deutschland Archiv, 1983, 7, 729 - 749.

Hille, Barbara, Familie und Sozialisation in der DDR. Opladen: Leske & Budrich 1985 (s. dort weiterführende Literatur zum Thema).

Jaide, Walter; Hille, Barbara (Hrsg.), Jugend im doppelten Deutschland. Opladen: Westdeutscher Verlag 1977.

Jugend und Schöpfertum. Informationsbulletin Jugendforschung, ZIJ Leipzig 1978.

Kabat vel Job, Otmar, Geschlechtstypische Einstellungen und Verhaltensweisen bei Jugendlichen. Beiträge zur Psychologie 3. Berlin (O): Volk und Wissen 1979.

Klein, Helmut, Hochbegabtenförderung. Bewertung des Erreichten und weiterführende Überlegungen. Sitzungsberichte der Akademie der Wissenschaften der DDR. Gesellschaftswissenschaften. Berlin (O): Akademie Verlag 1987.

Kretzschmar, Albrecht, Soziale Unterschiede - unterschiedliche Persönlichkeiten? Zum Einfluß der Sozialstruktur auf die Persönlichkeitsentwicklung. Berlin (O): Dietz Verlag 1985.

Lötsch, Manfred, Wissenschaftliche Intelligenz - Hochtechnologien - ökonomisches Wachstum. Einheit, 1988, 4, 312 - 319.

Mehlhorn, Gerlinde; Mehlhorn, Hans-Georg, Intelligenz. Zur Erforschung und Entwicklung geistiger Fähigkeiten. Berlin (O): Deutscher Verlag der Wissenschaften 1981.

Starke, Kurt, Jugend im Studium. Zur Persönlichkeitsentwicklung von Hochschulstudenten. Berlin (O): Deutscher Verlag der Wissenschaften 1981.

Voigt, Dieter; Voss, Werner; Meck, Sabine, Sozialstruktur der DDR. Eine Einführung. Darmstadt: Wissenschaftliche Buchgesellschaft 1987.

## Frauen- und Familienentwicklung in der DDR

Jutta Gysi

Wenn wir die symptomatische Feststellung von Karl Marx zitieren, daß sich der Fortschritt einer Gesellschaft exakt an der gesellschaftlichen Stellung des schönen Geschlechts messen läßt, (1) soll damit vor allem verdeutlicht werden, daß die praktische Realisierung der Gleichberechtigung der Frau ein unverzichtbares Entwicklungsmoment des Sozialismus überhaupt ist. Die Gleichberechtigung der Geschlechter ist demnach nicht in ausgewählten Lebensbereichen herzustellen. Von daher ging es uns von Anfang an darum, die historisch angetroffene Stellung der Frau und damit die Beziehungen der Geschlechter zueinander in allen Lebensbereichen zu wandeln. Das war nur möglich, indem zwei Aufgaben zeitgleich in Angriff genommen wurden:

**Erstens** war eine neue, dem Mann gleichberechtigte Stellung der Frau herauszubilden, die nicht mehr einseitig an die Familie gebunden, sondern primär von ihrer Position im gesellschaftlichen Arbeitsprozeß und ihrer Teilnahme am politischen Leben bestimmt war. **Zweitens** galt es, Partner- und Familienbeziehungen qualitativ neuer Art zu entfalten, die auf Gleichberechtigung, Liebe, Achtung und Kameradschaft, kurzum auf die inneren Werte von Partnerschaft aufbauen. Einem so begründeten Konzept von Partnerschaft mußte natürlich auch eine neue Rolle des Mannes in der Familie folgen, denn Gleichberechtigung war und ist ein Prozeß, der beide Geschlechter angeht, in dem sich Frau und Mann miteinander und füreinander emanzipieren müssen.

Wir sind demnach bei der Frauenentwicklung stets vom **Konzept der Vereinbarkeit** der beiden Lebensbereiche Arbeit und Familie, von einer gleichzeitigen Ausübung der beiden sozialen Hauptfunktionen Berufstätigkeit und Mutterschaft und nicht von einer jeweiligen Wahlfreiheit der Geschlechter - Berufsarbeit oder Familie - ausgegangen.

Die Verkündung der Gleichberechtigung per Gesetz war dafür allerdings nur der Auftakt; als viel schwieriger erwies sich die Schaffung von Garantien für ihre tagtägliche Durchsetzung, insbesondere aber auch die Veränderung der Haltungen und Einstellungen der Frauen und Männer selbst.

**Arbeit und Familie im Wertesystem von Frauen und Männern**

Bildung und Berufstätigkeit sind für uns die wichtigsten Grundlagen der Gleichberechtigung. Es ist in der DDR seit langem selbstverständlich, daß Mädchen nicht nur die gleichen Bildungsmöglichkeiten haben wie Jungen, sondern daß sie sie auch realiter wahrnehmen. Frauen haben nicht nur einen Beruf, sie üben ihn in aller Regel - trotz Heirat und Geburt von Kindern - auch ein Leben lang aus. Das entspricht nicht etwa gesellschaftlichen Zwangsmechanismen, wie es uns im Rahmen von Systemkritik mitunter vorgeworfen wird, sondern ist längst zum Bestandteil ihres Wertesystems geworden. Darin, daß auch Frauen lebenslang berufstätig sein sollen, sind sich die Geschlechter heute ziemlich einig. In einer soziologischen Befragung erklärten nur ganze 0,6% der Mädchen, daß sie nach der Heirat zu Hause bleiben wollen und 3,3% der Jungen meinten, daß eine Frau nicht arbeiten gehen solle.

Umgekehrt ist auch den Männern ihre Vater- und Familienrolle mehrheitlich zum Bedürfnis, zur Bereicherung ihres eigenen Lebens geworden. So ist für die Denkweisen der in unserer Gesellschaft lebenden Frauen und Männer eine wertmäßige Verbindung von Arbeit und Familie typisch. Berufstätigkeit, berufliche Leistung und Bestätigung gehören zu den bestimmenden Orientierungen im Wertesystem der jüngeren und älteren Generation. Selbst der Frage, ob Frauen wegen der Betreuung der Kinder gewissen berufliche Verzichte eingehen sollten, wird heute mehrheitlich ablehnend begegnet, wiewohl uns die Praxis nicht selten eines Besseren belehrt.

Alternativ befragt sind für rund 62% der Frauen und über 70% der Männer Arbeit und Familie in gleichem Maße wichtig. Doch veranschlagen Frauen den Wert von Familie und Partnerschaft durchschnittlich noch etwas höher als den Beruf, Männer dagegen den Beruf etwas höher als Partnerschaft und Familie. Diese historisch entstandene Geschlechtstypik äußert sich auch noch, wenngleich bereits wesentlich schwächer, in der jungen

Generation und erklärt teilweise auch das unterschiedliche Verhalten von Frauen und Männern in Ehe und Familie.

Allerdings bewegen sich solche Durchschnittsangaben immer in Abhängigkeit von der sozialen Position der Probanden im Arbeitsprozeß, insbesondere von ihrem jeweiligen Qualifikationsniveau. Mit steigendem Qualifikationsniveau nimmt die Gleichrangigkeit beider Lebenswerte in den Wertorientierungen der Gechlechter zu. Beispielsweise ist in homogenen Intelligenzfamilien eine geschlechtstypische Einstellung nur noch schwach erkennbar.

Andererseits gibt es natürlich auch Werktätige, für die die Familie wichtiger als die Arbeit ist (38% der Frauen, 28% der Männer). Hier gilt: Je geringer die Qualifikation, desto stärker die Orientierung auf die Familie.

**Berufliche Entwicklung der Frau**

Der Bedeutung des Wertes "Arbeit" entsprechen folgerichtig ein hoher Beschäftigungsgrad und ein hohes Qualifikationsniveau der Frau in unserer Gesellschaft. Gegenwärtig sind 91,2% aller Frauen im arbeitsfähigen Alter berufstätig, lernen oder studieren. Nur etwa 400.000 Frauen dieser Altersgruppe sind - aus unterschiedlichsten Gründen - nicht beruflich tätig, darunter 200.000 Mütter, die derzeitig das Babyjahr in Anspruch nehmen. Damit hat die Frauenbeschäftigung in der DDR ein quantitativ kaum noch steigerungsfähiges Ausmaß erreicht.

Dabei verfügen die Frauen über ein sehr beachtliches Qualifikationsniveau. Hatten 1949 nur ca. 5% aller Frauen einen Berufsabschluß, waren es Anfang der 70er Jahre bereits 50%. Heute können 82,4% aller berufstätigen Frauen und Mädchen eine abgeschlossene Berufsausbildung vorweisen (Männer: 88,9%). Die Hälfte aller Facharbeiter, 12,8% der Meister, 62,4% der Fach- und 38,5% der Hochschulkader sind weiblich. (2)

Wenn also die DDR hinsichtlich des Qualifikationsniveaus ihrer Werktätigen (85%) international mit an der Spitze steht, dann liegt das entscheidend am Ausbildungsstand der Frauen. Damit haben wir erreicht, daß im Alter bis zu 40 Jahren, also bei den nach dem Krieg geborenen und in der DDR herangewachsenen Generationen, keine Bildungs- und Qualifikationsunterschiede zwischen den Geschlechtern mehr bestehen.

Bedingt durch die wissenschaftlich-technische Entwicklung nehmen die qualitativen Anforderungen an die Berufsarbeit bekanntlich gewaltig zu. Das trifft in unserer durchweg berufstätigen Gesellschaft beide Geschlechter gleichermaßen. Die berufliche Qualifizierung, d.h. der Erwerb wissenschaftlich-technischer Kenntnisse, die Vorbereitung auf moderne Technologien und Verfahren ist ein Prozeß, der uns derzeit im Hinblick auf beide Geschlechter beschäftigt. Er erfaßt zwangsläufig immer größere Kreise der Bevölkerung. Allein im Jahre 1985 nahmen 1,7 Millionen Berufstätige an einer Qualifizierung teil, darunter 40% Frauen. (3) Die Verantwortlichkeit für diese Weiterbildung liegt nicht in den Händen jedes einzelnen, sondern in der Kompetenz der Betriebe, die zu gewährleisten haben, daß gerade auch die Frauen rechtzeitig und mit entsprechender Bereitschaft auf moderne Technologien und Verfahren vorbereitet werden, damit keinerlei Rückstände in ihrem Qualifikationsniveau auftreten.

So erfolgreich und schnell sich die berufliche Entwicklung der Frau auch vollzog, ist sie doch verständlicherweise von allerhand Problemen begleitet, die sich aus dem unterschiedlichen Entwicklungstempo ihrer Stellung im Arbeitsprozeß und in der Familie ergeben. Nehmen wir zwei der am häufigsten thematisierten Probleme heraus: die Teilzeitarbeit und die Ausübung von Leitungsfunktionen. Zu Beginn der 70er Jahre suchte über ein Drittel aller verheirateten berufstätigen Frauen den individuellen Ausweg aus der Doppelfunktion Berufstätige und Mutter in der Teilzeitarbeit. Heute arbeiten rund 26% aller weiblichen Arbeiter und Angestellten laut Arbeitsvertrag verkürzt. Doch im Unterschied zu damals sind es nicht so sehr junge, sondern zumeist Frauen jenseits des 50. Lebensjahres, die sich bereits in der postfamilialen Phase befinden und für die augenscheinlich andere Gründe als eine Überforderung durch Berufstätigkeit, Kindererziehung und Hausarbeit gelten.

Mögen die Ansichten über Teilzeitarbeit auch geteilt sein, klar ist, daß sich die Persönlichkeitsentwicklung im Arbeitsprozeß nicht vordergründig an der Länge des Arbeitstages festmachen läßt. Ebenso klar ist auch, daß sich eine Teilzeitbeschäftigung derzeitig noch als Hindernis für Funktionsausübung und Qualifizierungsvorhaben erweist. Insofern steht vor uns die Aufgabe, nach Formen und Möglichkeiten zu suchen, die eine Funktionsübernahme auch bei reduzierter Arbeitszeit gestatten. Das gilt umso mehr, als auch hochqualifizierte Frauen immer öfter den Wunsch nach Arbeitszeitverkürzung erkennen lassen. (4) Dabei ist die Gewinnung von Frauen für die Übernahme von Leitungsfunktionen nach wie vor ein generelles Problem. Zwar hat sich die Situation, wie I. Lange feststellte, verglichen mit den frühen 70er Jahren bereits erheblich geändert: im kulturell-erzieherischen Bereich werden schon fast 60%, im Handel 60,3%, in der dienstleistenden Wirtschaft 46,2% und im Post- und Fernmeldewesen 56,4% aller Leitungsfunktionen von Frauen ausgeübt. Oder: 30,2% der Bürgermeister und jeder 2. Richter und Schöffe sind Frauen. Das ist zunächst eine recht erfreuliche Bilanz. Andererseits ist der Anteil der Frauen an Leitungsfunktionen in der Industrie (21,5%) und in der Landwirtschaft (21,7%) mit Abstand geringer, zumal es sich meistensteils um untere Funktionen handelt. (5) Hier besteht in besonderem Maße die Aufgabe, Frauen bis in Spitzenfunktionen einzusetzen. (6) Dazu bedarf es vor allem entsprechender Arbeits- und Leitungsbedingungen, eines frauenspezifischen Zugangs zu Leitungsfunktionen; dafür sind die spezifischen Bedürfnisse, Lebensbedingungen und Haltungen der Frauen konkreter in Rechnung zu stellen.

Wie sehr uns nun dieses Problem auch am Herzen liegt - wer sich von einem höheren bzw. hohen Anteil von Frauen in leitenden Funktionen eine automatische Lösung aller anstehenden Probleme der Frauenentwicklung erhofft, sitzt gewißlich einer Illusion auf.

## Vorherrschende Familienformen

Die in der DDR vorherrschende Familienform ist - nicht anders als in anderen industriell entwickelten Ländern - die Kernfamilie. 91,5% aller Mehrpersonenhaushalte bestanden 1981 aus einer solchen Kernfamilie, das heißt, das Ehepaar lebte allein (7) oder mit seinen unverheirateten Kindern bzw. ein Elternteil lebte allein mit den Kindern. Ehepaare mit Kindern, also vollständige Kernfamilien, stellen dabei die dominierende Form dar.

1981 kamen auf je 100 Kernfamilien:

31,2 Ehepaare ohne Kinder,
56,4 Ehepaare mit unverheirateten Kindern,
12,4 Elternteile mit unverheirateten Kindern. (8)

Dabei sind unsere Kernfamilien recht klein gehalten. Von je 100 Ehepaaren mit Kindern unter 17 Jahren hatten 1981:

| | |
|---|---|
| 55,0 | 1 Kind, |
| 37,6 | 2 Kinder, |
| 5,9 | 3 Kinder (ihr Anteil ist inzwischen auf fast 10 % gestiegen) |
| 1,5 | 4 und mehr Kinder (9) |

Lediglich 5,1% aller Mehrpersonenhaushalte bestanden aus einer Familie mit weiteren Personen; 1,7% aus zwei und mehr Familien und 1,6% dieser Haushalte umfaßten keine Familie. (10)

Mit "Familie" verbindet sich bei unseren Bürgern demnach mehrheitlich ein ziemlich eindeutiges Bild: das Zusammenleben mit einem Partner und einer recht begrenzten Zahl von Nachkommen unter räumlichem Ausschluß weiterer Personen. Diese Vorstellung von Kernfamilien mit zwei bis drei Kindern, die die einfache Reproduktion der Bevölkerung gestatten, liegt auch unserer Familienpolitik zugrunde.

Die Mehrzahl aller Kernfamilien der DDR beruht auf der Ehe, die gesellschaftlich geschützt und gefördert wird. Soziodemographische Prozesse können nicht darüber hinwegtäuschen, daß die Ehe noch immer die normale, mehrheitlich anzutreffende und der Lebensweise unserer Gesellschaft im ganzen adäquate Form für das Zusammenleben von Partnern, Eltern und Kindern abgibt. Der Wunsch nach Partnerschaft und Familie verbindet sich, wie Ergebnisse empirischer Untersuchungen immer wieder zeigen, nach wie vor mit der Ehe. Sie wird von der jüngeren und älteren Generation für das allgemeinhin attraktivste Lebensmodell gehalten.

Mehrjährig Verheiratete, von uns danach befragt, ob sie, falls sie noch einmal vor der Wahl stünden, erneut heiraten würden, entschieden sich überwiegend dafür, bestimmt (60%) oder wahrscheinlich (25%) wieder zu heiraten. Nur 6% der Frauen und Männer sprachen sich in diesem Fall für eine Lebensgemeinschaft aus.

Heiraten ist auch in den Lebensorientierungen der meisten Jugendlichen beiderlei Geschlechts fest eingeplant. Sie halten die Ehe im großen und ganzen für weiterhin "modern" und wollen später größtenteils heiraten (ca. 75%). Wenngleich es so aussieht, als ob rund ein Viertel der jungen Leute die Ehe für ein wenig veraltet hält, muß das natürlich keinesweg heißen, daß im Ereignisfall einer festen Partnerbeziehung nicht mehr geheiratet wird. Bei solchen Haltungen bleibt abzuwarten, inwieweit es sich hier um eine jugendkritische Sicht oder bereits um eine historische Tendenz der Abkehr von der Ehe handelt. Man darf in diesem Zusammenhang auch nicht versäumen, auf die Tradiertheit der Ehe hinzuweisen. Die befragten Jugendlichen hatten nämlich insgesamt keine so wesentlich anderen Lebensvorstellungen als ihre Eltern. Das unterstreichen teilweise die von ihnen angegebenen Hauptmotive für eine Eheschließung: Liebe, Tradition und der Erhalt einer eigenen Wohnung. Junge Menschen streben auf Grund wirtschaftlicher Unabhängigkeit in unserem Land recht früh von den Eltern weg, und das Wohnraumproblem hängt in diesem Alter nicht unwesentlich am Heiraten.

Trotz mancher laxen Beurteilung der Ehe sind die Jugendlichen auch meistenteils sehr wohl in der Lage, deren Vorzüge zu erkennen. Viele äußerten sich wie folgt: "Die Ehe ist eine Form der Achtung gegenüber dem/der Partner/in" und "die bessere juristische Regelung für die Kinder". Sie sei "ein öffentliches Bekenntnis zum/zur Partner/in". "Der Trauschein gibt mehr Sicherheit", meinten sie. Letzteres gilt natürlich erst recht für "ältere" Paare, denn nicht nur die Kinder, sondern auch die Liebe erzeugt natürlicherweise den Wunsch nach Dauerhaftigkeit und Absicherung der Beziehung.

Insofern läßt sich sagen, daß die Haltung zur Ehe wohl etwas generationsabhängig sein wird und für die Zukunft vieles offen ist, daß aber zum anderen von einer recht tiefen Verankerung dieses Rechtsinstitus im Bewußtsein der Menschen wie in der öffentlichen Meinung ausgegangen werden kann.

**Erwartungen an Partnerschaft und Familienleben**

Die Familie gehört auch für die DDR-Bürger zu den wichtigsten Lebenswerten. Wertorientierungen wie "ein glückliches Familienleben mit Kindern führen" und "von dem Partner/der Partnerin geliebt werden", stehen bei Frauen und Männern aller Klassen, Schichten und Altersgruppen seit Jahren stabil an der Spitze aller im Leben generell angestrebten Werte. Demzufolge sind die individuellen Erwartungen beider Geschlechter an diesen

Lebensbereich ungemein hoch. Unterschiedslos am stärksten erwartet wird die emotionale Seite der Partnerschaft: gegenseitige Achtung, Liebe, Treue und so gut wie alle jungen Paare wünschen sich Kinder.

Aber auch die funktionale Seite des Zusammenlebens hat große Bedeutung. Nach den emotionalen Werten erwartet man vor allem
- eine gute Arbeitsteilung im Haushalt,
- Harmonie der sexuellen Beziehungen,
- gemeinsame Freizeitgestaltung,
- gemeinsame Freunde.

Diese Erwartungen sind deutlich getragen von dem bei beiden Geschlechtern hoch entwickelten Gleichberechtigungsverständnis. Sie drücken den Wunsch nach Gemeinsamkeit im Familienalltag und in der Freizeitgestaltung, nach erfüllten sexuellen Beziehungen und Kommunikation aus. Freilich spielen auch bestimmte Persönlichkeitsmerkmale in den Erwartungen eine vordergründige Rolle. So werden besonders übereinstimmende Lebensanschauungen für wichtig gehalten.

Auch die **junge Generation** mißt Partnerschaft und Familienleben die höchste Bedeutung von allen Lebenswerten bei. Die Erwartungen Jugendlicher unterscheiden sich dabei nicht grundsätzlich von denen der Elterngeneration. Nach gegenseitiger Achtung und Liebe wünschen sich Mädchen und Jungen (!) eine gute Arbeitsteilung im Haushalt. Doch ist eine gewisse Diskrepanz zwischen den Erwartungen einerseits und den Fähigkeiten und Möglichkeiten des einzelnen andererseits nicht zu übersehen. Gerade in der jungen Generation, deren Ansprüche erklärterweise noch höher ausfallen, fehlt vielfach die Befähigung, mit diesen Partnerschaftswerten lebensnah und problemorientiert umzugehen. Unsere Jugend ist zu wenig darauf vorbereitet, daß das Zusammenleben mit Partner/in und Kind/ern Anpassungsbereitschaft an das gemeinsame Leben, Verzichts- und Kompromißfähigkeit erfordert, daß Probleme zum Leben gehören, daß und wie man sie lösen kann.

Aber auch die Frauen tragen, wenn man so will, durch ihre hohen Ansprüche nicht unerheblich zur Instabilität von Partnerschaft und Familie bei. Sie haben solche Werte wie gegenseitige Liebe, Achtung, Treue, Gleichberechtigung, Arbeitsteilung im Haushalt, harmonische Sexualbeziehungen usw. im allgemeinen stärker verinnerlicht als Männer. Das heißt, sie stellen damit insgesamt höhere und vielfältigere Anforderungen an ihre Partnerbeziehung und das Familienleben, sind kritischer in der Beurteilung dieses Lebensbereiches und rigoroser in der Abforderung ihrer Erwartungen. Im Konfliktfall sind Frauen dann zumeist auch weniger kompromißbereit, denken öfter und schneller an Scheidung; mehr als zwei Drittel aller Scheidungskläger in der DDR sind Frauen.

**Zur häuslichen Arbeitsteilung**

Eine gute Arbeitsteilung im Haushalt zu haben, ist für beide Geschlechter sehr wichtig. Das weist darauf hin, daß auch Männer die Notwendigkeit der häuslichen Arbeitsteilung als selbstverständlich reflektieren. Die meisten DDR-Familien verfahren in puncto Hausarbeit nach dem Effektivitätsprinzip: Wer eine Arbeit besser und schneller kann, soll sie erledigen. Das ist ein Grundsatz, der unter den Bedingungen der Berufstätigkeit von Frau und Mann sinnvoll erscheint. Doch wohl auch deshalb leisten Frauen bekanntermaßen noch immer wesentlich mehr Hausarbeit und fühlen sich vor allem auch für die Gesamtbelange des Haushaltes weitaus stärker verantwortlich als Männer. Nach unseren Ergebnissen verrichten 63% der Frauen täglich (Montag bis Freitag) 1-3 Stunden, 30% 3-4 Stunden Hausarbeit. Insgesamt wenden Frauen ungefähr das 3-fache an Hausarbeit auf wie Männer. Demnach setzt sich die Tendenz fort, daß in den Familien der DDR relativ viel Hausarbeit geleistet wird, was mit einer geschlechtstypischen Arbeitsteilung einhergeht. Während sich bei der Kindererziehung rasche Veränderungen zugunsten einer gleichmäßigen Arbeitsteilung zwischen Mann und Frau vollzogen haben, gleicht sich geschlechtstypisches Verhalten hier sichtlich langsamer aus. Die einst frauentypischen Arbeiten in der Wohnung werden auch heute noch überwiegend von der Frau erledigt (z. B. Wäsche waschen und ausbessern, Zubereiten der Mahlzeiten, Reinigung der Wohnung). Männer sind vor allem für die Pflege und Wartung von Sachwerten (PKW, Grundstück, Technik) verantwortlich und kommen für die anfallenden Reparaturen auf. Das sind durchaus notwendige Arbeiten, die bei Hausarbeitsanalysen oft keine Beachtung finden. Doch sind es größtenteils Arbeiten, die außerhalb der sich permanent wiederholenden Hausarbeiten liegen und ihn demzufolge zeitlich geringer in Anspruch nehmen. Diesen mehr nach Geschlecht verteilten Tätigkeiten stehen aber auch andere gegenüber, die deutliche Ansätze einer Veränderung der traditionellen Arbeitsteilung erkennen lassen. Von beiden Partnern gemeinsam oder abwechselnd erledigt werden z.B. Einkäufe, Erledigungen in Dienstleistungseinrichtungen, Heizen, Geschirrspülen und kleinere Verrichtungen im Haushalt. Doch variiert der konkrete Grad der geschlechtstypischen Arbeitsteilung stets nach der Position der Partner im Arbeitsprozeß: Je höher das Qualifikationsniveau der Frau, um so geringer ist in der Familie die Tendenz zur traditionellen Hausarbeitsteilung und umgekehrt. Hat die Frau ein niedrigeres Bildungs- und Qualifikationsniveau als der Mann, nimmt diese Tendenz stark zu.

Doch erfährt die sich zunächst für die Frau als ungünstig darstellende zeitliche Beanspruchung durch die Hausarbeit insgesamt einen deutlichen Ausgleich zwischen den Geschlechtern: Frauen habe eine durchschnittlich kürzere Arbeitszeit (für 80% der vollbeschäftigten Mütter gelten die gesetzlichen Regelungen der Arbeitszeitverkürzung, andere arbeiten laut Arbeitsvertrag verkürzt) und kürzere Arbeitswege als Männer. Männer sind beruflich stärker beansprucht, üben häufiger Leitungsfunktionen aus und verrichten Nebenerwerbstätigkeit. So ist letztlich der Freizeitfonds der Frauen nicht auffällig kleiner als der der Männer: Frauen verfügen an Arbeitstagen über durchschnittlich 2 Stunden Freizeit, Männer über ca. 20 Minuten mehr. Die Annahme, daß der Mann Freizeit hat, während die Frau Hausarbeit verrichtet, trifft deshalb in der Regel nicht zu. Das begründet, weshalb viele Frauen die in ihren Familien praktizierte Arbeitsteilung nicht nur stillschweigend akzeptieren, sondern auch damit zufrieden sind. Die Mehrbelastung der Frau durch Hausarbeit ist im allgemeinen vermutlich deshalb auch keine bzw. keine eigenständige Instabilitätsursache, kein Grund zur Ehescheidung.

**Veränderungen in den Familienformen** (11)

Im Ergebnis der dynamischen Entwicklung unserer Gesellschaft, der wachsenden Ansprüche an das eigene Leben sowie gleichermaßen als Ausdruck entwicklungsbedingter Widersprüche, die unbestritten auch in der Emanzipation der Frau wurzeln, beginnen sich die Formen des Zusammenlebens der Menschen sukzessive zu ändern. Sie werden vielfältiger, d.h. es wird mehr und mehr zur Normalität, daß neben vollständigen, auf Ehe beruhenden Familien ledige oder geschiedene Elternteile mit Kindern existieren, daß Partner ohne Ehe oder in Zweit- und Drittehen und -familien mit gemeinsamen oder nicht gemeinsamen Kindern zusammenleben.

So haben wir uns immer häufiger mit der Frage auseinanderzusetzen, was in der DDR an gegenwärtigen Familienformen typisch und bleibend, was andererseits im Wandel begriffen ist, wo sich neben Herkömmlichem Neues anbahnt und welche gesellschaftlichen Ursachen und Konsequenzen sich damit verbinden.

Trotz Verwurzelung der vollständigen, auf Ehe beruhenden Familie in den Denk- und Verhaltensweisen der Frauen und Männer kann man sich heutigentags nicht problemlos über diese Form des Zusammenlebens äußern. Das demographische Geschehen - als recht zuverlässiger Anzeiger sozialer Veränderungen - deutet unmißverständlich darauf hin, daß sich insbesondere der Stellenwert der Ehe im Leben der Menschen allmählich zu wandeln beginnt. Dafür sprechen folgende Vorzeichen:

- Die **Eheschließungsquote** ist seit 1978 tendenziell sinkend, wenngleich das Niveau der 1987 ausgewiesenen Eheschließungen das der Jahre 1985 und 1986 sowohl absolut als auch relativ übertraf. Auch in der DDR könnte demnach der Prozeß einer wieder stärkeren Hinwendung zur Ehe in Gang gesetzt worden sein. Bis dato hat sich jedoch im Ergebnis sich verringernder Eheschließungshäufigkeit die verheiratete Bevölkerung zugunsten der Ledigen und Geschiedenen, also der Nichtverheirateten, reduziert. Dabei haben die Geschlechter unterschiedlichen Anteil an dieser Entwicklung. Der Anstieg der Zahl der ledigen Personen resultiert vor allem aus einem Anwachsen der Zahl und des Anteils lediger Männer; der Anteil lediger Frauen hat sich nur wenig erhöht. (12) Das ist teils auf die Normalisierung des durch den zweiten Weltkrieg deformierten Lebensbaumes (Verringerung der Geschlechterdisproportionen), insgesamt jedoch mehr auf eine relativ starke Zunahme des Anteils lediger Männer unter 30 Jahren zurückzuführen.

  Da sich das **durchschnittliche Heiratsalter** bei Ersteheschließungen für Frauen und Männer in den letzten Jahren nicht auffällig verändert hat, läßt sich folgern, daß ein Teil der jungen Leute in unserem Land wie eh und je jung heiratet, ein anderer Teil die Eheschließung offensichtlich hinauszögert.

- Die im ganzen abgenommene Heiratswilligkeit wird von einem wachsenden Trend zur **Ehescheidung** mitverursacht. Die Scheidungen sind seit Mitte der 60er, insbesondere mit Beginn der 70er Jahre beachtlich angestiegen. Verglichen mit der Quote des Jahres 1960 (24.540) haben sich die Scheidungen bis 1986 (52.439) weit mehr als verdoppelt. (13) 1987 war ein Rückgang auf 50.640 Ehescheidungen (1986: 31,5, 1987: 30,4 Ehescheidungen je 10.000 der Bevölkerung insgesamt) zu verzeichnen.

  Am Scheidungsgeschehen sind vor allem Frauen und Männer unter 35 Jahren beteiligt, darunter viele Paare mit einer Ehedauer bis zu sechs Jahren. Viele Ehescheidungen treffen Familien mit minderjährigen Kindern (1986: 61,6 %). Die Daten weisen auch darauf hin, daß es eine relativ große Anzahl von Ehen gibt, in denen die Ehepartner dann, wenn die Kinder die Familie verlassen, keinen Sinn mehr in der Partnerschaft finden.

- Der Anteil der **Wiederverheiratungen** an den Eheschließungen insgesamt ist steigend, d. h. die Zahl der Paare, die in Mehrfachehe lebt, nimmt zu.

- Seit Mitte der 60er Jahre, auffällig jedoch erst seit Ende der 70er Jahre, haben wir eine steigende Tendenz der **außerhalb der Ehe stattfindenden Geburten** zu verzeichnen.

  Anteil Lebendgeborener durch unverheiratete Mütter an Lebendgeborenen insgesamt: (14)

| in Prozent | DDR |
|---|---|
| 1975 | 16,1 |
| 1980 | 22,9 |
| 1981 | 25,6 |
| 1982 | 29,2 |
| 1983 | 32,0 |
| 1984 | 33,5 |
| 1985 | 33,7 |
| 1986 | 34,4 |
| 1987 | 32,8 |

Die Zahl der Frauen, die sich zum Kind entschließen, ohne zu heiraten, hat also in den vergangenen Jahren beträchtlich zugenommen. Einstweilen dahingestellt bleiben muß, ob sich diese Quote nunmehr einzupegeln beginnt oder gar rückläufig sein wird.

Die tendenzielle Abnahme der Ehen, die Abstandnahme von der Eheschließung weist **einerseits** auf die Möglichkeit hin, unter sozialistischen Verhältnissen durchaus (zeitweilig oder dauerhaft) auf eine juristische Absicherung der Beziehungen zwischen den Partnern sowie zwischen einem Elternteil und den von ihm abstammenden Kindern verzichten zu können. So groß das Interesse des einzelnen und der Gesellschaft an vollständigen Familien auch ist, widerspiegelt gerade der Entschluß der unverheirateten Mutter zum Kind doch ganz zweifellos ein hohes Niveau an ökonomischer und sozialer Unabhängigkeit und Gleichberechtigung der Frau, die in unserer Gesellschaft keineswegs mehr auf den Ehemann verwiesen ist. Darüber hinaus wird ein aufgeschlossenes, vorurteilsfreies gesellschaftliches Klima gegenüber Ehelosigkeit, Geschiedenen und ledigen Müttern sichtbar.

**Andererseits** sind bestimmte Entwicklungsprobleme im Bereich der Partnerschaft nicht zu übersehen, die erst dann voll zum Vorschein kommen, wenn eine absolute ökonomische und moralische Abhängigkeit des einzelnen von Ehe und Familie nicht mehr gegeben ist. Soziale Sicherheit, d.h. vor allem Friedenspolitik, gesicherte Arbeitsplätze, staatliche Wohnraumversorgung, sozialpolitische Leistungen und Maßnahmen für Familien, die Möglichkeit der Familienplanung und eine hohe gesellschaftliche Wertschätzung von Ehe und Familie geben gute Grundlagen für diesen Lebensbereich ab. Das mag erheblich dazu beitragen, daß die ideellen Werte und Beziehungen zwischen den Geschlechtern mehr und mehr ausschlaggebend für den Bestand einer Partnerbeziehung werden und es mag auch z.T. erklären, weshalb die Ansprüche an Liebe, Ehe und Familie so außerordentlch hoch und augenscheinlich noch im Wachsen begriffen sind. Von daher hat sich eine gewisse Kluft zwischen den Erwartungen an diesen Lebensbereich und den Möglichkeiten und Fähigkeiten des einzelnen, sie in seinem Leben auch tatsächlich einlösen zu können, eröffnet.

Nehmen wir beispielsweise den Anspruch auf lebenslange Liebe, der zum dominierenden Motiv für die Partnerbeziehung geworden ist. Auf die Liebe von Frau und Mann baut sich bei uns der ganze Familienverband mitsamt seinen sozialen und ökonomischen Dimensionen auf. Gesellschaftlich gesehen, sind Liebe, überhaupt Gefühle, recht unzuverlässige Bindungsfaktoren. Geht nämlich die Liebe verloren, löst sich auch die Familie, der Verwandten- und Freundeskreis auf. Doch sollten wir deshalb unsere Erwartungen reduzieren? Es kommt doch vielmehr darauf an, den gewiß verabsolutierten Wert "Liebe" konkret und dauerhaft leben zu lernen. Dieser Lernprozeß aber steht uns historisch noch bevor.

Oder: Der sexuelle Bereich ist verhältnismäßig stark enttabuisiert und wird immer mehr auch von Frauen mit entsprechenden Forderungen versehen. Das impliziert zwangsläufig mehr Zündstoff zwischen den Geschlechtern und läßt das Risiko der Trennung wachsen.

Unübersehbar sind auch bestimmte Kollisionen zwischen den neuen Werten und Leitbildern und den überkommenen Verhaltensmustern. Substantielle Teile einstiger Vorstellungen von "männlichem" und "weiblichem" Verhalten leben unter der Hand fort, werden ungewollt und unbewußt reproduziert. Dabei macht sich das Fehlen eines eindeutigen Männerleitbildes bemerkbar. Frauen fordern ihrem Partner z.B. die einst "männertypischen" Eigenschaften wie Souveränität, Aktivität, Mut, Überlegenheit usw. immer noch mit einiger Selbstverständlichkeit ab. Gleichzeitig soll er ein sensibler Partner, zärtlicher Vater und versierter Hausmann sein. So berechtigt diese Ansprüche auch sein mögen, führen sie doch bei den Männern nicht selten zu Überforderung und Verunsicherung im Verhalten. Während für die Frau ein ziemlich konkretes Leitbild vorliegt, scheint das des Mannes noch viel schwächer konturiert zu sein und überdies vieles offen zu lassen.

Diese sich in den sozio-demographischen Prozessen niederschlagenden Probleme führen im wesentlichen zu zwei Modifikationen von Familie: zu den Lebensgemeinschaften und zu den unvollständigen Familien.

Das Phänomen **ehelosen Zusammenlebens** ist relativ neuartig und in gesellschaftlich beachtenswerter Ausprägung eigentlich erst nach dem zweiten Weltkrieg, namentlich erst seit den 70er Jahren, bei uns zu beobachten.

Mit Lebensgemeinschaften haben sich heute viele industriell entwickelte Länder zu befassen. Dennoch ist das Wissen um diese Erscheinung noch sehr gering, ist ihr gesellschaftlicher Status weitgehend unabgeklärt - und das sowohl in sozialer, rechtlicher, sozial- und familienpolitischer Hinsicht. Die DDR ist, was Kenntnisse und Statusfragen der Lebensgemeinschaft anbelangt, keine Ausnahme. Die Gründe dafür sind vor allem darin zu sehen, daß die Lebensgemeinschaften noch kein sehr regelmäßiges Erscheinungsbild entwickelt, keine festen Konturen ausgeprägt haben, weil sie noch im Entstehen begriffen sind. Lebensgemeinschaften sind wissenschaftlichen Untersuchungen überdies nur schwer zugängig. Sie sind nirgendwo registriert und von daher kaum auffindbar.

Nach unserem Verständnis ist die Lebensgemeinschaft sowohl eine ehe- als auch eine familienähnliche Form des Zusammenlebens, für die die gleichen juristischen Merkmale wie für Ehe und Familie gelten sollten. Lebensgemeinschaften können demnach, müssen aber nicht zwingend, neben dem Paaraspekt auch einen Familienaspekt aufweisen. Daß der Familienaspekt eine größere gesellschaftliche Tragweite besitzt und hier weitaus mehr interessiert, dürfte sich verstehen.

Da es keinen gesetzlichen Familienstand "Lebensgemeinschaft" und daher weder gesellschaftliche Nachprüfbarkeit noch eine Verpflichtung gibt, sich zu seiner Gemeinschaft zu bekennen, ist eine Quotenbestimmung für Lebensgemeinschaften allein auf das Eingeständnis der Paare angewiesen. In der DDR ist es vermutlich weniger die moralische denn die wohnraummäßige Seite des Zusammenlebens, die hier unter Umständen Zurückhaltung gebietet. Einerseits kann manches junge Paar nicht in Lebensgemeinschaft leben, weil noch entsprechender Wohnraum fehlt, andererseits entzieht sich jene Gruppe denkbarerweise einem staatlichen Zensus, bei der jeder Partner über eine eigene Wohnung verfügt, obwohl man nur in einer davon lebt. Während die Bevölkerungszählung in der DDR 1981 nur 153.713 (= 10% der Unverheirateten) in Lebensgemeinschaft lebende Paare ergab, (15) wird ihre tatsächliche Zahl im Ergebnis empirischer Untersuchungen deshalb höher eingeschätzt. Eigene Untersuchungen ergaben in der Gruppe der 18- bis 40jährigen Unverheirateten einen Anteil von 28,7% (Frauen) bzw. 26,5% (Männer).

Gegenwärtig gibt es kaum Anzeichen dafür, daß künftighin mit einer Abnahme der Lebensgemeinschaften zu rechnen ist. Wenn Vermutungen dieser Art anzustellen wären, dann vermutlich eher in umgekehrter Richtung. Wir müssen uns infolgedessen darauf einstellen, daß es in unserem Land zur Regel werden könnte, vor Eheschließungen eine mehr oder minder lange Zeitspanne ehelos zusammenzuleben. Dieser Eindruck resultiert vor allem aus der mit Lebensgemeinschaften generell verbundenen Konzeption: Lebensgemeinschaft und Ehe werden zumeist als zwei Phasen einer sich entwickelnden Partnerbeziehung verstanden, in der das ehelose Zusammenleben als das Vor- und Erprobungsfeld einer Ehe angesehen wird. Lebensgemeinschaften werden mithin oft als "Probeehen" bezeichnet. Dafür spricht, daß fast die Hälfte aller von uns befragten Jugendlichen gerne die Partnerbeziehung auf diese Weise erproben wollte. Hier paart sich die altbekannte Weisheit "es prüfe, wer sich ewig bindet" immer mehr mit der Überzeugung, daß sich eine Partnerbeziehung am ehesten im täglichen Zusammenleben bewährt. In der jungen Generation unseres Landes scheint die heute schon ein wenig überholte traditionelle Vorform der Ehe, das Verlöbnis, mehr und mehr dieser weitaus alltagsbezogeneren Variante des Partnerprüfens Platz zu machen. Insofern kann die Lebensgemeinschaft durchaus als Form einer bewußteren Orientierung auf die Ehe verstanden werden. Das ehelose Zusammenleben ist deshalb in der DDR, zumindest bis heute, nicht als allgemeine Alternative zur Ehe zu sehen, obwohl solcherlei individuelle Haltungen natürlich nicht völlig auszuschließen sind.

Wenngleich es sich bei den Lebensgemeinschaften um eine differenzierte und breit motivierte Erscheinung handelt, die in allen Klassen, Schichten und Altersgruppen zu beobachten ist, kann als vordergründiges Motiv für die Unterlassung der Eheschließung allgemein die Sorge um die Tragfähigkeit der Beziehung angesehen werden. Die meisten Paare wollen dann heiraten, wenn sie sich ihrer Sache "ganz sicher" sind, wenn sich die Beziehung auch im Alltag als haltbar erwiesen hat, wenn sie den "richtigen" Partner gefunden haben.

Daß man sich bei uns mit dem Heiraten Zeit lassen kann und in vielen Lebensgemeinschaften Kinder leben, hängt einerseits mit den günstigen Lebensbedingungen, darunter die Unterstützungsleistungen für alleinlebende Elternteile, andererseits mit dem positiven Ruf zusammen, den das ehelose Zusammenleben im allgemeinen genießt.

Im Ergebnis der aufgezeigten sozio-demographischen Entwicklung hat eine zweite Form, die unvollständige Familie, meist als Zusammenleben von alleinstehenden Elternteilen mit Kindern oder auch als **Elternteil-Familien** bezeichnet, einen beachtlichen Umfang erreicht: Insgesamt lebten 1981 in der DDR 358.399 Elternteile mit Kindern unter 17 Jahren zusammen. (16) Die übergroße Zahl dieser Familien bestand aus Müttern mit Kindern. Bei nur rd. 1% handelte es sich um unverheiratete Väter mit ihren Kindern. (17) Wir haben es folglich mit einer weiblich dominanten Form unvollständiger Familien zu tun. Das ist einerseits der Alleinentscheidung der ledigen Frauen zum Kind geschuldet, andererseits auch der gesellschaftlichen Praxis bei der Vergabe des Erziehungsrechtes im Falle von Ehescheidung zuzuschreiben. Denn unvollständige Familien entstehen mehrheitlich auf diesen beiden Wegen.

Von den alleinstehenden Müttern mit Kindern unter 17 Jahren waren 1981 nach dem gesetzlichen Familienstand (also unter Einschluß der Mütter, die in Lebensgemeinschaft lebten) 30,4% ledig, 49,2% geschieden, der Rest verwitwet oder noch verheiratet. (18) Das Gros dieser Familien rekrutiert sich folglich aus Geschiedenen.

Alleinleben mit Kindern ist in unserer Gesellschaft kaum Lebenshaltung. Das schließt ein zeitweilig gewünschtes Alleinleben nicht aus. So ist manche Frau nach Ehescheidung oder Auflösung der Lebensgemeinschaft zunächst mal ganz froh, über sich selbst, ihren Zeitfonds, die Wohnung usw. allein verfügen zu können. Doch sind Ehescheidungen in aller Regel nur eine Abstandnahme von einem bestimmten Partner, nicht von einer Partnerbeziehung generell, so daß meist über kurz oder lang eine neue Beziehung angestrebt wird. Zwar kommen Menschen unterschiedlich gut mit dem Alleinleben zurecht, aber letztlich sind wir doch auf Zweisamkeit, auf Paarbetrieb und Familie programmiert.

Für die nichtverheirateten Mütter hat deshalb ein auf Partnerschaft beruhendes Familienleben einen ebenso hohen Stellenwert wie für jene Frauen, die in vollständigen Familien leben. Man ist oder bleibt nicht aus Überzeugung mit dem Kind/den Kindern allein, sondern weil diese Variante von Familienleben sich zwangsläufig infolge instabiler Partnerschaft, also aus einer Diskrepanz von Erwartungen an diesen Lebensbereich und den konkreten Realisierungsmöglichkeiten ergeben hat. Von der Mehrheit dieser Mütter wird deshalb - oft recht ausdrücklich, manchmal sogar verzweifelt - ein Partner gesucht, eine Partnerschaft anvisiert. Die "Komplettierung" ihrer Familie ist meist eines der zentralen Probleme dieser Frauen, das sich mit zunehmendem Alter immer schärfer zu stellen scheint.

Denn trotz der umfangreichen gesellschaftlichen Unterstützungsmaßnahmen, trotz materiell gesicherter Lebenslage, trotz vielerlei gesellschaftlicher Hilfestellung durch Betriebe, Schulen, gesellschaftliche Einrichtungen usw., trotz aller Rücksichtnahme auf die häusliche Verantwortung dieser Mütter ist ein Alleinleben mit Kind(ern) auch in unserer Gesellschaft auf die Dauer weder befriedigend noch unproblematisch. Sieht man einmal vom eigenen Lebensverzicht der Frau auf die Partnerschaft ab, so macht sich auch der Ausfall des Vaters in den Erziehungsprozessen, in der häuslichen Aufgabenteilung usw. stark bemerkbar. Durch die Alleinverantwortung der Frauen für Kinder, Haushalt, Finanzen usw. wird deshalb auch das Vereinbarkeitsproblem von Berufstätigkeit und Mutterschaft von ihnen noch stärker reflektiert.

Auch die materielle Lebenslage dieser Gruppe ist, verglichen mit der der vollständigen Familien, insgesamt weniger günstig, weil hier nur ein Einkommen zur Verfügung steht, das im gesellschaftlichen Durchschnitt dazu noch geringer ausfällt als das der Männer. Den Ausfall des zweiten Einkommens vermag auch der vom Vater für das Kind/die Kinder zu leistende Unterhalt nicht auszugleichen.

In ganz besonderem Maße aber wurden in Befragungen von den alleinlebenden Müttern die eingeschränkten Kontakt- und Kommunikationsmöglichkeiten beklagt. Bei aller Integration dieser Familien setzt unsere auf vollständige Familien orientierte Gesellschaft den alleinstehenden Frauen noch bestimmte Grenzen, vor allem bei der Freizeitgestaltung, im Urlaub. Eine unserer wichtigsten gesellschaftlichen Aufgabenstellungen bleibt deshalb neben der materiellen Unterstützung und beruflichen Förderung dieser Mütter die Schaffung vermehrter sozialer Kontaktmöglichkeiten sowie erweiterter Formen der Partnersuche.

Das gilt um so mehr, als wir derzeit keinerlei Anzeichen dafür entdecken können, daß sich diese Gruppe verkleinert. Man muß aber auch davon ausgehen, daß gerade Frauen jenseits einer bestimmten Altersgrenze vielfach zu einem lebenslangen Alleinleben gezwungen sind.

Die Frage, wie es mit Ehe und Familie angesichts der Scheidungen, Lebensgemeinschaften und unvollständigen Familien weitergehen wird, beschäftigt demnach heute mehr denn je. Es ist dies, wenn auch längst keine zu dramatisierende, so doch eine überaus wichtige und gesellschaftlich weitreichende Frage, denn die Auswirkungen der aufgezeigten sozio-demographischen Prozesse berühren nicht allein Einzelschicksale, sondern ziehen eine Fülle von gesellschaftlichen Konsequenzen nach sich. Wenn sich auch schwerlich gesellschaftliche "Kostenrechnungen" aufmachen lassen, so liegen die Folgen von Ehe- und damit Familieninstabilität doch auf der Hand: Sie können das Wohlbefinden und Glücksempfinden der Menschen einschränken und sich auf ihre Persönlichkeitsentwicklung, Arbeits- und Leistungsbereitschaft auswirken, sie tangieren die Entwicklung der jungen Generation - Auswirkungen, die einzuschätzen wir heute noch gar nicht in der Lage sind. Sie scheinen überdies nicht ohne Einfluß auf die Geburtenentwicklung zu sein und fordern unserer Gesellschaft ein Mehr an materiellen und finanziellen Leistungen ab, nicht zuletzt hinsichtlich der Bereitstellung von Wohnungen und Haushaltsausstattungen, der Versorgung mit Konsumgütern, der Unterstützung der unvollständigen Familien usw.

Will man Antworten auf das WARUM und WOHIN dieser Prozesse in unserer Gesellschaft erkunden, will man wissen, was von diesen Erscheinungen vorübergehenden, was bleibenden Charakter trägt, muß das "Problem" Ehe vorerst von dem der Familie abgetrennt werden.

Über die Fortexistenz der **Familie** braucht man sich wohl keinerlei Zweifel hinzugeben. Die Frage, ob sie gesellschaftlich ersetzbar wäre und - wenn ja - durch welche Institution, ist nach gegenwärtigem Ermessen in vorstellbaren gesellschaftlichen Zeiträumen gegenstandslos. Denn der Wert "Familie" hat in unserer Gesellschaft keineswegs an Bedeutung eingebüßt. Er ist bei beiden Geschlechtern und in allen Altersgruppen - zwar in jeweils verschiedenen Bedeutungen - so doch ausnahmslos hoch entwickelt und verankert. Paare wollen nicht alleine zusammenleben, sondern auch Nachkommen zeugen und erziehen. Sie wollen am Leben ihrer Kinder teilhaben und die Enkel aufwachsen sehen. Der Wunsch nach Familie, nach einem Leben in dieser Kleingruppe hat sich also nicht abgeschwächt. Deshalb ist ein Alleinlebenwollen in unserer Gesellschaft ebensowenig verbreitet wie Vorstellungen über Alternativmodelle zur Kleinfamilie (Kommunen, Wohngemeinschaften). Die Kernfamilie wird keineswegs als "Handicap", sondern eher als Bedingung von Persönlichkeitsentwicklung angesehen, die wir noch längst nicht immer voll zu nutzen imstande sind.

Die Familie wird, wenn überhaupt, erst in Verbindung mit der **Ehe** zu einer gesellschaftlichen Problemstellung. Aber auch die Ehe wird, soweit Prognosen dieser Art gewagt werden dürfen, in absehbarer Zeit als Paradigma in der Lebensweise unserer Bürger erhalten bleiben. Dafür sprechen ihre Verankerung in den Wertorientierungen junger wie älterer Menschen sowie der menschliche Trieb, eine bestimmte Sicherheit in die persönlichen Lebensumstände zu bringen, dem Zusammenleben in der Gruppe, der Persönlichkeitentwicklung aller Beteiligten wie natürlich auch den Liebesbeziehungen des Paares ein gewisses Maß an Stabilität und Verläßlichkeit zu verleihen. Als Faktor der Lebens"absicherung" aber ist die Ehe nun einmal substantiell besser geeignet als eine Lebensgemeinschaft.

Vor allem aber die Sicherung der vollständigen Familie für die Kinder läßt uns - den einzelnen wie die Gesellschaft - an der Ehe festhalten, sie gesellschaftlich schützen und fördern. Das ist eine grundlegende Zielstellung der Familienpolitik der DDR. Doch geht es auch dabei nicht um den Erhalt von Familien um jeden Preis, sondern um die stetige Verbesserung der Bedingungen, die es den Paaren ermöglichen, glückliche und harmonische Ehe- und Familienbeziehungen zu gestalten.

Wenn auch der von F. Engels und A. Bebel vorausgesagte Abbauprozeß des Rechtsinstituts Ehe (nicht etwa der Zweierbeziehung), historisch gesehen, allmählich in Gang gesetzt scheint, ist die Ehe dennoch absolut nicht "am Ende". Dafür spricht, neben den aufgezeigten Orientierungen der Menschen auf die Ehe, deren über Jahrtausende bewährte Regenerations- und Anpassungsfähigkeit an die gesellschaftlichen Verhältnisse. "Am Ende" scheint aber vielleicht die Vorstellung, daß man das ganze Leben mit ein und demselben Partner verbringen wird. Scheidungen, Lebensgemeinschaften und unvollständige Familien sind wohl bereits Ausdruck eines solchen Anpassungsprozesses und eines Aufgebens der Lebenszeitlichkeit der Ehe.

Allem Anschein nach müssen wir uns künftig mehr und mehr darauf einstellen, die Ehe weniger als einmal gegebenen Familienstand sondern mehr als Entwicklungsprozeß von Partnern, Eltern und Kindern zu verstehen. Das bedeutet auch, manche starre und undialektische Auffassung von der Ehe als einer unveränderlichen, unbeeinflußbaren Erscheinung über Bord zu werfen. (19)

Zwar lebt der größte Teil der Ehepaare heute noch ein ganzes Leben lang zusammen. Ob das aber für die nachfolgenden Generationen noch zutreffen mag, ist angesichts des Zerfalls vieler junger Ehen einigermaßen zweifelhaft, zumal das Risiko einer Scheidung in der jungen Generation nicht selten bei der Eheschließung schon mit einkalkuliert ist.

So könnte man sagen, daß der Prozeß der Anpassung der sozialistischen Inhalte und Anforderungen an die tradierten Lebensformen Ehe und Familie zwar nicht aufhebt, diese aber doch mit einigen unübersehbaren Modifikationen versieht. Es sind dies Einlassungen an unsere heutige Entwicklung, an die historisch neue Qualität von Partnerschaft und Familie wie gleichwohl an manchen Widerspruch, der in diesem Lebensbereich zwangsläufig auszutragen ist.

Wir haben uns deshalb wohl nach und nach darauf einzurichten, mit einem bleibenden bzw. möglicherweise noch ansteigenden Prozentsatz an Mehrfachehen, Lebensgemeinschaften und unvollständigen Familien zu leben. Das bedeutet nicht allein, diese neue Vielfalt an Lebensformen, das Neben- und Miteinander verschiedener Lebensweisen schlechthin zu akzeptieren, sondern sie in die Lebensweise unserer Gesellschaft zu integrieren. Dieser Integrationsprozeß entspricht durchaus der langjährigen familienpolitischen Orientierung der DDR, die vollständige, auf Ehe beruhende Familie zu fördern, andere Familienformen hingegen, auf die tatsächliche Familiensituation reagierend, zu unterstützen. Diese Unterscheidung hat m. E. solange ihre Berechtigung, solange die Menschen in unserer Gesellschaft mehrheitlich das Bedürfnis haben, in einer vollständigen Familie, d.h. mit Kind/Kindern und einem Partner/einer Partnerin zusammenzuleben.

**Anmerkungen**

1) Vgl. K. Marx, Brief an Ludwig Kugelmann vom 12.12.1868, in MEW, Bd. 32, Berlin 1965, S. 582.
2) Vgl. J. Lange, Die Hauptaufgaben der Partei bei der zielstrebigen Verwirklichung der Frauenpolitik der SED, in: Informationen des Wissenschaftlichen Rates "Die Frau in der sozialistischen Gesellschaft", 4/1987, S. 10, S. 12.
3) Vgl. Gleiche Rechte - gleich genutzt?, Berlin 1986, S. 15.
4) Vgl. J. Lange, a.a.O., S. 11.
5) Ebenda, S. 25/26.
6) Vgl. E. Honecker, Die Aufgaben der Parteiorganisationen bei der weiteren Verwirklichung der Beschlüsse des XI. Parteitages der SED, Berlin 1987, S. 94/95.
7) Bei der Volkszählung im Jahre 1981 wurden auch Ehepaare ohne Kinder, also zumeist Paare in der vor- oder nachfamilialen Phase, als Kernfamilien erfaßt.
8) Demographische Prozesse und Bevölkerungspolitik in der Deutschen Demokratischen Republik 1970 bis 1983, Berlin 1984 S. 31.
9) Berechnet nach ebenda.
10) Ebenda, S. 32.
11) Im folgenden vgl.: J. Gysi, Familienformen in der DDR, in: Jahrbuch für Soziologie und Sozialpolitik 1988, S. 508-524.
Geht nämlich die Liebe verloren, in: Sonntag, 34/1987, S. 7/8.
Probezeit beendet, in: Für Dich, 13/1988, S. 25 - 27.
12) Vgl. Demographische Prozesse und Bevölkerungspolitik in der DDR 1970 bis 1983, a.a.O., S. 28.
13) Vgl. Statistisches Taschenbuch der DDR 1987, Berlin 1987, S. 147.
14) Ergebnisse der Lebendgeborenenstatistik der Staatlichen Zentralverwaltung für Statistik, Berlin 1986, S. VI.
15) Vgl. Angaben über Haushalte, Familien und Kinderzahl. Detaillierte Ergebnisse der Volks-, Berufs-, Wohnraum- und Gebäudezählung (VBWGZ) vom 31. Dezember 1981, S. 39.
16) Volks-, Berufs-, Wohnraum- und Gebäudezählung (VBWGZ) 1981, Staatliche Zentralverwaltung für Statistik, Berlin 1985 S. 125.

17) Errechnet nach Angaben über Haushalte, Familien und Kinderzahl. Detaillierte Ergebnisse der VBWGZ, a.a.O., S. 23.
18) Ebenda
19) Vgl. N. Solovjov, Ehe und Familie heute, Leipzig 1980, S. 185.

# Frauen in der DDR: Präsenz ohne Macht

Susanne Weigandt

Die DDR kann in ihrer nunmehr fast vierzigjährigen Geschichte auf eine Reihe von Erfolgen in der Politik der Gleichstellung der Geschlechter verweisen. Seit 1949 ist die Gleichberechtigung der Frau ein in der DDR-Verfassung verbrieftes Recht. (1) Hinsichtlich der Einbeziehung von Frauen in den Produktions- und Arbeitsprozeß war die Politik, die mit der Gründung der DDR begann, äußerst erfolgreich.

Der Beschäftigungsgrad von Frauen im arbeitsfähigen Alter beträgt gegenwärtig 91,3% (Panorama 1986, 13). 4,9 Millionen Frauen in der DDR arbeiten, lernen und studieren, und es gibt bereits Regionen, in denen 95% der Frauen erwerbstätig sind (Lange 1986, 331). "Quantitativ gesehen ist fast das gesamte gesellschaftliche Arbeitsvermögen der weiblichen Bevölkerung in den Arbeitsprozeß einbezogen", konstatieren die beiden DDR-Sozialwissenschaftlerinnen Gisela Ehrhardt und Brigitte Weichert (Ehrhardt/Weichert 1988, 527).

Damit ist in der DDR ein wesentliches politisches Ziel erreicht: Die Einbeziehung der Frau in den Arbeitsprozeß, die ihr die ökonomische Unabhängigkeit vom Mann garantiert und größere Entscheidungsautonomie in beruflicher und familialer Hinsicht ermöglicht. Kontinuierliche weibliche Erwerbstätigkeit ist längst Bestandteil sowohl des öffentlichen Bewußtseins als auch individueller Lebensplanung (Dölling 1986, 135), die Berufsausübung hat sich zu einem festen Bestandteil der Bedürfnisstruktur von Frauen in der DDR entwickelt (Speigner 1985, 107).

Diese Bilanz ist das Ergebnis einer breiten frauenfördernden Politik in der DDR. In den 50er Jahren war die Frauenpolitik vor allem auf die Integration der Frau in den Arbeitsprozeß konzentriert - sie war in erster Linie Frauenarbeitspolitik. In ihrem Ergebnis erhöhte sich die Zahl der erwerbstätigen Frauen so gravierend, daß ein verstärkter Ausbau gesellschaftlicher Kindereinrichtungen notwendig wurde. Der Frauenerwerbstätigkeitsgrad stieg schneller als der Bedarf an Kindereinrichtungen gedeckt werden konnte. Die Organisation der Kinderbetreuung war lange Zeit ein Hemmnis für eine stärkere Ausweitung der weiblichen Berufstätigkeit (Enders 1986, 28), vor allem für eine angestrebte durchgängige Erwerbstätigkeit, die sich nicht - wie im "klassischen" Dreiphasenmodell der bürgerlichen Gesellschaft - in

- vorelterliche Berufsphase
- Kindererziehungszeit/berufliche Ausfallzeit
- nachelterliche Berufsphase

aufteilt, sondern Berufstätigkeit und Mutterschaft prinzipiell als vereinbar betrachtet. Der Schwerpunkt der Frauenpolitik lag aber in der Einbeziehung der Frau in den Arbeitsprozeß. Familien- und Reproduktionsarbeit zählte weiterhin zu den Aufgaben der Frau, galt gleichwohl als individuell organisierbar, "hauswirtschaftliche Großindustrie" (Lenin) sollte Frauen von unproduktiver Hausarbeit entlasten.

Um das Jahr 1963, in der Phase der wissenschaftlich-technischen Revolution, mitbedingt durch die Abwanderung von Fachkräften aus der DDR, änderten sich auch die Implikationen der Frauenpolitik. Die Bedingungen der technisch-wissenschaftlichen Entwicklung erforderten - bei einem Frauenerwerbstätigkeitsgrad von ca. 70% im Jahre 1965 (Enders/Weigandt 1986, 10) - eine intensivere Nutzung des vorhandenen Arbeitskräftepotentials. Qualifizierung für technische Berufe und für den Einsatz in leitende Funktionen waren die Zielsetzungen der DDR-Frauenpolitik der beginnenden 60er Jahre.

Die schwerpunktmäßig auf berufliche Integration von Frauen orientierte Gesellschaftspolitik änderte sich um die Mitte der 60er Jahre mit der Verabschiedung des neuen Familiengesetzbuches der DDR, in dem erstmals ein Leitbild einer sozialistischen Familie formuliert wurde. Leitbilder haben die Funktion, individuelle Lebensentwürfe zu normieren und zu strukturieren. Das Familiengesetzbuch der DDR - im Jahre 1965 verabschiedet - besitzt denn auch eher normativen, denn Gesetzescharakter. Es betont die Bedeutung der Familie als Sozialisationsinstanz, ihren hohen erzieherischen Wert, der von gesellschaftlichen Einrichtungen nicht ohne weiteres ersetzt werden könne. Parallel mit dieser Aufwertung der Familie verändern sich auch die normativen Funktionen im Zusammenhang mit dem Frauenleitbild: Die soziale Funktion

der Frau teilt sich jetzt gleichgewichtig in zwei Aufgabenbereiche auf:
a) in die Teilnahme am Arbeitsprozeß,
b) in die soziale Funktion der Mutterschaft.

Reproduktionsarbeit bekommt in den politischen Intentionen eine gleichrangige Bedeutung mit der Erwerbsarbeit.

In theoretischen und sozialpolitischen Konzepten steht jetzt die Vereinbarkeit von Berufstätigkeit und Mutterschaft an zentraler Stelle. Dieses Leitbild gilt noch heute, in der Phase der "Intensivierung" (Weichert 1987, 72). Frauen machen in der DDR eine Bedürfnis- und Interessenstruktur zur Grundlage ihres sozialen Handelns, in der bestimmend und im wesentlichen gleichwertig sind:

- das Bedürfnis, berufstätig zu sein und sich im Beruf zu bestätigen;

- das Bedürfnis, Kinder zu haben und zwar zu Zeitpunkten, an denen Geburt von Kindern mit der Ausbildung, der Berufstätigkeit und der Partnerschaft vereinbar erscheint;

- das Bedürfnis nach einem harmonischen Familienleben und nach einem hohen Lebensniveau (Weichert 1987, 72).

Vereinbarkeit von Berufstätigkeit und Mutterschaft gilt als grundlegender Prozeß der Persönlichkeitsentwicklung der Frau.

Alle diese Veränderungen im Frauen- und Familienleitbild in den Publikationen aus der DDR wenden sich bis in die 80er Jahre hinein ausschließlich an die Frau. Sie soll durch sozial- und familienpolitische Unterstützungen in die Lage versetzt werden, Berufstätigkeit sowie Mutterschaft und Familienarbeit immer besser zu vereinbaren.

Reproduktionsarbeit - Kindererziehung und Haushaltsführung - wird nach allgemeinem gesellschaftlichem Konsens zweifelsohne dem Verantwortungsbereich der Frau zugeordnet. Ein Wandel in der geschlechtsspezifischen Arbeitsteilung sowohl auf gesamtgesellschaftlicher als auch auf familialer Ebene und eine daraus resultierende Neudefinition der Rolle des Mannes in Familie und Gesellschaft wird erst in jüngster Zeit zunehmend diskutiert.

Ehrhardt und Weichert, die beiden schon genannten DDR-Sozialwissenschaftlerinnen, stellen fest: "Die sozialistische Sozialpolitik orientiert darauf, im Haushalt anfallende Arbeiten weitgehend aus der Familie herauszulösen, indem gesellschaftliche Lösungen angeboten werden. Gleichzeitig geht es um die weitere Verbesserung der Arbeitsteilung selbst. Die Arbeitsteilungsverhältnisse zwischen Mann und Frau verändern sich sehr langsam. Die Vereinbarkeit von Berufstätigkeit und den anfallenden Aufgaben in der Familie ist aber daran gebunden." (Ehrhardt/Weichert 1988, 530).

An dieser Stelle wird - m.W. erstmals - eine direkte Verbindungslinie gezogen zwischen der Notwendigkeit veränderter geschlechtsspezifischer Arbeitsteilung in der DDR-Gesellschaft und dem Erfolg des sozialpolitischen und theoretischen Konzepts der Vereinbarkeit von Berufstätigkeit und familialen Aufgaben.

## Frauen in leitenden Funktionen

Ein Indikator für die gesellschaftliche Stellung der Frau ist ihre Präsenz in beruflichen Spitzenfunktionen und leitenden Tätigkeiten. Gleichzeitig ist sie sowohl ein Maß für die Attraktivität der sozialistischen Gesellschaftsordnung (Ehrhardt/Weichert 1988, 525) als auch ein Ausdruck der Konflikthaftigkeit, der Akzeptanz oder des Gelingens gesellschaftlicher Lösungen der Vereinbarkeit von Berufstätigkeit und familialen Aufgaben.

Die Stellung der Frau gilt als Gradmesser für gesellschaftlichen Fortschritt, wie Karl Marx es in dem nachfolgenden Zitat ausgedrückt hat: "Jeder, der etwas von Geschichte weiß, weiß auch, daß große gesellschaftliche Umwälzungen ohne das weibliche Ferment unmöglich sind. Der gesellschaftliche Fortschritt läßt sich exakt messen an der gesellschaftlichen Stellung des schönen Geschlechtes (die Häßlichen eingeschlossen)." (MEW 1965, 582). "Ferment" ist ein Stoff mit Katalysatorfunktion; nach einem Dictionnaire von 1865 ein Stoff, der die Gärung in Gang setzt. Könnte dies im übertragenen Sinne bedeuten, Frauen würden die gesellschaftliche Entwicklung entscheidend vorantreiben, ohne selbst Träger der Entwicklung zu sein? FRAU als weibliches "Ferment" in nachgeordneter Stellung bei der Lösung gesellschaftlicher Probleme gegenüber dem eigentlichen Träger der Entwicklung - dem MANN ??? Ganz zu schweigen von der männlich normativ geprägten Einteilung in "Schöne" und "Häßliche". Kein männlicher Wissenschaftler verfiele auf den Gedanken, Männer an diesen ihren eigenen Maßstäben zu messen, schon gar nicht bei der Erörterung derart wichtiger gesellschaftlicher Phänomene. Marx war - bei aller inhaltlichen Zustimmung - auf der sprachlichen Ebene der patriarchalischen Gesellschaft seines Jahrhunderts verhaftet. Dies sollte bei der sozialwissenschaftlichen Analyse der Stellung der Frau in der DDR endlich thematisiert werden. O.g. Zitat erfreut sich in den Arbeiten von DDR-Sozialwissenschaftlern und -wissenschaftlerinnen wachsender Beliebtheit. Soziale Dimensionen der Sprache als lebendiger Ausdruck eines bestimmten gesellschaftlichen Entwicklungsstandes!

Eine Vielzahl von Frauen in leitenden Funktionen sind **ein** Anzeichen gesellschaftlichen Fortschritts, sind Ausdruck von Flexibilität und Wandlungsfähigkeit einer Gesellschaft. Die Forderung, mehr leitende Funktionen mit Frauen zu besetzen, kann in der DDR auf eine beachtliche Kontinuität verweisen. Bereits im Jahre 1950, im "Gesetz über den Mutter- und Kinderschutz und die Rechte der Frau" wurde festgelegt: "In allen Berufen sind Maßnahmen zur Qualifizierung der Frauen zu treffen. Es ist dafür zu sorgen, daß Frauen in höherem Maße als bisher in leitenden Stellungen arbeiten ... Die Zahl der weiblichen Bürgermeister, Stadt-, Land- und Kreisräte ist in das richtige Verhältnis zur tatsächlichen gesellschaftlichen Kraft der Frau in der DDR zu bringen." (2)

In den 60er Jahren begann eine breite Qualifizierungsoffensive, die sich besonders an die Frauen richtet. Durch das Kommunique "Die Frau, der Frieden und der Sozialismus" vom 16.12.1961 (3) wurde eine breite Kampagne von Frauenförderplänen, die individuelle Qualifizierungsmaßnahmen präzise festlegen, initiiert. Nachfolgende Gesetzesinitiativen (4) nahmen Parteileitungen, Massenorganisationen, staats- und wirtschaftsleitende Organe im Hinblick auf die Frauenförderung in die Verantwortung. Es wurden staatlicherseits Strukturen geschaffen, die es Frauen ermöglichen sollten, sich trotz ihrer Verantwortung für Kindererziehung und Hausarbeit beruflich zu qualifizieren. Frauen konnten im Rahmen eines Abend- oder Fernstudiums ein Teilstudium absolvieren. (5) An den Fachschulen wurden Frauensonderklassen eingerichtet. (6) Frauen erhielten die Möglichkeit, innerhalb einer Frauen-Sonderaspirantur an den Universitäten und Hochschulen zu promovieren. (7) Das im Jahre 1970 eingeführte

Frauen-Sonderstudium an Hoch- und Fachschulen soll Frauen, die durch die Versorgung der im Haushalt lebenden Kinder besondere familiäre Pflichten tragen, den erfolgreichen Abschluß eines Hoch- oder Fachschulstudiums ermöglichen. (8)

Diese Qualifizierungsoffensive hatte eine Angleichung des Qualifikationsniveaus von Frauen und Männern zur Folge. Vor allem in den jüngeren Jahrgängen - d.h. bei den derzeit bis Vierzigjährigen - sind die mit Bildung und Qualifikation verbundenen sozialen Unterschiede zwischen den Geschlechtern in hohem Maße überwunden (Lötsch 1985, 514).

Die Angleichung des formalen Qualifikationsniveaus zwischen Frauen und Männern bedeutet aber noch lange nicht, daß sich der geschlechtsspezifische Zugriff auf bestimmte Berufsfelder grundlegend verändert hätte. Heute arbeiten zwar in der DDR bereits 30% Frauen in technischen Berufen, aber noch immer wirken Traditionen bei der Berufswahl, die Frauen wegen ihrer "besonderen Eignung", ihrer erzieherischen und fürsorgerischen Fähigkeiten auf Bereiche des Gesundheits- und Bildungswesens sowie anderer Dienstleistungsbereiche orientieren (Panorama 1986, 14).

Der geschlechtsspezifische Zugang zu bestimmten Berufsbereichen zeigt sich an der Ausprägung sogenannter "geschlechtstypischer" Qualifikationen. Der Meisterabschluß ist in der DDR **die** dominierende Qualifikation auf mittlerem Niveau für jüngere Männer, während sich der Fachschulabschluß als "typisch weibliche" Qualifikationsstufe etabliert hat: "... diese Qualifikationsstufe (ist) für bestimmte Berufe und Tätigkeiten, die dominierend als Frauenberufe gelten (mittleres medizinisches Personal, Büro- und Verwaltungstätigkeiten u.a.m.) in besonderem Maße charakteristisch." (Lötsch 1985, 514)

Daran hat auch eine verstärkte Frauenförderung in technischen und naturwissenschaftlichen Bereichen, gestützt auf die Einführung des einheitlichen sozialistischen Bildungssystems im Jahre 1965 (9) bisher nicht grundsätzlich etwas ändern können. Selbst in sogenannten frauentypischen Berufsfeldern werden Leitungsfunktionen häufig mit Männern besetzt. Dort ist zwar von einer größeren Zahl weiblicher Leiter auszugehen gegenüber traditionell "männlichen" Berufsbereichen, dennoch scheint man auch hier weit von der Parität entfernt.

Willi Stoph spricht anläßlich des XII. Bundeskongresses des Demokratischen Frauenbundes (DFD) davon, daß 34% der verantwortlichen Funktionen in Staat und Wirtschaft der DDR von Frauen besetzt werden. (10) Auch sozialwissenschaftliche Arbeiten gehen von einem Drittel Frauen in leitenden Funktionen in der DDR aus (Ehrhardt/Weichert 1988, 528). Nach Ausführungen von Inge Lange gab es aber auf der ersten Leitungsebene in der zentralgeleiteten Industrie (Einzelleiter eines juristisch-selbständigen Betriebes) um 1980 nur einen Frauenanteil von ca. 2,3% (zitiert nach Enders 1986, 33).

Frauen arbeiten auch in der DDR auf den untersten Leitungsebenen, sie bilden das breite Spektrum von Basisaktivitäten, mit zunehmender Position und Verantwortung in der Machthierarchie nimmt ihre Zahl jedoch bedeutend ab. An den höchsten Bildungs- und Forschungseinrichtungen in der DDR, den Universitäten, Hochschulen und Akademien bestehen eindeutig Defizite im Hinblick auf die weibliche Präsenz. In DDR-Publikationen äußert sich hierfür verstärkt Problembewußtsein. Die emeritierte DDR-Professorin Lola Zahn konstatiert mit Blick auf die wenigen weiblichen Akademie-Mitglieder anläßlich einer jährlichen Festveranstaltung: "... nur Männer, Männer, in allen 15 Reihen - oder ... ja doch, eine Frau war unter ihnen. Nicht zu fassen!" (Zahn 1985, V).

Bei den Studierenden ist das Geschlechterverhältnis noch ausgeglichen: Im Jahre 1984 waren 51,8% von ihnen Frauen. Bei den wisenschaftlichen Kadern fällt ihre Zahl bereits auf 33,6%. Die Zahl der Professorinnen beträgt gegenwärtig in der DDR 4,3% (Hildebrandt 1987, 103). An diesem Punkt zeigen sich deutliche Parallelen zur Situation an den bundesdeutschen Hochschulen, auch hier gibt es derzeit nur etwa 4% Professorinnen in der höchsten Besoldungsgruppe (Bergen, Fesel und Raasch 1984, 90).

Erkennbar ist das Defizit weiblicher Präsenz in den Führungsetagen auch an den Ergebnissen einer Studenten-Intervall-Studie des Zentralinstituts für Jugendforschung in Leipzig; diese Studie begann 1970 in einer ersten Phase mit der Befragung von 2.200 Studienanfängern. Danach wurden Absolventen nach 2-, 5- und 10jähriger Berufstätigkeit nach ihren Erfahrungen hinsichtlich Leitungstätigkeit interviewt. Nach zweijähriger Berufstätigkeit waren 29% der Absolventinnen als Leiterinnen eingesetzt gegenüber 47% bei den männlichen Absolventen. Nach zehnjähriger

Tätigkeit waren doppelt soviele Männer wie Frauen in leitenden Funktionen eingesetzt, die Differenz hatte sich also vergrößert. Leitungsfunktionen auf höherer Ebene wurden nahezu ausschließlich von jungen Männern ausgeübt (Schmidt 1987, 188 - 192). Uta Schlegel und Helga Gantz vom ZIJ gelangten zu einer ähnlichen Einschätzung: "Frauen erreichen nach Abschluß des Studiums gegenüber Männern verzögert berufliche Kompetenz; berufliche Weiterbildung und Höherentwicklung verläuft langsamer, besonders in den ersten fünf bis sieben Jahren. Diese unterschiedlichen Startbedingungen sind später schwer auszugleichen." (Schlegel/ Gantz 1987, 84).

**Versuch eines Erklärungsansatzes**

Deutlich ist die Diskrepanz zwischen den wirklich einzigartigen gesetzlichen Maßnahmen zur beruflichen Förderung von Frauen auf der einen Seite und der geringen weiblichen Präsenz in den Führungsetagen als einem Ergebnis dieser Förderung auf der anderen Seite. Die Praxis einer kontinuierlichen, frauenfördernden Bildungs- und Sozialpolitik hat zwar in der DDR das Qualifikationsniveau von Frauen und Männern zugunsten der Frauen, zumindest in den jüngeren Jahrgängen, angeglichen, schlägt sich jedoch (noch) nicht adäquat in der Besetzung von Leitungspositionen mit - vorhandenen - gut ausgebildeten Frauen nieder. Gesetzliche Maßnahmen zur Förderung von Frauen in Ausbildung und Beruf sind notwendige, aber nicht hinreichende Bedingungen für ihren Aufstieg in berufliche Spitzenpositionen.

Zeitliche Überbelastung durch mehrfache Verantwortung in Beruf, Haushalt und Kindererziehung markiert Grenzen physischer und psychischer Leistungsfähigkeit, die sich übrigens auch in einem erhöhten Krankenstand niederschlagen:

| | |
|---|---|
| Krankenstand von Frauen | 6,43% |
| Krankenstand von Männern | 5,67% im Jahre 1985 (11) |

Diese Sexualdifferenz wird von DDR-Arbeitsmedizinern besonders auf die folgenden gesellschaftlichen Einflußfaktoren zurückgeführt:

- Doppelverantwortung der Frau durch Beruf, Haushalt und Familie;

- Rückgang der Teilzeitarbeit von Frauen;
- geringere Regenerationsmöglichkeiten durch weniger Freizeit;
- erwiesene Relevanz von Konflikten für Arbeitsunfähigkeit, nachgewiesen besonders bei alleinstehenden Frauen (Kruschwitz/Izmerov 1986, 112 - 115).

Alle Ursachen gemeinsam - also Ursachen physischer und psychischer Leistungsgrenzen, kombiniert mit anderen - bedingen zusammen die geringe Repräsentanz von Frauen an den Schalthebeln der Macht auch in der DDR.

Unter dem Schlagwort "geschlechtsspezifische Sozialisation" wird ein weiterer Ursachenkomplex subsumiert. Die DDR-Soziologin Hildegard M. Nickel hat die Folgen der Weitergabe traditioneller Rollenteilung zwischen den Geschlechtern an die junge Generation in der DDR thematisiert: "Die alltägliche Arbeitsteilung in den Familien, in die die nachwachsende Generation so ganz nebenher eingeübt wird, ist Ausdruck der gesellschaftlichen Arbeitsteilung zwischen den Geschlechtern, sie ist ihre modifizierte Wiederherstellung." (Nickel 1986, 8). Frauen und Mädchen werden in der DDR, obgleich eine berufliche Ausbildung obligat und eine kontinuierliche berufliche Tätigkeit selbstverständlich sind, mehr auf Anpassung, auf Mitdenken für die künftige Familie, weniger auf Selbständigkeit und Autonomie sozialisiert (Nickel 1986, 8).

Frauen haben in der DDR beide Verantwortungsbereiche, Beruf und Familie, in die Lebensplanung und den Alltag zu integrieren. Sie halten sich deshalb auf der beruflichen Ebene etwas zurück, was nach Frau Nickel **einen** Erklärungsansatz für ihre geringe Präsenz in den höchsten Leitungsebenen bietet.

Die Zuschreibung familialer Tätigkeiten zum Verantwortungsbereich der Frau, die eine "Mithilfe" des Mannes einschließt, scheint in der DDR - bis auf wenige Ausnahmen - allgemeiner Konsens zu sein. Zunehmend wird jedoch - besonders von Sozialwissenschaftlerinnen - Kritik an diesem Konzept geäußert.

Irene Dölling kritisiert, daß die Einbeziehung der Frau in den gesellschaftlichen Produktionsprozeß unter Beibehaltung ihrer reproduktiven Funktionen für die Familie häufig mit dem Begriff "Doppelbelastung" umschrieben werde, wiewohl dieser Begriff mißverständlich sei. Da er sowohl einen bestimmten Entwicklungsstand der Emanzipation zum Ausdruck bringe, als auch treibende Kräfte und Widersprüche dieses Prozesses verdecke und unter der Hand die alte Arbeitsteilung zwischen den Geschlechtern als quasi naturgegeben reproduziere. "Die Tatsache, daß immer nur von der Doppelbelastung der Frau, nie von der Doppelbelastung des Mannes gesprochen wird, setzt die stillschweigende Anerkennung der Auffassung voraus, daß die Frau von Natur her bessere Voraussetzungen für reproduktive, fürsorgende Tätigkeiten im Haushalt und in der Kindererziehung mitbringt, während der Mann sein entscheidendes Betätigungsfeld im Beruf hat." (Dölling 1986, 146/147). Zitat aus dem in der DDR erschienenen Roman "Meine ungeborenen Kinder" von Charlotte Worgitzky: "Man hat es tief und kräftig in uns eingeprägt, daß wir für Haushalt und Kinder zuständig, verantwortlich sind, und wenn die Männer uns bei diesen Arbeiten helfen, sind sie nett und sehr fortschrittlich und man muß sie ordentlich loben, um sie bei der Stange zu halten." (Worgitzky 1982, 265).

Akzeptanz der Mehrbelastung auf dem Hintergrund von Resignation ist wiederum besonders bei DDR-Sozialwissenschaftlerinnen herauszuhören: "In gewissem Umfange muß diese Situation der Mehrbelastung der Frau natürlich gesellschaftlich akzeptiert werden, zumal ihr objektive gesellschaftliche, derzeit kaum veränderbare Umstände zugrunde liegen" (Gysi 1984, 108/109). "Zu diesem Muster gehört auch, daß die Frau die tradierte Arbeitsteilung weitgehend akzeptiert, sie nicht permanent in Frage stellt und sich dagegen auflehnt. Sie versucht halt, beide Bereiche, Familie und Beruf, so gut wie möglich unter einen Hut zu bringen" (Nickel 1986, 8).

Die Existenz von sozialen Unterschieden zwischen den Geschlechtern wird von DDR-Sozialwissenschaftlern nicht geleugnet, jedoch würde ihre Einordnung in das theoretische Konzept sozialer Ungleichheit in einer sozialistischen Gesellschaft, das Herr Lötsch in diesem Band vorstellt, von allgemeinem Interesse sein.

Ein weiterer wichtiger Faktor sind stereotype Vorurteile gegenüber Frauen in leitenden Positionen. Frauen müssen sich durch verstärkte Leistung für eine Spitzenfunktion legitimieren, während Männer qua Geschlecht und Qualifikation in einer solchen Position eher akzeptiert werden. "Den Männern wird von vorneherein mehr zugetraut; sie müssen nicht erst beweisen, daß sie dazu fähig sind. Frauen werden häufig schärfer unter die Lupe genommen" (Bruhm-Schlegel/Kabat vel Job 1981, 26). Allerdings scheint die Akzeptanz gegenüber Leiterinnen in der DDR zunehmend selbstverständlicher zu werden (Deters/Weigandt 1987, 22).

Auch in DDR-Publikationen wird Frauen immer wieder vorgeworfen, sie würden sich scheuen, berufliche Verantwortung zu übernehmen (Bruhm-Schlegel/Kabat vel Job 1981, 26). Dieses Argument scheint wenig stichhaltig, weil Frauen in der DDR diesen breiten Verantwortungsbereich abzudecken haben; sie haben in ihrer Sozialisation gelernt, Aufgaben in Beruf und Familie zu vereinbaren. Im Gegenteil müßten Frauen dafür prädestiniert sein, diese in der Kindererziehung, der Alltagsorganisation, der Koordination von familialen und beruflichen Aufgaben erworbene Entscheidungskompetenz auch im beruflichen Feld an exponierter Position auszuprobieren. Sie sind aufgrund ihrer personenbezogenen Orientiertheit, die Selbstwertgefühl vor allem aus der Funktionsfähigkeit sozialer Beziehungen schöpft, viel eher dazu in der Lage, den einer Leitungsfunktion immanenten Anforderungen an den Umgang mit Menschen gerecht zu werden. Demnach eignen sich auch in der DDR Frauen viel eher für Leitungsfunktionen als Männer, deren Sozialisation primär andere Fähigkeiten fördert.

Die Präferenz der Familie vor dem Beruf in der Lebensorientierung, die Frauen vorgewofden wird, scheint für DDR-Verhältnisse nicht verifizierbar zu sein. Der DDR-Wissenschaftler Ladensack hat in einer Studie an 450 Leitern festgestellt, daß in der Rangfolge der wichtigsten Lebensziele an
1. Stelle: ein harmonisches Familienleben;
2. Stelle: Gesundheit und Wohlergehen und
3. Stelle: der Wunsch nach einer Arbeit, in der man aufgehen kann,
rangiert (Ladensack 1981, 169). Da 93% der von ihm befragten Leiter Männer waren, bestehen in der Rangfolge artikulierter Lebensziele wohl kaum gravierende Unterschiede zwischen leitenden Frauen und Männern. Eher gibt es Anzeichen für die Einschätzung, daß Frauen auch in der DDR wegen einer kraft- und zeitintensiven Leitungsfunktion auf eine Familie verzichten (müssen). 27% der von Ladensack befragten Leiterinnen waren ledig, geschieden oder verwitwet gegenüber nur 3% bei den männlichen Leitern, nahezu die Hälfte der Frauen hatte keine Kinder; keine hatte drei oder mehr versorgungspflichtige Kinder (Ladensack 1981, 222).

Neuere Untersuchungen aus der DDR belegen jedoch, daß sich familiale Aufgaben in zunehmendem Maße mit verantwortlichen Positionen von Frauen im Beruf vereinbaren lassen. Nach Ehrhardt/Weichert üben Frauen relativ unabhängig davon, ob sie Kinder haben oder nicht, leitende Funktionen aus. Viele Leiterinnen haben ein oder zwei, seltener drei und mehr Kinder, diese sind dann allerdings bereits im Schulalter. Am erstaunlichsten ist m.E. ein anderes Untersuchungsresultat: Die Arbeitsteilung im Haushalt und bei der Betreuung und Erziehung der Kinder unterscheide sich bei Frauen in leitenden Positionen kaum von der "normal"-berufstätiger Frauen (Ehrhardt/Weichert 1988, 528). Dieses Ergebnis erscheint mir wenig schlüssig, da Frauen in verantwortlichen Positionen ihr Zeitbudget verstärkt belasten durch Tätigkeiten wie Konferenzen, Überstunden, Reisetätigkeit und andere dienstliche Verpflichtungen. Diese zusätzliche Belastung kann m.E. ausschließlich durch veränderte Arbeitsteilung innerhalb der Familie aufgefangen werden.

## Fazit

Die verstärkte berufliche Frauenförderung seit Gründung der DDR hat sich dahingehend ausgewirkt, daß die sozialen Unterschiede, beruhend auf niedrigerer Qualifikation von Frauen, in den jüngeren Jahrgängen weitgehend abgebaut wurden. Geblieben ist der geschlechtsspezifische Zugriff auf die traditionellen Frauenberufe im sozialen und pflegerischen Bereich, trotz enormer Zunahme der Zahl von Frauen, die einen technischen Berufsabschluß besitzen.

Die in der DDR bereits im Jahre 1950 aufgestellte Forderung, mehr leitende Positionen mit Frauen zu besetzen, ist bisher wenig von Erfolg gekrönt, wie auch in DDR-Publikationen selbstkritisch eingeschätzt wird. An den Schalthebeln der Macht im Wirtschaftsbereich, im Staatsapparat sowie an den Universitäten und Hochschulen befinden sich immer noch überwiegend Männer. Verursachend ist ein multifaktorielles Geflecht, das mit den hier kurz angesprochenen Aspekten geschlechtsspezifischer Sozialisation und Arbeitsteilung in der DDR-Gesellschaft, in der Anpassung von Frauen an männlich dominierte Strukturen nur grob umrissen werden konnte.

Einer Leitungstätigkeit diametral entgegensetzte Bedürfnisse nach regelmäßiger Arbeitszeit aufgrund familialer Verpflichtungen, potentielle Ausfallzeiten zur Pflege erkrankter Kinder, eine Freistellung nach der Geburt und Betreuung eines Kindes begrenzen die Fexibilität und Mobilität weiblicher Arbeitskraft besonders im beruflichen Aufstieg (vgl. Enders 1986, 34).

Das Gelingen des Konzepts der Vereinbarkeit von Erwerbsarbeit und familialen Aufgaben ist eng mit der veränderten Arbeitsteilung zwischen Frau und Mann in Gesellschaft und Familie auch in der DDR verknpüft. Damit verbunden ist die Notwendigkeit einer Neudefinition der Rolle des Mannes - ein Nachdenken über ein neues "Männer-Leitbild" im gegenwärtigen und in künftigen Entwicklungsstadien der DDR-Gesellschaft. Solange ausschließlich Frauen die Vereinbarkeit von Berufstätigkeit und Familienaufgaben antizipieren und in ihre individuellen Lebensvorstellungen und Lebenspläne einbinden - Männer jedoch über ihren Anteil am Konzept der Vereinbarkeit Beruf-Familie noch nicht einmal reflektieren, geschweige denn den Stellenwert in ihrer Lebensplanung bestimmen - solange wird m.E. die Vereinbarkeit von Berufstätigkeit und familialen Aufgaben als gesellschaftliche Lösung auf Kosten der Frau ausgetragen. Sozialer Wandel der DDR-Gesellschaft ist aber künftig von der Integration beider Lebensbereiche in die Lebensgestaltung von Frau **und** Mann abhängig.

Auch in der DDR stellt sich für hochqualifizierte Frauen die Frage: Was können sie gewinnen, wenn sie die vielfältigen Belastungen beruflicher Spitzenpositionen in Kauf nehmen? Mehr Macht, größere Einflußmöglichkeiten an den Schaltstellen wichtiger Entscheidungen, materielle Vergünstigungen, persönliche Freiräume?

Individuelle Zufriedenheit durch eine interessante berufliche Tätigkeit ist mit ziemlicher Sicherheit nicht an eine Spitzenfunktion gebunden. Weibliche Resignation angesichts festgefügter - traditionell und historisch begründbarer - Formen der Arbeitsteilung zwischen Frau und Mann?

Möglicherweise liegt bei einem (wachsenden) Teil qualifizierter Frauen, die auf den beruflichen Aufstieg verzichten, eine wohl eher unbewußte Strategie der Verweigerung zugrunde. Teilen diese Frauen vielleicht die folgende Einschätzung von Christa Wolf:

"Frauen ... signalisieren einen radikalen Anspruch: als ganzer Mensch zu leben, von allen Sinnen und Fähigkeiten Gebrauch machen zu können. Dieser Anspruch ist eine große Herausforderung für eine Sozietät ..; mit Frauenförderungsplänen, mit Krippenplätzen und Kindergeld **allein** kann sie ihm nicht mehr begegnen; auch damit nicht, ... daß sie mehr Frauen in jene Gremien delegiert, in denen überall in dieser Männerwelt, auch in unserem Land, die "wichtigen Fragen" von Männern entschieden werden. Sollen Frauen es sich überhaupt wünschen, in größerer Zahl in jene hierarchisch funktionierenden Apparate eingegliedert zu werden? Rollen anzunehmen, welche Männer über die Jahrhunderte hin so beschädigt haben?" (12)

## Anmerkungen

1) Verfassung der DDR vom 07.10.1949, Artikel 7.
2) Gesetz über den Mutter- und Kinderschutz und die Rechte der Frau vom 27.09.1950. Gesetzblatt (Gbl) der DDR Nr. 111, 1.10.1950, S. 1037.
3) Neues Deutschland, 16. Jahrgang, Nr. 352 vom 23.12.1961.
4) Beschluß über die Aufgaben der Staatsorgane zur Förderung der Frauen und Mädchen in Durchführung des Kommuniques desPolitbüros des ZK der SED vom 23.12.1961. Vom 19.04. 1962. Gbl. der DDR, Teil II, Nr. 32, 21.05.1962, S. 295.
5) Gbl. der DDR, Teil II, Nr. 47, 12.07.1962, S. 406.
6) Gbl. der DDR, Teil II, Nr. 72, 5.08.1967, S. 506.
7) Gbl. der DDR, Teil II, Nr. 101, 17.09.1968, S. 817.
8) Gbl. der DDR, Teil II, Nr. 54, 1.07.1970, S. 407.
9) Gesetz über das einheitliche sozialistische Bildungssystem vom 25.02.1965. Gbl. der DDR, Teil I, S. 83.
10) ND vom 7./8. März 1987, S. 3.
11) Sonderdruck aus dem Jahrbuch für Soziologie und Sozialpolitik. Berlin (Ost) 1988, S. 622 (Tab. 8).
12) Christa Wolf: Fortgesetzter Versuch. Aufsätze, Gespräche, Essays. Reclam, Leipzig 1982, S. 321.

## Literaturverzeichnis


Bergen, Monika, Verena Fesel und Sibylle Raasch
Frauenquoten im Hochschulbereich. In: Karriere oder Kochtopf? Köln 1984, S. 90-113.

Bruhm-Schlegel, Uta; Otmar kabat vel Job
Junge Frauen heute. Leipzig 1981.

Deters, Magdalene; Susanne Weigandt
Selbstbestimmt - fremdbestimmt? Deutsch-deutsche Karrieremuster von Frauen im Beruf. Berlin, Quorum Verlag 1987, S. 9-27.

Dölling, Irene
Individuum und Kultur. Berlin (Ost) 1986.

Ehrhardt, Gisela; Brigitte Weichert
Einige soziologische und sozialpolitische Aspekte zur Entwicklung der Frau im gesellschaftlichen Arbeitsprozeß. Jahrbuch für Soziologie und Sozialpolitik 1988, Akademie Verlag Berlin (Ost), S. 525-533.

Enders, Ulrike
Kinder-Küche-Kombinat. Frauen in der DDR. Beilage zur Wochenzeitung Das Parlament B 6-7/1986, 08.02.1986, S. 26-37.

Enders, Ulrike; Susanne Weigandt
Von der Frauenarbeitspolitik zur Familien- und Bevölkerungspolitik. Osteuropa Info Nr. 67, 3. Quartal 1986, S. 8-21.

Gysi, Jutta
Frauen- und Familienentwicklung als Gegenstand sozialistischer Politik. Jahrbuch für Soziologie und Sozialpolitik, Berlin (Ost) 1984, S. 95-109.

Hildebrandt, Karin
Frauen in der wissenschaftlichen Arbeit an den Hochschulen. Das Hochschulwesen 4/1987, S. 103-104.

Kruschwitz, Siegfried; N. F. Izmerov (Hrsg.)
Arbeitshygiene der berufstätigen Frau. Berlin (Ost) 1986, S. 1112-115.

Ladensack, K. u.a.
Arbeits- und Lebensweise der Leiter. Berlin (Ost) 1981.

Lange, Inge
Die Frauen - aktive Mitgestalter der sozialistischen DDR. Die Einheit 4/5, 1986, S. 329-333.

Lötsch, Ingrid
Zur Entwicklung des Bildungs- und Qualifikationsniveaus in der DDR. Jahrbuch für Soziologie und Sozialpolitik 1985, S. 511-526.

Marx, Karl
Brief an Kugelmann. 1868. In: MEW Bd. 32, Berlin (Ost) (Ost)S. 582.

Nickel, Hildegart Maria
Töchter und Söhne. Sonntag 37/1986, S. 8.

Panorama Broschüre
Gleiche Rechte - gleich genutzt? Frauen in der DDR. Panorama Verlag Berlin (DDR) 1986.

Schlegel, Uta; Helga Gantz
Probleme der Leistungsbereitschaft und Berufstätigkeit junger weiblicher Hoch- und Fachschulkader. In: Soziale Beziehungen im Betrieb. Leipzig 1987, Zentralinstitut für Jugendforschung und Hochschule für Verkehrswesen.

Schmidt, Harald
Heute Student - morgen Leiter. Wiss. Zschr. der Karl-Marx-Universität Leipzig, Gesellschaftswiss. Reihe, 2/1987, S.188-192.
Speigner, Wulfram
Ökonomische und demographische Prozesse in Wechselbeziehung. Protokolle und Informationen des Wissenschaftlichen Rates für Sozialpolitik und Demographie der DDR. 2/1985, S. 105-1117.
Speigner, Wulfram
Geburtenfördernde Bevölkerungspolitik in der DDR. Vortrag auf der Internationalen Tagung der Deutschen Gesellschaft für Bevölkerungswissenschaft in Bielefeld. März 1986.
Weichert, Brigitte
Zur Entwicklung der Berufstätigkeit der Frau unter den Bedingungen umfassender Intensivierung. In: Soziologie und Sozialpolitik. Symposien und Kolloquien. III. Internationales Symposium Sozialpolitik, Berlin 1987, S. 72-80.
Zahn, Lola
Frauen in der Wissenschaft? Spectrum 16 (1985) 9, V.

## Sozialpolitik in der DDR

Gunnar Winkler

Entsprechend der Thematik der Veranstaltung kann es nicht Anliegen des Beitrags sein, das Wesen, die Aufgaben und die der Sozialpolitik in der DDR zugrunde liegenden Prinzipien im einzelnen und umfassend darzustellen. Vielmehr geht es darum, auf einige sich in der DDR vollziehende Prozesse, die sozialpolitische Aktivitäten erfordern, aufmerksam zu machen. Wenn eingangs kurze Ausführungen zum Inhalt der Sozialpolitik erfolgen, so um das Verständnis (oder die Verständigung) zu unseren Positionen zu erleichtern.

Gab es in den sozialistischen Ländern bis zu Beginn der 70er Jahre eine bestimmte Zurückhaltung gegenüber dem Begriff Sozialpolitik - wobei ständig eine praktische Sozialpolitik betrieben wurde -, so war das nicht zuletzt einer zum Teil übernommenen eng begrenzten Auffassung von Sozialpolitik (Schutz vor den Not- und Wechselfällen des Lebens, Sozialfürsorge, Sozialversicherung) geschuldet. Begriffsverdrängung war jedoch nie Problemverdrängung.

Man kann heute davon ausgehen, daß in der DDR - wie in anderen sozialistischen Ländern auch - unter Sozialpolitik jener Teil (Aspekt) der Politik verstanden wird, der auf die Gestaltung sozialer Verhältnisse ausgerichtet ist. (1) Daraus ergibt sich:

1.
Sozialpolitik umfaßt die **Gesamtheit der Gestaltung der sozialen Verhältnisse** als Verhältnisse der Klassen, Schichten und sozialen (demographischen) Gruppen zueinander und nicht nur die Verbesserung der sozialen Lage wirtschaftlich und/oder sozial schwacher Gruppen. Insofern ist festzustellen: Marxistisch-leninistische Sozialpolitik ist keine Politik, die auf dem Konzept der sozialen Schwäche beruht, (2) und sie versteht sich nicht als Politik zur Verhinderung, Behebung oder Milderung sozialer Schwächen.

Ihr Objekt sind demzufolge nicht allein soziale Gruppen, deren Lebenslage sich vom Durchschnitt bzw. von anderen Gruppen negativ unterscheidet, sondern ist die in der sozialistischen Gesellschaft vorhandene Sozialstruktur in ihrer Gesamtheit und inneren Gliederung (Klassen, Schichten, soziale und demographische Gruppen). Das schließt eine gezielte Förderung, Unterstützung und Betreuung für spezielle soziale Gruppen nicht aus, sondern ein.

2.
Ausgehend davon, daß sich die Klassenstruktur in ihren grundlegenden Proportionen herausgebildet hat, (3) **vollziehen sich soziale Entwicklungen vor allem innerhalb der Klassen und Schichten.**

**Tabelle 1:** Klassen- und Schichtstruktur der DDR (nach Berufstätigen; abgerundet in Prozent)

| | **1970** | **1980** | **1985** |
|---|---|---|---|
| Arbeiterklasse | 76,5 | 75,0 | 72,0 |
| Genossenschaftsbauern | 10,0 | 6,5 | 6,4 |
| Intelligenz | 8,0 | 15,5 | 18,0 |
| genossenschaftliches Handwerk | 2,2 | 1,8 | 1,9 |
| privates Handwerk, Kommissions- und Einzelhändler u.a. | 3,3 | 1,7 | 1,7 |

Das schließt qualitativ neue Anforderungen an die Gestaltung der Sozialpolitik insofern ein, als

a) Sozialpolitik darauf gerichtet ist, die erforderliche Klassen- und Schichtstruktur zu stabilisieren (z.B. Förderung des Handwerks, Stärkung der Genossenschaftsentwicklung auf dem Lande);

b) Sozialpolitik erforderliche Veränderungen in der Sozialstruktur - die aus wirtschaftsstrukturellen Veränderungen sowie wissenschaftlich-technischen Entwicklungen resultieren - unterstützen, fördern muß (Disponibilität, Mobilität);

c) Sozialpolitik in höherem Maße demographischen Veränderungen Rechnung tragen bzw. sie beeinflussen muß (Altern der Bevölkerung, Veränderung von Familienformen);

d) Sozialpolitik den erreichten und sich verändernden Bedürfnisstrukturen der Bevölkerung - ihrer wachsenden Einheitlichkeit und zunehmenden Differenziertheit - Rechnung tragen muß.

**3.**

Soziale Strukturen und soziale Verhältnisse sind vor allem ökonomisch determiniert. Veränderungen erfolgen vor allem im Zusammenhang mit ökonomischen Veränderungen. Soziale Entwicklung ist Ziel, Ergebnis und Bedingung der Wirtschaftspolitik.

Die Verbindung von ökonomischer und sozialer Entwicklung vollzieht sich gegenwärtig vor allem unter den Bedingungen der intensiv erweiterten Reproduktion. Wir gehen davon aus, daß umfassende Intensivierung nicht einfach ein tiefgreifender Umstellungsprozeß der Volkswirtschaft ist, sondern in Verbindung mit der Vervollkommnung der Leitung und Planung der Weg ist, um das soziale Wesen der Wirtschaftstätigkeit, die soziale Orientierung und soziale Wirksamkeit wirtschaftlichen Leistungszuwachses weiter auszuprägen. (4)

Die Anerkennung des objektiven Zusammenhangs von ökonomischer und sozialer Entwicklung schließt zugleich ein, darin nicht einen einseitigen Ursache-Wirkungszusammenhang zu sehen. Es besteht heute weitgehend Übereinstimmung darüber, daß der Zusammenhang von ökonomischer und sozialer Entwicklung drei Aspekte hat:

**Erstens:** Mit der Intensivierung, mit dem wissenschaftlich-technischen Fortschritt werden die ökonomischen Möglichkeiten geschaffen, die Produktion rasch zu erneuern, ihre Qualität zu verbessern, den Aufwand zu senken, (5) d.h. ein materielles Endprodukt in Form von Erzeugnissen und Dienstleistungen zu erzeugen, das in Menge und Qualität der immer besseren Befriedigung der materiellen und kulturellen Bedürfnisse dient. Insofern ist die **ökonomische Entwicklung Voraussetzung, Bedingung für soziale Entwicklung.**

**Zweitens** sind mit der Intensivierung Technik- und Technologieentwicklungen verbunden, die eine progressive Veränderung der Arbeitsbedingungen und Arbeitsinhalte ermöglichen und damit neue Möglichkeiten für eine persönlichkeitsfördernde Gestaltung der Arbeitsprozesse schaffen. Insofern sind der Produktionsprozeß und die Gestaltung der der menschlichen Natur adäquaten Arbeitsbedingungen ein **einheitlicher Prozeß**. Das erfordert, daß diese Aufgaben als gleichrangig und gleichwertig aufgefaßt und gelöst werden. (6)

**Drittens** beruht ökonomische Entwicklung nicht nur auf neuer Technik und Technologie, sondern bedarf einer erforderlichen Arbeitskräfte-, Bildungs- und Qualifikationsstruktur, bedarf eines hohen Leistungsverhaltens. Insofern ist **soziale Entwicklung, Lebensweiseentwicklung Vorraussetzung und Bedingung für ökonomischen Fortschritt**.

In dem Maße, wie es gelingt, ökonomische Entwicklung mittels sozialpolitischer Aktivitäten mit sozialem Fortschritt zu verbinden, wird soziale und ökonomische Stabilität und damit auch politische Stabilität erreicht. Insofern ist Sozialpolitik weder Ergänzung, Komplettierung ökonomischer Entwicklung noch Ausgleich ökonomischer Instabilität. Soziale Stabilität ersetzt keine ökonomische Instabilität. Beide sind kein automatisches Ergebnis sozialistischer Macht- und Eigentumsverhältnisse, sondern müssen im Prozeß der Leitung und Planung der wirtschaftlichen und sozialen Entwicklung jeweils bewußt hergestellt werden.

Mit der zu Beginn der 70er Jahre eingeleiteten Phase einer sich an den Bedürfnissen der Menschen orientierenden Wirtschafts- und Sozialpolitik (7) wurden soziale Wandlungen vor allem in folgender Hinsicht zugrunde gelegt:

**1.**
Die Gestaltung sozialer Verhältnisse erfordert eine in ihren Grundzügen einheitliche, jedoch zugleich unterschiedliche Arbeits- und Lebensbedingungen, unterschiedliche Bedürfnis- und Interessenstrukturen berücksichtigende Politik. Sozialpolitik ist dabei auf die Beseitigung sozialer Ungleichheit, die Minderung bzw. Reproduktion sozialer Unterschiede sowie die Ausprägung

sozialer Besonderheiten entsprechend dem historisch erreichten Entwicklungsstand gerichtet. (8)

Generell ist die Sozialpolitik in der DDR historisch mit drei Tendenzen verbunden:

a) mit der Überwindung von Not und Armut in den Jahren unmittelbar nach dem 2. Weltkrieg und der Schaffung von Bedingungen zur Verwirklichung der grundlegenden Menschenrechte, unabhängig von Klassenangehörigkeit, Alter, Geschlecht und Weltanschauung, d.h. es war eine im wesentlichen sozialstrukturell nicht differenzierte Sozialpolitik;

b) mit dem Übergang zu einer Sozialpolitik, die vor allem auf Förderung und Entwicklung der Klassen und Schichten (Arbeiterklasse, Genossenschaftsbauern, Intelligenz, Handwerk) gerichtet war und sozialpolitische Leistungen in hohem Maße an eine für die Gesellschaft nützliche Tätigkeit im Arbeitsprozeß band;

c) mit dem Übergang zu einer alle sozialen Gruppen ebenso wie alle Lebensbereiche erfassenden Sozialpolitik, die durch die Ausprägung sozialer Einheitlichkeit und wachsender Vielfalt in der Werte-, Bedürfnis- und Interessenstruktur der Bürger gekennzeichnet ist, aber auch durch Einheitlichkeit und Differenziertheit im Maß der Bedürfnisbefriedigung.

Die Sozialpolitik in der DDR sieht ihre Objektbereiche in der Gesamtheit einer sich differenziert entwickelnden Sozialstruktur, was die Beachtung grundlegender Interessen der Klassen und Schichten ebenso einschließt wie die spezieller sozialer bzw. demographischer Gruppen (wie Frauen und Mütter, ältere Bürger, Jugendliche, Rehabilitanden u.a.) mit ihren spezifischen Bedürfnissen und Interessen.

2.
Die Sozialpolitik unterliegt entsprechend dem erreichten ökonomischen Entwicklungsstand differenzierten Erfordernissen, um soziale Sicherheit für alle Bürger zu gewährleisten und weiter zu vervollkommnen sowie die soziale Lage der Klassen, Schichten und sozialen Gruppen, insbesondere durch die stetige Hebung des materiellen und kulturellen Lebensniveaus, zu verbessern.

Zu den mittels Wirtschafts- und Sozialpolitik zu erhaltenden Grundwerten (9) zählen in der DDR die Gewährleistung und der Ausbau sozialer Sicherheit. Dabei war die DDR von Anbeginn darauf orientiert, soziale Sicherheit nicht auf ein System von Maßnahmen zur Sicherung des einzelnen Bürgers in "Not- und Wechselfällen" des Lebens zu begrenzen. Soziale Sicherheit wird verstanden als Gestaltung solcher Verhältnisse, die eine gleichberechtigte Entwicklung aller Bürger ermöglichen. Sie ist politisch, ökonomisch und juristisch gesicherte Verwirklichung der grundlegenden Menschenrechte, die ein menschenwürdiges Dasein gewährleisten, die der vollen Persönlichkeitsentwicklung, der Festigung der Familienbeziehungen, der gleichberechtigten Entwicklung aller Bürger dienen. (10)

Charakteristisch für die Gewährleistung sozialer Sicherheit ist, daß sie

- für alle Klassen und Schichten des Volkes realisiert wird; jeden Bürger des Landes, unabhängig von Rasse, Nationalität, Weltanschauung und Geschlecht erfaßt;

- den gesamten Lebensprozeß umfaßt, d.h., sie schließt den Schutz des Neugeborenen ebenso ein wie Förderung und Betreuung für den arbeitenden Menschen, den Veteranen und den Nichtarbeitsfähigen;

- sich auf die Gesamtheit der grundlegenden Menschenrechte bezieht und das Recht auf Arbeit, auf ein der Leistung entsprechendes Einkommen, auf Bildung, Freizeit und Erholung ebenso erfaßt wie die gesundheitliche Betreuung oder die Sorge um Mutter und Kind.

Soziale Sicherheit gehört heute zu den von allen Bürgern anerkannten Grundwerten.

Die in Tabelle 2 dargestellten, aus einer Untersuchung des Jahres 1982 stammenden Ergebnisse, reflektierten neben der allgemeinen Anerkennung zugleich partielle Einschränkungen, die vor allem von jüngeren Menschen, die soziale Unsicherheit nie kennengelernt haben, gemacht wurden. Diese bezogen sich vor allem auf noch nicht gelöste Wohnungsprobleme sowie Widersprüche zwischen beruflichen Vorstellungen und realer Tätigkeit. Mit der weiteren Lösung der Wohnungsfrage als sozialem Problem und fähigkeits- und qualifikationsgerechtem Einsatz wurden ohne Zweifel vorhandene Einschränkungen inzwischen weiter reduziert. Insgesamt zeigt sich, daß sich ein bedeutender Wandel im Anspruch an soziale Sicherheit entsprechend dem erreichten politischen, ökonomischen und sozialen Entwicklungsstand vollzogen hat. War soziale Sicherheit nach 1945 Sicherung vor Hunger, Not, Armut und Obdachlosigkeit, in der 60er Jahren der Anspruch auf gleichberechtigten Zugang zu Beschäftigung, Bildung, gesundheitlicher Betreuung usw., so ist heute z.B. das Recht auf Arbeit nicht nur ein Anspruch auf einen Arbeitsplatz, sondern zugleich auf einen der Fähigkeit entsprechenden Einsatz in der Wirtschaft, die Gestaltung der menschlichen Natur adäquater Arbeitsbedingungen, an ein mit der Leistung sich entwickelndes Lebensniveau usw.

**Tabelle 2:** Das persönliche Gefühl sozialer Sicherheit haben (in Prozent)

| Altersgruppe (in Jahren) | insgesamt | ja absolut | ja mit Einschränkung | nein |
|---|---|---|---|---|
| bis 25 | 95,3 | 68,6 | 26,7 | 4,7 |
| 26 - 45 | 95,7 | 77,5 | 18,2 | 4,3 |
| 46 - 60/65 | 96,0 | 85,5 | 11,5 | 4,0 |
| 60/65 und darüber | 96,6 | 91,4 | 5,2 | 3,4 |
| Durchschnitt | 95,8 | 78,2 | 17,6 | 4,2 |

Das heißt, so richtig ist These ist, daß soziale Sicherheit immer wieder ökonomisch gewährleistet werden muß, so falsch wäre es, dies an Maßstäben der extensiven Wirtschaftsentwicklung - d.h. Beschäftigung für jeden, Bildung für jeden usw. - zu messen. Gerade die Intensivierung erfordert und ermöglicht eine qualitative Ausgestaltung sozialer Sicherheit in allen ihren Bereichen.

3.
Qualitative Wandlungen der traditionellen Gestaltungsbereiche der Sozialpolitik (Arbeit, Bildung, Wohnen, Einkommen/Verbrauch/Versorgung, Gesundheit, Freizeit/Erholung) treten vor allem in folgender Hinsicht auf:

- in wachsendem Einfluß wissenschaftlich-technischer Entwicklungen in allen Gestaltungsbereichen;

- in Erweiterung sozialpolitischer Felder (Umweltgestaltung, Bevölkerungs-/Familienpolitik);

- in zunehmender Verflechtung und Abhängigkeit der einzelnen Bereiche.

Erforderliche Veränderungen der Wirtschafts- und Produktionsstruktur führen in Verbindung mit der beschleunigten Entwicklung und Einführung von Hochtechnologien zu Veränderungen des sozialen Profils des gesellschaftlichen Arbeitsvermögens, was dessen gezielte Umstrukturierung einschließt.

Diese umfaßt vor allem

a) die weitere Erhöhung des Arbeitsvermögens der nichtproduzierenden Bereiche; (11)

b) die Entwicklung der Qualifikationsstruktur, insbesondere durch Erhöhung der Disponibilität.

Über diese Tatbestände gibt es kaum unterschiedliche Auffassungen. Die Feststellung, daß wachsende Mobilität und Disponibilität, daß ständige Weiterbildung Charakteristikum sozialistischer Lebensweise sowohl aus ökonomischen als auch sozialen Erfordernissen heraus wird, bestimmt in zunehmendem Maße auch Denken und Verhalten der Werktätigen. Untersuchungen des Instituts für Soziologie und Sozialpolitik (12) belegen entsprechende Erwartungen der Werktätigen (vgl. Tabelle 3).

Die Gewinnung von Werktätigen für effektivere Tätigkeiten bei Gewährleistung sozialer Sicherheit ist ein Kardinalproblem der Sozialpolitik in der DDR. Dabei gehen wir von der vollen Verwirklichung des Rechts auf Arbeit aus (Konzept der Vollbeschäftigung). Die Gewinnung von Arbeitsplätzen verliert auch in sozialistischen Ländern immer mehr den Charakter von Einzelbeispielen und nimmt umfassenderen Charakter an. Die dabei berührten vielfältigen Interessen der Werktätigen und ihrer Familien erfordern vor allem eine Verstärkung betrieblicher und territorialer Sozialpolitik.

**Tabelle 3:** Erwartungen der Werktätigen in Verbindung mit der Entwicklung und Einführung des wissenschaftlich-technischen Fortschritts (in Prozent)

| | ganz sicher | möglicherweise |
|---|---|---|
| Weiterqualifizierung im Beruf | 39 | 44 |
| Wechsel des Arbeitskollektivs | 5 | 52 |
| Schichtarbeit | 18 | 29 |
| Wechsel des Betriebes | 1 | 27 |
| Wechsel des Berufes | 1 | 16 |
| Wechsel des Wohnortes | 2 | 14 |

Wachsenden Stellenwert in der Sozialpolitik der DDR erhielt zu Beginn und Mitte der 70er Jahre eine bedürfnisorientierte Bevölkerungs- und Familienpolitik. Zu diesem Zeitpunkt war die Bevölkerungsentwicklung charakterisiert

a) durch die Auswirkungen einer deformierten Alters- und Geschlechtsstruktur im Ergebnis der beiden Weltkriege;

b) durch das Sinken der Fruchtbarkeit unter die Erfordernisse der einfachen Bevölkerungsreproduktion;

c) durch territoriale Differenzierungen zuungunsten der südlichen Bezirke der DDR.

Es wird nicht selten festgestellt, daß die Bevölkerungspolitik der DDR ausschließlich auf die quantitative Entwicklung des Arbeitsvermögens gerichtet sei. Ohne diesen Aspekt zu bestreiten, ist jedoch hervorzuheben, daß es letztlich darum ging bzw. geht, mittels eines umfassenden Systems sozialpolitischer Maßnahmen solche Bedingungen zu schaffen, daß sich die Familien/Mütter ihren Kinderwunsch (zahlenmäßig und zeitlich) erfüllen können. Im Ergebnis dieser Politik (Wohnungsbauprogramm, Babyjahr, Arbeitszeitverkürzungen, finanzielle Unterstützung) wurde erreicht, daß sich heute alle Familien/Frauen ihren Kinderwunsch zu 90% erfüllen und gravierende Auswirkungen nicht gesicherter Bevölkerungsreproduktion auf die Altersstruktur nicht zu erwarten sind.

**Tabelle 4:** Entwicklung der Bevölkerung nach Hauptaltersgruppen 1985 - 2010 *

| | - in 1000 - | | | |
|---|---|---|---|---|
| | **1985** | **1990** | **2000** | **2010** |
| 0-15 Jahre | 3188.6 | 3329.9 | 2969.7 | 2811.9 |
| 15-60/65 Jahre | 10722.5 | 10675.9 | 10629.5 | 10438.1 |
| 60-65 u. älter | 2727.0 | 2612.8 | 2814.8 | 2933.7 |

* Fertilität bis 2000 auf 1.8 Kinder ansteigend.

Bei einer langfristigen Strategie, die auf die Sicherung der einfachen Reproduktion gerichtet ist, zielt die gegenwärtige Orientierung auf Stabilisierung der erreichten Reproduktionsbedingungen. Das bedingt zugleich veränderte Anforderungen z.B. für das Wohnungsbauprogramm gegenüber den 70er Jahren. Veränderungen in den demographischen Bedingungen (13) und Familienformen (14) sowie in Wertorientierungen und Verhaltensweisen führen z.B. allein im Zeitraum von 1981 bis 2000 zu einer Zunahme der 1-Personenhaushalte bis zu max. 323.000 und zu einer Abnahme der Mehrpersonenhaushalte von max. 120.000. Gegenüber Prognosen zu Beginn der 70er Jahre wird aus heutiger Sicht die Zahl der Haushalte um ca. 200.000 höher sein.

Das hat Konsequenzen

- für die Konsumgüterproduktion, insbesondere die Menge von Erzeugnissen für die Haushaltsausstattung,

- für Bedürfnisse und Bedürfnisstrukturen, auf die Lebensbedingungen und Lebensweise insgesamt, was wiederum auf die ökonomischen Prozesse zurückwirkt.

Dabei wird insgesamt davon ausgegangen, daß bis 1990 die Wohnungsfrage als soziales Problem zu lösen, u.a. mit folgenden Zielstellungen verbunden ist:

- Sicherung eines Wohnungsbestandes, der jeder Familie einen ihrer Größe entsprechenden Wohnraum zur Verfügung stellt bei einer Verteilungspolitik von Wohnraum nach sozialen Kriterien (Größe der Familie);

- schrittweise Erhöhung der Ausstattungsqualität der Wohnungen entsprechend den wachsenden Bedürfnissen;

- Entwicklung von Wohngebieten und eines Wohnumfeldes, deren soziale Infrastruktur (Bildung, Kinderbetreuung, Versorgung, gesundheitliche Betreuung, Kultur, Sport) und Umweltqualitäten den Erfordernissen der Lebensweiseentwicklung entsprechen;

- Überwindung sozialer und territorialer Unterschiede in den Wohnbedingungen;

- Sicherung stabiler/niedriger Mietpreise, die es allen Bürgern ermöglichen, unabhängig von Einkommen und Größe der Familie, entsprechenden Wohnraum zu erhalten.

Veränderung in den demographischen Bedingungen schließt jedoch keineswegs nur quantiative Veränderungen, sondern zugleich qualitative Wandlungen ein. Ein wesentliches Problem, das in den nächsten Jahren zu lösen ist, betrifft z.B. die qualitativen Veränderungen in der kommenden Rentnergeneration, die zu völlig veränderten Bedürfnis- und Interessenstrukturen führen und damit neue, qualitativ andersartige Anforderungen an die Ausgestaltung der Sozialpolitik stellen.

Solche qualitativen Wandlungen sind vor allem:

- Im Gegensatz zur gegenwärtigen Rentnergeneration verfügt die künftige über ein bedeutend höheres Allgemein- und berufliches Bildungsniveau (so erhöht sich z.B. der Anteil der Rentner mit Facharbeiterausbildung und abgeschlossener Schulausbildung von ca. 15 bis 20 Prozent auf 70 bis 80 Prozent).

- Der Anteil der Intelligenz (Werktätige mit Hoch- und Fachschulausbildung) erhöht sich von 2 bis 3 Prozent auf 15 bis 20 Prozent.

- Der Anteil von Ehepaaren bzw. nichtehelichen Lebensgemeinschaften, die in die Rente eintreten, erhöht sich, da der aus dem 2. Weltkrieg resultierende Frauenüberschuß reduziert wird.

- 1992 beginnend, werden im Ergebnis von Pflicht- und freiwilliger Zusatzrentenversicherung für die ins Rentenalter Eintretenden Renten in Höhe von ca. 85 Prozent des Nettoeinkommens gezahlt.

- Der Anteil der Haushalte mit hohem materiellem Ausstattungsniveau erhöht sich usw.

Aus all dem resultieren neue Ansprüche an die Gestaltung des Lebensabends, an Bildungsaufgaben, die weitere berufliche Tätigkeit usw.

Gerade auf diesem Gebiet sind gegenwärtig entsprechende Vorleistungen für eine der steigenden sozialen Aktivität der Rentnergeneration entsprechende sozialpolitische Strategie zu erarbeiten.

**4.**
Wandlungen vollziehen sich in der Erhöhung der Wirksamkeit des sozialistischen Leistungsprinzips als wesentliches Prinzip zur Durchsetzung sozialer Gerechtigkeit.

Wenn festgestellt wurde, daß soziale Sicherheit qualitativen Entwicklungen unterliegt, die veränderten Werte- und Bedürfnisstrukturen entsprechen, und zugleich durch das ökonomisch Machbare beeinflußt (oder auch begrenzt) wird, so ist soziale

Sicherheit Ausdruck des historisch möglichen Maßes sozialer Gleichheit und Gerechtigkeit. Gerechtigkeit schließt gerechtfertigte Ungleichheiten ebenso ein, wie sie nicht auf Rechte zu begrenzen ist, sondern auch Pflichten (Setzen von Bedingungen für Ansprüche, soziale Aktivität) einschließt.

Soziale Gerechtigkeit im sozialpolitischen Sinne ist immer gerechtfertigte Gestaltung von Lebensbedingungen für den einzelnen als Angehörigen einer sozialen Gruppe. Soziale Gerechtigkeit ist stets klassen-, schicht- oder gruppenbezogen.

Das Wesen sozialer Gerechtigkeit wird im Sozialismus vor allem verwirklicht über das Prinzip "Jeder nach seinen Fähigkeiten - jedem nach seiner Leistung". Das erfordert

- einen den Fähigkeiten und der Qualifikation des einzelnen entsprechenden gesellschaftlich nützlichen Einsatz;

- eine der Arbeitsleistung entsprechende Entlohnung, die auf Leistungsbewertung vor dem und im Kollektiv beruht;

- eine Gebrauchswert- und Dienstleistungsstruktur, die die Realisierung des erworbenen Einkommens entsprechend seinen Bedürfnissen ermöglicht sowie die

- Bildung gesellschaftlicher Fonds (staatlich, betrieblich), deren Verwendung darauf gerichtet ist,
  - allen Bürgern gleichen Zugang zu Bildung, gesundheitlicher und sozialer Betreuung, zu Kultur und Sport zu gewähren;
  - Unterschiede im materiellen Lebensniveau, die nicht aus unterschiedlicher Leistung, sondern z.B. demographischen Bedingungen resultieren, zu mindern;
  - Einkommen für nichtberufstätige Gruppen zu gewährleisten (Rentner, Oberschüler, Studenten);
  - durch Stützungen von Preisen, Mieten, Tarifen zu sichern, daß Einkommenserhöhungen zugleich realeinkommenserhöhend wirksam werden.

Gesellschaftliche Fonds dienen in diesem Sinne der Sicherung gemeinschaftlicher, vom einzelnen nicht zu sichernder Bedürfnisbefriedigung und der Gewährleistung eines gesellschaftlich fixierten und sich verändernden Mindeststandards des Lebensniveaus.

Diskussionen über die Verwendungsstruktur der gesellschaftlichen Fonds werden oft zu einseitig aus ökonomischer oder sozialpolitischer Sicht geführt. In der Erarbeitung interdisziplinärer Standpunkte - unter Auswertung der Erfahrungen anderer sozialistischer Länder - liegt ein notwendiges Aufgabenfeld sozialwissenschaftlicher Arbeit mit dem Ziel der Erarbeitung langfristig orientierter Entscheidungsvarianten.

Es wäre jedoch falsch, soziale Gerechtigkeit auf Einkommensfragen zu begrenzen. Soziale Gerechtigkeit schließt die fähigkeitsgerechte Verteilung der Arbeit ebenso ein wie die Gestaltung gleicher Bedingungen zur Persönlichkeitsentwicklung aller.

Sozial gerecht ist auch die besondere Hilfe, Unterstützung, Betreuung und Förderung von Gruppen. So erfolgt z.B. eine besondere Betreuung, Unterstützung und Fürsorge gegenüber jenen Gruppen, die nicht oder nur bedingt fähig sind, durch eigene Arbeit ihr Leben als Glied der Gesellschaft zu gestalten. Das betrifft Kinder und ältere Bürger ebenso wie Invalide oder Kranke. Die Sozialpolitik gegenüber diesen Gruppen ist jedoch stets eingeordnet in die generelle Politik zur Gewährleistung sozialer Sicherheit und Geborgenheit, zur Minderung vorhandener sozialer Unterschiede, die eine gleichberechtigte Persönlichkeitsentwicklung hemmen, und zur Minderung von Unterschieden im Lebensniveau, welche nicht aus unterschiedlichen Leistungen resultieren.

**5.**
Hinsichtlich der Träger (Subjekte) der Sozialpolitik (im Sinne von Organisationen/Institutionen zur Fixierung und Durchsetzung von Interessen der Klassen, Schichten und sozialen Gruppen) gewinnen im Rahmen des demokratischen Zentralismus - nach einer notwendigen Periode der starken Zentralisierung von Sozialpolitik (staatliche Maßnahmen) - die Betriebe und Territorien ebenso zunehmendes Gewicht wie die konsequente Arbeit der Gewerkschaften und anderer gesellschaftlicher Organisationen.

Die komplexe Planung der sozialen Entwicklung wird durch den schnellen wissenschaftlich-technischen Fortschritt immer dringlicher. Der wissenschaftlich-technische Fortschritt zwingt zu einer immer weiteren Vorausschau im Rahmen der Planung der sozialen Entwicklung. Es kann nicht vordergründig nur um die Feststellung positiver oder auch negativer sozialer Folgen der technischen Entwicklung gehen, um dann daraus nachträglich Aufgaben abzuleiten. Vielmehr muß die komplexe, ökonomische und soziale Planung darauf gerichtet sein, gemeinsam mit der wissenschaftlich-technischen Entwicklung und mit seiner Hilfe soziale Veränderungen zielgerichtet und langfristig anzustreben.

Als Schwerpunkt der Vervollkommnung der Leitung und Planung sozialer Prozesse erweisen sich vor allem die Betriebe (Kombinate) und die Territorien. Während es in den vergangenen Jahrzehnten in der Mehrheit der sozialistischen Länder gelungen ist, eine sich an gesellschaftlichen Erfordernissen orientierende zentrale Planung auf der Ebene der Volkswirtschaft zu erreichen, erfordern die gegenwärtigen Prozesse des wissenschaftlich-technischen Fortschritts vor allem eine erhöhte Eigenverantwortung auf betrieblicher und kommunaler Ebene. Zugleich ist die Interessenübereinstimmung zwischen gesellschaftlicher, betrieblicher und kommunaler Ebene zu gewährleisten.

Mit der betrieblichen Sozialpolitik wird in differenzierter Weise auf die soziale Entwicklung und die Lebensweise der Werktätigen eingewirkt. Sie vertritt keine eng begrenzten betrieblichen Gruppeninteressen; ihr müssen aber, ausgehend von den gesamtgesellschaftlichen Interessen, die spezifischen Interessen der sozialen Gruppen der Betriebsangehörigen zugrunde liegen, da diese ein wesentliches Vermittlungsglied zwischen Gesellschaft, Klasse und Individuum darstellen.

Die erforderliche, in vielen Betrieben noch zu erreichende Komplexität betrieblicher Sozialpolitik umfaßt

- die Schaffung solcher Arbeitsbedingungen und Arbeitsinhalte, die dem Werktätigen hohe Arbeitsleistungen ermöglichen, die Arbeitssicherheit gewährleisten, die bewußte Einstellung zur Arbeit und das Schöpfertum der Werktätigen fördern und die Arbeit erleichtern;

- die Gewährleistung einer den gesellschaftlichen Erfordernissen entsprechenden und mit den Interessen der Werktätigen übereinstimmenden Gestaltung der zeitlichen Arbeitsbedingungen; das schließt vor allem die spezielle Förderung und Unterstützung der im Schichtbetrieb Arbeitenden sowie die Lösung sozialer Probleme beim Übergang zur Schichtarbeit ein;

- die Sicherung der gesundheitlichen Betreuung der Werktätigen im Betrieb, die Versorgung und soziale Betreuung der Werktätigen durch die Sozialversicherung der Arbeiter und Angestellten, die Arbeiterversorgung, den Arbeiterberufsverkehr, die betrieblichen Kindereinrichtungen, das betriebliche Wohnungswesen, den Feriendienst der Gewerkschaften und die betrieblichen Erholungseinrichtungen;

- die Gewährleistung der sozialen Förderung, Betreuung und Fürsorge für ausgewählte Gruppen von Werktätigen aufgrund spezieller gesetzlicher Regelungen (z.B. Rehabilitanden).

Die betriebliche Sozialpolitik ist vor allem Feld gewerkschaftlicher Interessenvertretung. Die betrieblichen Gewerkschaftsleitungen und -funktionäre besitzen auf der Grundlage der sozialistischen Verfassung und anderer gesetzlicher Regelungen vielseitige Rechte und Einflußmöglichkeiten, um - verbunden mit dem Kampf um hohe Leistungen in der Produktion - die Mitwirkung der Werktätigen auch bei der Gestaltung ihrer betrieblichen Arbeits- und Lebensbedingungen zu sichern.

Auch für die kommunale Ebene ist das Erreichen einer erforderlichen Komplexität das Hauptproblem, das sich vor allem aus folgendem ergibt:

a) Die sich aus der Intensivierung ergebenden Anforderungen an die Entwicklung und Nutzung des gesellschaftlichen Arbeitsvermögens sind nur in Verbindung mit dem Territorium durchzusetzen. Das betrifft keineswegs nur einen überbetrieblichen Arbeitsplatzwechsel, sondern die Notwendigkeit, eine Vielzahl sozialer Probleme - z.B. beim Übergang zur Schichtarbeit - zu lösen, beginnend bei der Versorgungs- und Verkehrsfrage bis zur sozialen, gesundheitlichen, sportlichen und kulturellen Betreuung.

b) Wesentliche Seiten der Realisierung des Zieles sozialistischer Wirtschaftspolitik, z.B. der Hebung des Lebensniveaus, vollziehen sich im Verantwortungsbereich des Territoriums. Dazu gehören vor allem die Lösung der Wohnungsfrage als soziales Problem, die Vervollkommnung der sozialen Infrastruktur (z.B. durch qualitative Entwicklung des Gesundheitswesens, der Freizeit- und Erholungsmöglichkeiten), Schonung und Gestaltung der natürlichen Umwelt, Entfaltung und Nutzung der sozialen und politisch-organisatorischen Bedingungen für gesellschaftliche Aktivität aller Bürger im Interesse des Gesamtwohls und spezifischer Bedürfnisse von Gruppen und Gemeinschaften. Das schließt aber auch die Verantwortung des Territoriums für eine den Bedürfnissen und dem Bedarf der Wohnbevölkerung entsprechende Versorgung mit Konsumgütern und Dienstleistungen ein.

c) Das Territorium trägt spezifische Verantwortung für die Gestaltung der Lebensbedingungen sozialer Gruppen, die aufgrund des Alters nicht am Arbeitsprozeß teilnehmen (Rentner Krippen-, Kindergarten-, Schulkinder usw.) und spezifischer Betreuung bedürfen (Geschädigte, alleinstehende Mütter, Familien mit mehreren Kindern) bzw. spezifischen Reproduktionserfordernissen unterliegen (Schichtarbeiter).

d) Die demographische Reproduktion - d.h. die Bevölkerungsentwicklung und Veränderung der Bevölkerungsstruktur - bildet eine entscheidende Komponente territorialer Sozialpolitik. Einerseits ergeben sich aus der demographischen Struktur und der absoluten Größe der Bevölkerung Konsequenzen für die Gestaltung materieller Lebensbedingungen (Umfang und Struktur des Wohnungsbaus, Spezifik der Infrastruktur usw.), aber auch eine den Bedürfnissen der Bevölkerungsgruppen entsprechende soziale und gesundheitliche Betreuung, kulturelle und sportliche Betätigung u.a.m.

Andererseits bestimmen Umfang und Struktur der Bevölkerung Möglichkeiten und Grenzen der quantitativen Reproduktion der Bevölkerung und des Arbeitsvermögens, setzen in Verbindung mit der Standortverteilung der Produktivkräfte Bedingungen für die Migration und damit für langfristig bestehende Anforderungen an die Gestaltung territorialer Reproduktionsbedingungen.

Generell ist davon auszugehen, daß Probleme des wissenschaftlich-technischen Fortschritts, der Intensivierung und Rationalisierung nicht von den Betrieben und Kombinaten allein zu lösen sind. Neben den bislang punktuell zu lösenden Problemen, auf Einzelprobleme und Einzelpersonen begrenzt, ergeben sich Erfordernisse der konzeptionellen Ausgestaltung der Wirtschafts- und Sozialpolitik für die einzelnen Territorien entsprechend der wirtschaftlichen Entwicklung der im Territorium ansässigen Betriebe, der Bildungs- und Beschäftigungsstruktur, der weiteren Ausgestaltung der sozialen und technischen Infrastruktur.

**Quellenverzeichnis:**

1) Vgl. hierzu Materialien des XI. Parteitages der SED, Dietz Verlag, Berlin 1986; vgl. Zur Sozialpolitik der Sozialistischen Einheitspartei Deutschlands. In: Neues Deutschland vom 29.01.1987, S. 3; vgl. Politik zum Wohle des Volkes (Zahlen und Fakten zum Thema soziale Sicherheit). In: Neues Deutschland vom 19./20.03.1988, S. 9; vgl. Manz, G., Winkler, G., Sozialpolitik, Verlag Die Wirtschaft, Berlin 1985.
2) Vgl. Leenen, W.R., Tausendundeine Definition: Was ist Sozialpolitik? In: Sozialer Fortschritt, 1/1978, S. 5; vgl. auch Lampert, H., Lehrbuch der Sozialpolitik, Berlin (W) 1985.
3) Vgl. hierzu Beitrag von Lötsch in diesem Buch, S. 13 ff.
4) Vgl. Heinrichs, W. (Hrsg.), Umfassende Intensivierung und Reproduktionstheorie, Dietz Verlag, Berlin 1987, S. 39; vgl. auch Weidig, R., Winkler, G., Einheit von Wirtschafts- und Sozialpolitik - Errungenschaft und Triebkraft des Sozialismus. In: Jahrbuch für Soziologie und Sozialpolitik 1985, Akademie-Verlag, Berlin 1985, S. 17 ff.; vgl. Weidig, R., Zur Dialektik von ökonomischem und sozialem Fortschritt. In: Jahrbuch für Soziologie und Sozialpolitik 1984, Akademie-Verlag, Berlin 1984, S. 13 ff.; vgl. Winkler, G., Ökonomisches Wachstum und soziale Entwicklung. In: Soziale Triebkräfte ökonomischen Wachstums (Schriftenreihe Soziologie), Berlin 1986, S. 97 ff.

5) Vgl. Bericht des Zentralkomitees der Sozialistischen Einheitspartei Deutschlands an den XI. Parteitag der SED, Dietz Verlag, Berlin 1986, S. 49; vgl. hierzu Koziolek, H., Reinhold, O., Über die schöpferisch theoretische Arbeit in der politischen Ökonomie des Sozialismus in der DDR, Dietz Verlag, Berlin 1987, S. 103 ff.; vgl. Heinrichs, W., Ökonomische Strategie, Reproduktionstheorie und soziale Aspekte. In: Jahrbuch für Soziologie und Sozialpolitik 1987, Akademie-Verlag, Berlin 1987, S. 54 ff.

6) Vgl. Tietze, G., Winkler, G. (Hrsg.), Sozialpolitik in Kombinaten und Betrieben, Dietz Verlag, Berlin 1988, S. 12 ff.

7) Vgl. Hahn, T., Neue praktische Fragen der Bedürfnisentwicklung und zu lösende theoretische Fragen. In: Soziologie und Sozialpolitik, Beiträge aus der Forschung, 2 Bd., 1/1987, S. 272 ff. (Hrsg.: Institut für Soziologie und Sozialpolitik der AdW der DDR); vgl. auch Engels, H., Langfristige Tendenzen und Aufgaben der Bedürfnisausbildung und -befriedigung. In: Jahrbuch für Soziologie und Sozialpolitik 1988, Akademie-Verlag, Berlin 1988, S. 335 ff.

8) Vgl. Lötsch, I., Lötsch, M., Soziale Strukturen und Triebkräfte: Versuch einer Zwischenbilanz und Weiterführung der Diskussion. In: Jahrbuch für Soziologie und Sozialpolitik 1985, Akademie-Verlag, Berlin 1985, S. 159 ff.; vgl. Lötsch, M., Lexikon der Sozialpolitik (Hrsg.; Winkler, G.), Stichwort "Differenziertheit, soziale", Akademie-Verlag, Berlin 1987, S. 127.

9) Vgl. hierzu Hahn, E., Vom Wert über Werte nachzudenken. In: Sozialismus in der DDR, Dietz Verlag, Berlin 1988, S. 24 - 47.

10) Vgl. auch Winkler, G., Soziale Sicherheit - sozialer Fortschritt, Verlag Tribüne, Berlin 1978.

11) Vgl. Steinitz, K., Wahse, J., Wirkungen der Mikroelektronik auf die Entwicklung und Nutzung des gesellschaftlichen Arbeitsvermögens. In: Jahrbuch für Soziologie und Sozialpolitik 1983, Akademie-Verlag, Berlin 1983, S. 81 ff.

12) Vgl. Miethe, H., Gewährleistung des Rechts auf Arbeit bei der Durchsetzung moderner Technologien - Grundzug sozialer Sicherheit. In: Soziologie und Sozialpolitik, Symposien und Kolloquien II (Hrsg.; Institut für Soziologie und Sozialpolitik der AdW der DDR), Berlin 1987, S. 39 ff.; vgl. Winkler, G., Neue Technologien und Sozialpolitik. In: Soziologie und Sozialpolitik, Symposien und Kolloquien II, a.a.O., S. 6 ff.

13) Vgl. hierzu auch: Speigner, W., Die Generationen der Bevölkerung und ihre Beziehungen unter demographischem Aspekt. In: Jahrbuch für Soziologie und Sozialpolitik 1988, Akademie-Verlag, Berlin 1988, S. 497 ff.

14) Vgl. Gysi, J., Familienformen in der DDR. In: Jahrbuch für Soziologie und Sozialpolitik 1988, a.a.O., S. 508 ff.; vgl. auch Beitrag in diesem Buch, S. 93 ff.

# Zur Entwicklung des Verhältnisses von Produktions- und Dienstleistungssektor in der DDR

Fred Klinger

## Vorbemerkung

Das Verhältnis von Produktion und Dienstleistungen ist für entwickelte Gesellschaften von elementarer Bedeutung. Die These von Dienstleistungs- oder Informationsgesellschaft - beides meint grundsätzlich denselben Sachverhalt - besagt nämlich nichts geringeres, als daß das Entwicklungsniveau moderner Gesellschaften an der Entwicklung des dienstleistenden Sektors ablesbar sei. Dienstleistungen bilden eine grundsätzliche Voraussetzung und Realisierungsbedingung für wirtschaftliche Tätigkeiten anderer Art, und sie sichern darüberhinaus die notwendige soziale Infrastruktur, ohne deren Leistungen das subtile Zusammenspiel einer hochgradig differenzierten Arbeits- und Lebenswelt nicht gewährleistet werden könnte. Grundsätzlich gelten solche Überlegungen auch für die DDR als dem im RGW-Bereich technisch und ökonomisch entwickeltsten Staat. Der nachfolgende Beitrag versucht daher, einige Aspekte des Verhältnisses zwischen Produktion und Dienstleistung in der DDR aus der Perspektive von Modernisierungserfordernissen zu untersuchen.

## 1. Das Elend der Definition - die Dienstleistung

Anders als die gewerbliche Produktion sind die Dienstleistungen nur schwer eindeutig zu charakterisieren und gegenüber wirtschaftlichen Tätigkeiten anderer Art zureichend abzugrenzen. Denn sie umfassen so verschiedene Arbeiten wie beispielsweise die Betreuung einer Reisegruppe oder die Entwicklung einer Softwarelösung, die Wartungstätigkeit eines Maschinenschlossers oder die Seelsorge, die Arbeitsplatzgestaltung durch den Organisationsentwickler oder die medizinische Betreuung. Wodurch also unterscheidet sich die Dienstleistung von anderen Formen der Arbeit?

Als wesentliches Unterscheidungsmerkmal wird in der wirtschafts- und sozialwissenschaftlichen Literatur häufig hervorgehoben, daß es sich bei der Dienstleistung um eine immaterielle Leistung handelt. Dem "Lexikon der Wirtschaft" (DDR) zufolge sind Dienstleistungen Tätigkeiten, "die weder materielle Güter schaffen noch austauschen". (1) Auch in der westlichen Literatur wird darauf hingewiesen, daß die dienstleistende Tätigkeit ihre Arbeitsleistung "ohne Zusammenschaltung mit einem Produkt" erbringt. (2) In Vahlens Großem Wirtschaftslexikon wird beispielsweise an erster Stelle als Wesensmerkmal die "Immaterialität" der dienstleistenden Arbeit genannt, die durch fehlende "Lagerfähigkeit", "Transportierbarkeit", "Wiederverkäuflichkeit" u.a.m. gekennzeichnet sei. (3)

Gewiß ist es naheliegend, wenn in Anschauung klassisch industrieller oder dienstleistender Tätigkeiten - beispielsweise die Maschinenbedienung eines Produktionsarbeiters oder die Arbeit eines Rechtsanwalts - das typische Merkmal der Dienstleistung darin gesehen wird, daß ihr der stofferzeugende oder -bearbeitende Aspekt fehlt. Aber abgesehen davon, daß Negativabgrenzungen immer eine Hilfskonstruktion darstellen, weil sie die positive Merkmalsbestimmung offen lassen, erweist sich auch dieses Unterscheidungskriterium selbst bei näherem Hinsehen als keineswegs stichhaltig. Betriebliche Anwendungssoftware, die maßgeschneidert für die Automatisierung eines Fertigungsprozesses entwickelt wurde, muß einerseits zu Recht als Dienstleistung eingestuft werden, sie ist andererseits aber nur dann anwendbar, wenn sie sich am Ende des Entwicklungsprozesses in einem Produkt, in einem elektronischen Datenträger verkörpert. Und selbst wenn man diesem Produkt den materiellen Charakter bestritte, es kann zumindest gelagert und transportiert werden, man kann es verkaufen und bei Bedarf immer wieder benutzen. Ein Produkt der bildenden Kunst ist ebenso wie die Arbeit eines Schneiders gegenständlich gebunden, obwohl beide Tätigkeiten als Dienstleistung gelten. Umgekehrt nehmen Produktionstätigkeiten, die gemeinhin mit der Herstellung und Bearbeitung von Gütern befaßt sind, unter modernen Fertigungsbedingungen der informationstechnischen Automatisierung der Tendenz nach ein Erscheinungsbild an, die sie erheblich von herkömmlichen industriellen Verrichtungen unterscheiden. Die Systembediener automatisierter Anlagen kommen häufig mit dem gegenständlichen Produkt ihrer Tätigkeit gar nicht mehr in Berührung. Weil die automatisierten Fertigungsmittel die komplette Bearbeitung eines Fertigungs- oder Montagevorgangs übernehmen, werden die Arbeits- und Maschinenzeit zunehmend entkoppelt. Der menschliche Leistungsbeitrag tritt mehr und mehr in höchst immateriellen Verrichtungen wie der Kontrolle, Wartung und flexiblen Prozeßgestaltung des automatisierten Systems in Erscheinung. Gerade die moderne produktionsdurchführende Arbeit, mithin der Kernbereich materieller Güterherstellung schlechthin, erhält, wie in der jüngeren Industriesoziologie hervorgehoben wird, einen zunehmenden "Dienstcharakter". (4)

Stellt man solche Entwicklungen und die genannten Einwände in Rechnung, dann sind offenkundig Unterscheidungskriterien, die implizite vom Gegenstandsbezug industriell produzierender Arbeit, vom "materiellen Produkt" ausgehen, heute obsolet geworden. Unabhängig davon, ob sich die dienstleistende Arbeit auf Personen oder Sachen bezieht, ob sie sich in einem Produkt materialisiert (oder doch zumindest nicht losgelöst von ihm gedacht werden kann), scheint das Spezifische der Dienstleistung in ihrer wirtschaftlichen **Funktion** zu liegen, also darin, was sie für die Realisierung wirtschaftlicher oder sozialer Zwecke funktional leistet. Betrachtet man nur die konkrete Tätigkeit als solche, dann handelt man sich nicht nur definitorische Unschärfen ein, die dann pragmatisch durch willkürliche Zuordnung eleminiert werden müssen, man gewinnt damit auch kein zureichendes Bild über den Stellenwert und die Entwicklungsdynamik der dienstleistenden Arbeit. Eine - im weitesten Sinne - funktions- bzw. systemorientierte Betrachtungsweise stellt hingegen die wirtschaftlichen oder sozialen Wirkungszusammenhänge in Rechnung, in die die dienstleistende Arbeit als eine besondere funktionale Komponente eingelagert ist. Der vorgeordnete wirtschaftliche oder soziale Kontext bilden den Bezugspunkt für ein weitergreifendes Verständnis. In diesem Sinne ergeben sich vor allem zwei Grundmerkmale der Dienstleistung, die als eine definitorische Annäherung begriffen werden können:

1. Die dienstleistende Tätigkeit hat es - zumindest unter modernen Wirtschaftsbedingungen - primär mit der Erzeugung, Vermittlung oder Anwendung von Wissen zu tun. (5)

   Die Bedeutungsexplosion des Wissens in der moderen Gesellschaft, an der u.a. Daniel Bell das charakteristische Entwicklungsmoment des Post-Industrialismus (der dienstleistenden Gesellschaft) festmachte, hängt keineswegs nur mit den ökonomischen Verwertungschancen zusammen, die sich aus wissenschaftlichen bzw. ingenieurtechnischen Kenntnissen erschließen. Vielmehr ergibt sich aus der wachsenden **Komplexität** wirtschaftlicher, sozialer und anderer Prozesse, d.h. aus der wachsenden Verknüpfung und Wechselwirkung zwischen den einzelnen Prozeßelementen, ein ungeheurer Bedarf an qualifiziertem und spezialisiertem Erfahrungswissen schlechthin. Als Tätigkeit, die Wissen erzeugt oder anwendend verarbeitet, sichert die Dienstleistung die Entwicklungsdynamik und Kontinuität von wirtschaftlichen und sozialen Prozessen. Sie bildet deren Realisierungsbedingung. (6)

2. Spezifisch für die dienstleistende Arbeit ist ihre Individualität und Variabilität. Sie trägt besonders unverwechselbare Merkmale und verlangt daher vom Dienstleistenden ein hohes Maß an eigenständiger Gestaltung. (7)

   Ebenso wie beim Maßschneider besteht beispielsweise auch beim informationstechnischen Systementwickler der entscheidende Leistungsbeitrag nicht im materiellen Substrat seiner Tätigkeit, sondern darin, daß für eine spezifische und unverwechselbare Problemsituation eine Lösung erarbeitet wird. Die Tätigkeit eines Sozialarbeiters oder Arztes mag zwar typische Merkmale von Routine des jeweiligen Fachgebietes aufweisen, sie muß jedoch grundsätzlich immer von individuellen und unverwechselbaren Problemsituationen ausgehen. Gerade deshalb sind dienstleistende Tätigkeiten nur in begrenztem Maße formalisierbar bzw. industrialisierbar, d.h. sie können kaum durch eindeutige und standardisierte Bearbeitungsregeln definiert und damit maschinell bearbeitet werden. Gerade dann, wenn dies durch technische und technologische Fortschritte ermöglicht wird, hört die davon betroffene Tätigkeit auf, eine typische Dienstleistung zu sein.

In Ansätzen hat der DDR-Ökonom Helmut Koziolek bereits Ende der 70er Jahre einen funktionsorientierten Ansatz zum Verständnis der Dienstleistung entwickelt, indem er die Bedeutung der Dienstleistung aus ihrer Stellung und aus ihrem Leistungsbeitrag für den Prozeß der materiellen Produktion zu verstehen versuchte. (8) Zusammen mit Ostwald und Stürz hat er in jüngerer Zeit diese Betrachtungsweise zum Begriff der (sozialen und technischen) Infrastruktur weiterentwickelt. Koziolek und Mitautoren definieren in diesem Zusammenhang: "Wir verstehen (unter den Leistungen der Infrastruktur - F.K.) jene indirekt wirkenden Elemente der Reproduktion, die stofflich nicht unmittelbar (...) oder nur in geringem Maße in die erzeugten gegenständlichen Gebrauchswerte eingehen, aber unabdingbar sind für das Funktionieren der gesellschaftlichen Produktion und Reproduktion sowie für die unmittelbare Befriedigung konsumtiver Bedürfnisse der Bevölkerung." (9) Im "Unterschied zu stofflich gegenständlichen Gebrauchswerten, die durch die produktive Arbeit der Werktätigen in den Bereichen der materiellen Produktion geschaffen werden", handelt es sich bei diesen Leistungen der technischen und sozialen Infrastruktur "im wesentlichen um Dienste und Leistungen." (10) Deren wachsendes Gewicht und expansive Tendenz wird auch für die sozialistische Gesellschaft konstatiert. "Die bisherige Entwicklung und absehbare künftige Tendenzen lassen erkennen, daß mit der weiteren Gestaltung der entwickelten sozialistischen Gesellschaft nicht nur die Produktion und der Verbrauch von materiellen Produkten zunehmen, sondern auch von Diensten und Leistungen - materiellen, sozialen, kulturellen und persönlichen." (11)

## 2. Von der Produktions- zur Dienstleistungsgesellschaft

Koziolek und Mitautoren haben mit dem Begriff der technischen und sozialen Infrastruktur in jüngster Zeit einen ideologischen Schnitt vollzogen, der diverse Lesarten der marxistisch-leninistischen Orthodoxie zur Frage der Dienstleistungen überwindet. Das ist von grundlegender Bedeutung. Denn mit der These, daß die "Infrastruktur ... mit ihrer allgemeinen Dienstleistungsfunktion einen eigenen, aktiven Beitrag zur Intensivierung der Produktion (leistet)" (12), wird erstmalig im DDR-Schrifttum eine **funktionale Gleichrangigkeit** der Dienstleistungssphäre behauptet, die bislang unbekannt war. Vor allem die nicht-produktiven, d.h. die nach orthodoxem Verständnis nicht wertschöpfenden, sondern nur wertverbrauchenden Dienstleistungen galten noch bis vor kurzem als sekundäres Element und als Kostgänger der materiellen Produktion, die allein den zentralen Orientierungspunkt der Wirtschaftspolitik bildete und die gesellschaftliche Entwicklungsdynamik bestimmte. Diese theoretischen Öffnungen des marxistisch-leninistischen Selbstverständnisses können als ein Versuch gewertet werden, dem wachsenden quantitativen und qualitativen Gewicht der dienstleistenden Tätigkeit Rechnung zu tragen und zeitgemäßere Interpretationsformeln anzubieten.

Der in der westlichen (Wirtschafts-)Soziologie seit langem thematisierte Wandlungsprozeß von der industriellen zur dienstleistenden Gesellschaft drückt sich sozialstrukturell im relativen Anstieg der im Dienstleistungssektor beschäftigten Erwerbspersonen und ihrem Rückgang in der gewerblichen Produktion aus. Das zeigt Schaubild 1, das für verschiedene entwickelte Länder diese sozialstrukturelle Entwicklung als typischen Entwicklungsverlauf ausweist.

**Schaubild 1:** Veränderung der Beschäftigtenzahl im Dienstleistungs-, Industrie- und Agrarsektor; Indexzahlen, 1961 = 100

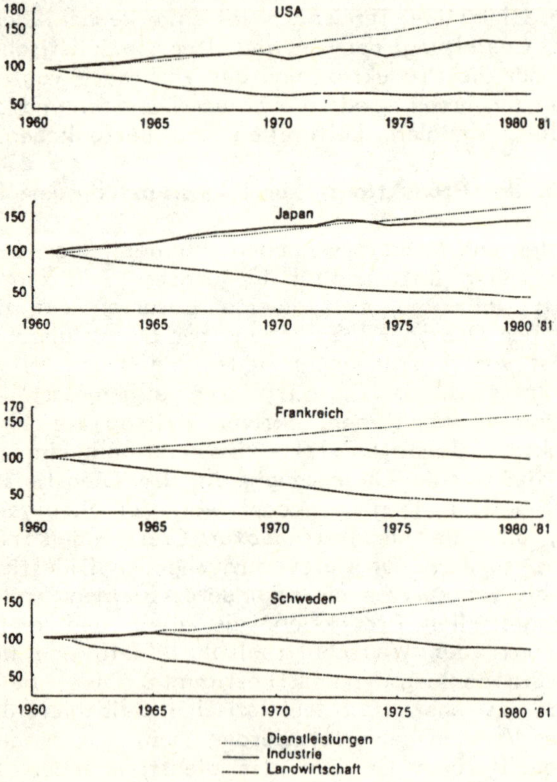


Quelle: Vgl. Anm. 13)

Vergleicht man die beiden deutschen Staaten, dann zeigt sich im Falle der DDR eine Tendenz zur sozialstrukturellen Beharrung im Bereich der gewerblichen Produktion und eine nur bescheidene Aufwärtsentwicklung im Dienstleistungsbereich.

**Tabelle 1:** Beschäftigtenanteile in Sektor gewerbliche Produktion (GP) und Dienstleistung (DL) in BRD und DDR, Gesamtbeschäftigte = 100 %

| | DDR | | BRD | |
|---|---|---|---|---|
| | GP | DL | GP | DL |
| 1970 | 41,1 | 22.0 | 40,2 | 24,7 |
| 1980 | 41,3 | 24,6 | 36,1 | 31,5 |
| 1983 | 41,1 | 25,2 | 34,2 | 34,0 |

Quelle: Vgl. Anm. 14)

Die hier genannten Zahlen geben allerdings nur ein verzerrtes Abbild der sozialen Wirklichkeit wieder. Die Zuordnung der Beschäftigten zu den jeweiligen Wirtschaftssektoren ist nämlich insofern korrekturbedürftig, als sich die Entwicklung der Dienstleistungsgesellschaft ja auch innerhalb des Sektors der gewerblichen Produktion selbst vollzieht und nicht auf den nur statistisch definierten Dienstleistungssektor beschränkt bleibt. Eine Vielzahl von Tätigkeiten im Bereich der gewerblichen Produktion - beispielsweise Service- und Marketingfunktionen, Tätigkeiten im Bereich von betrieblicher Organisation und Qualifizierung tragen einen mehr oder weniger stark ausgeprägten Dienstleistungscharakter. Insofern könnten genauere sozial- und arbeitsstatistische Befunde über die Beschäftigungsstrukturen in den Industriekombinaten der DDR zu anderen empirischen Ergebnissen führen. Darüberhinaus muß davon ausgegangen werden, daß solche Dienstleistungsfunktionen innerhalb der gewerblichen Produktion Ost wie West unterschiedlich stark ausgeprägt sind. Ohne daß es hierzu empirische Daten gäbe, darf mit Gründen unterstellt werden, daß beispielsweise systembedingt die Marketing- und

Servicefunktionen der DDR-Kombinate weniger stark entwickelt sind als in vergleichbaren bundesdeutschen Unternehmen. Ein anderer systembedingter Einfluß in der DDR, der hohe Anteil der Beschäftigten im Reparatur- und Instandhaltungsbereich, darf wiederum nicht als Indikator eines fortgeschrittenen produktionstechnischen Niveaus interpretiert werden, sondern drückt eher das Gegenteil aus: die problematische Veralterung des Maschinen- und Anlagebestandes der DDR-Industrie dürfte aufgrund der Störanfälligkeit entsprechend hohe Beschäftigtenanteile des Reparatur- und Instandhaltungspersonals erfordern. (15)

Solche systembedingten Einflüsse schränken den Aussagewert eines sozialstrukturellen Vergleichs zwar ein, sie erschüttern aufgrund der erheblichen Unterschiede - sozialstrukturell gleicht die heutige DDR in etwa der Bundesrepublik um 1970 - seine Grundaussage: wenn man von den oben skizzierten, global wirksamen Antriebskräften ausgeht, die den Wandel zur Dienstleistungsgesellschaft bewirken, dann wird eine industriell hochentwickelte Gesellschaft wie die der DDR nicht umhinkönnen, sich vergleichbaren sozial-ökonomischen Entwicklungen zu öffnen. Wirtschafts- und gesellschaftspolitisch ist ein solcher Entwicklungsverlauf durch die einseitige Fixierung auf den Bereich der materiellen Produktion bislang stark behindert worden. Die DDR-Gesellschaft verharrt gewissermaßen noch auf der Niveaustufe eines industrialistischen Entwicklungsmusters, während sich in den entwickelten Gesellschaften des Westens ein Prozeß sozialer Modernisierung vollzieht, der sich vor allem in der Entwicklung der dienstleistenden Arbeit manifestiert. (16)

## 2. Von der Messung des Nichtmeßbaren: Produktion und Dienstleistung in der gesamtwirtschaftlichen Leistungsbewertung der DDR

Die sozialistische Berechnungsmethode der gesamtwirtschaftlichen Leistung geht bislang davon aus, daß nur die materielle Güterherstellung und produktive Leistungen, die der Sphäre der materiellen Produktion zugeordnet werden können, einen Beitrag zur volkwirtschaftlichen Wertschöpfung leisten. Ein Großteil der verschiedensten Dienstleistungen, die wie Wissenschaft und Ausbildung, Gesundheitswesen, Kultur oder kommunale Dienste zur "sozialen Infrastruktur" gehören, erzeugen nach diesem Verständnis keine Werte, sondern stellen einen gesamtwirtschaftlichen Kostenfaktor dar. Durch gesellschaftliche Umverteilung, vor allem über den Staatshaushalt, werden die im Dienstleistungsbereich anfallenden Kosten aus den wertschöpfenden produktiven Sektoren der materiellen Produktion abgedeckt. (17)

Als Wachstumsfaktor bleibt ein Großteil der Dienstleistungen bei der Berechnung der volkswirtschaftlichen Gesamtleistung mithin ausgespart. Er taucht - geht man von der Kennziffer des Nationaleinkommens aus, durch die die Wertschöpfung der DDR-Wirtschaft ausgedrückt wird - in aggregierter Form nur auf der Verwendungsseite des Nationaleinkommens auf. Die westliche Berechnung des Sozialprodukts, die methodisch nicht vom materiellen Produkt, sondern vom Marktprozeß, d.h. vom Verkauf (Umsatz) von Gütern und Leistungen beliebiger Art ausgeht, berücksichtigt hingegen die Dienstleistungen als Faktor der Wertschöpfung ebenso wie andere wirtschaftliche Tätigkeiten. Das nachfolgende Schaubild 2) zeigt in Kurzform die jeweils gültigen Berechnungsmethoden der volkswirtschaftlichen Gesamtberechnung in der Bundesrepublik (bzw. für Marktwirtschaften) und in der DDR (bzw. für sozialistische Planwirtschaften).

**Schaubild 2:** Berechnungsmethoden der volkswirtschaftlichen Gesamtleistung (18)

| B R D | D D R |
|---|---|
| Verkäufe<br>+ selbsterstellte Anlagen<br>+ Änderungen der Vorräte | Produktion von materiellen Gütern und produktiven Leistungen<br>+ Änderung der Vorräte |
| = **Produktionswert**<br>- Produktionskosten (das sind Vorleistungen) | = **Gesellschaftliches Gesamtprodukt**<br>- Verbrauch an Material und produktiven Leistungen (Vorleistungen) |
| = **Bruttoinlandprodukt**<br>+ Nettoeinkommen aus dem Ausland | = **Volkswirtschaftliches Endprodukt**<br>- Abschreibungen (Wertminderung des Anlagevermögens durch Verschleiß und Veralten) |
| = **Bruttosozialprodukt** (zu Marktpreisen)<br>- Abschreibungen (d.h. Wertminderung des Anlagevermögens durch Verschleiß und Veralten) | = **Nettoprodukt**<br>Verrechnungen für den Produktionsverbrauch (Preissubventionen für den Materialverbrauch) |
| = **Nettosozialprodukt** (zu Marktpreisen)<br>- indirekte Steuern (z.B. Mehrwertsteuer, Mineralölsteuer)<br>+ Subventionen (z.B. Betriebsbeihilfen an die Bundesbahn) | = **Produziertes Nationaleinkommen** |
| = **Volkseinkommen**<br>und zwar<br>Einkommen aus unselbständiger Arbeit, Einkommen aus Unternehmertätigkeit und Vermögen. | |

Die theoretische Grundlage der sozialistischen Berechnungsmethode bilden eine Reihe von Bestimmungen, die Karl Marx zum Charakter der produktiven Arbeit gab. Betrachtet man diese klassischen Positionen der politischen Ökonomie etwas genauer, dann scheint allerdings außerordentlich fragwürdig zu sein, die Marxschen Ausführungen zur theoretisch-ideologischen Berufungsgrundlage zu wählen.

Zunächst wäre zu bemerken, daß auch Karl Marx historisch interpretiert werden muß. Er selbst war notwendigerweise bei aller Fähigkeit zur theoretischen Reflexion im zeitgenössischen Denken seiner Epoche verankert und damit auch in seiner Wahrnehmung befangen. Neben den theoretischen Bestimmungen, die ihn dazu veranlaßten, nur die vom Kapital vernutzte (industrielle) Arbeit als produktiven, d.h. wertbildenden Faktor einzustufen, (19) läßt sich bei Marx auch eine unterschwellig wirksame Sichtweise erkennen, die zu den typisch bürgerlichen Auffassungen des 18. und frühen 19. Jahrhunderts gehörte. Dieser Sichtweise entsprach es, daß als wirtschaftlich nutzlos galt, was nicht den asketischen Sparsamkeitsgeboten der unternehmerischen Gewinnmaximierung entsprach. Was nicht dem rastlosen Einsatz von Zeit, Energie und Mitteln für die Zwecke der industriellen Akkumulation diente, stellte moralisch gesehen eine parasitäre Verschwendung dar. Max Weber hat bekanntlich diese sozial-kulturellen und sozial-psychischen Einflüsse eines protestantischen Ethos der Wirtschaftsgesinnung als motivationalen Unterbau der frühen Industrialisierung darzustellen versucht. So hieß es denn beispielsweise mit Seitenblick auf die Verschwendungssucht des absolutistischen Adels: "Auch die Arbeit einiger angesehener Berufsstände in einer Gesellschaft ist, wie die der Dienstboten, unproduktiv. Sie drückt sich nicht in einem dauerhaften Gegenstand oder verkäuflichen Gut aus, das auch nach abgeschlossener Arbeit forbesteht und für das man später wieder die gleiche Leistung erstehen könnte. Als unproduktiv können zum Beispiel die Tätigkeit des Herrschers samt seiner Justizbeamten und Offiziere, ferner das Heer und die Flotte angesehen werden. Sie alle dienen dem Staat und leben von einem Teil des Ertrages, den andere Leute übers Jahr hin durch ihren Erwerbsfleiß geschaffen haben. (...) In die gleiche Gruppe muß man auch einige andere Berufe einreihen, die äußerst wichtig und bedeutend oder sehr anrüchig sind: zum einen Geistliche, Rechtsanwälte, Ärzte und Schriftsteller aller Art, zum anderen Schauspieler, Clowns, Musiker, Opernsänger und Operntänzer." (20) Als produktiv galt hingegen alle gewerblich produzierende und kaufmännische Tätigkeit, mithin die Arbeit deren, die die Expansion der entstehenden Industrie vorantrieben. Daß der hier zitierte Adam Smith ausgerechnet einige Leistungen der, um mit Koziolek zu sprechen, "sozialen Infrastruktur" als unproduktiv einstufte, lag schlichtweg daran, daß es sich dabei um das kostspielige Privatvergnügen diverser "Herrscher" handelte.

Marx, der insbesondere auf der Arbeitswertlehre von Adam Smith aufbaute, schrieb dieses frühbürgerliche Vorurteil in seinem Oeuvre fort, ein Aspekt, der an vielen Stellen seines Werkes zur Geltung kommt, hier jedoch nicht weiter verfolgt werden soll. Theoretisch ging Marx in seiner Arbeitswertlehre, die er als dynamische Theorie konzipierte, aber einen entscheidenden Schritt weiter. Gerade weil er die Markt- und Konkurrenzdynamik des frühen Kapitalismus erkannte, war es ihm auch klar, daß sich dessen Wirtschaftsform insgesamt ausdehnen und sich zu immer komplexeren Beziehungen des arbeitsteiligen Wirtschaftsverkehrs erweitern mußte. Was zuvor noch als unproduktive Arbeit eingestuft werden mußte, mochte im Zuge der marktförmigen Expansion des Verwertungsprozesses zum Teilelement der produktiven Arbeit werden. In dem Maße, wie sich die marktförmige Kooperationskette dynamisch erweiterte, war es nämlich seiner Auffassung nach auch "nicht mehr nötig, selbst Hand anzulegen ...", um "produktiv zu arbeiten". Es genüge vielmehr, "Organ des Gesamtarbeiters zu sein, irgendeine seiner Unterfunktionen zu vollziehen." (21) Seine Bestimmungen zur produktiven Arbeit als aus "der Natur der materiellen Produktion selbst abgeleitet", seien daher "wahr für den Gesamtarbeiter, als Gesamtheit betrachtet." (22)

Zweifellos ließe sich auf dieser theoretischen Grundlage ein modernes, den heutigen Wirtschaftsbedingungen angemessenes Verständnis über die Wechselbeziehungen zwischen Produktion und Dienstleistungen in sozialistischen Systemen entwickeln, das der strategischen Innovations- und Vermittlungsfunktion des tertiären Sektors Rechnung trüge. Hier klafft eine bedeutende Leerstelle im fachwissenschaftlichen Verständnis der DDR, das in dieser Hinsicht und vorwiegend ideologisch bedingt, noch auf den theoretischen Prämissen des frühbürgerlichen Denkens verharrt. Denn unter entwickelten Wirtschaftsbedingungen, deren "axiales Prinzip" (Daniel Bell) vor allem auf der Nutzung des (theoretischen) Wissens für die Innovation und für die Steuerung sozialer Prozesse aufbaut, stellen wirtschaftliche Leistungsberechnungen, die noch vom materiellen Produkt ausgehen, einen offenkundigen Anachronismus dar. Nach genaueren Schätzungen werden beispielsweise in den USA nur noch 13% der Erwerbstätigen der gewerblichen Produktionsarbeit zugerechnet. (23)

Der DDR-Ökonom Klaus Steinitz hat in diesem Zusammenhang erst unlängst auf den problematischen Aussagewert der Kennziffer "Nationaleinkommen" hingewiesen und betont, daß mit ihr "die Leistungskraft der Volkswirtschaft nur sehr allgemein und nicht vollständig (zu) charakterisieren" sei. (24) So kämen u.a. die geistigen, kulturellen und sozialen Leistungen wie etwa Bildung und Qualifikation, Grundlagenentwicklung und Softwareentwicklung "nicht als Bestandteil und Resultat des Wachstums zum Ausdruck". Steinitz schlägt daher die Entwicklung zusätzlicher gesamtwirtschaftlicher Leistungskennziffern vor, die die Ergebnisse, Dynamik und Aufwandsgrößen des wirtschaftlichen Wachstum besser darstellen als das bisherige Instrumentarium der Gesamtberechnung. Ein Bericht über eine Fachtagung des Zentralinstituts für Wirtschaftswissenschaften der DDR zu diesem Thema unterstreicht diese Positionen von Steinitz und verdeutlicht die aktuelle Diskussionsrichtung. So wurde u.a. hervorgehoben, daß sich bisher die "kennziffermäßige Darstellung des Wirtschaftswachstums anhand der Größe und Dynamik des Nationaleinkommens auf den Nachweis der Berufstätigen im produzierenden Bereich (reduzierte). Der nichtproduzierende Bereich erschien in diesem Zusammenhang nicht als direkter Teilhaber an der Wirtschaftskraft eines Landes, sondern einseitig als deren Verbraucher". Dieser Bereich würde jedoch einen "eigenständigen Beitrag" zum Lebensniveau und zur Produktivkraftentwicklung erbringen. Unter Einbeziehung dieses bislang für die Leistungsentwicklung unberücksichtigten Sektors könne das "gesellschaftliche Gesamtprodukt bzw. das Nationaleinkommen zu volkswirtschaftlichen Gesamtleistungskennziffern weiterentwickelt (werden)". (26)

Solche durch die Berücksichtigung des Dienstleistungssektors angemesseneren Berechnungsmethoden, die - wie ein Tagungsteilnehmer meinte - "bestimmte Ähnlichkeiten mit den Hauptkennziffern der bürgerlichen volkswirtschaftlichen Gesamtrechnung (auf)weisen" (27), würden in der Tat nicht nur zu aussagekräftigeren Zahlen der realen Wirtschaftsleistung der DDR führen, sondern auch das methodische Dilemma des wirtschaftlichen Ost-West-Vergleichs mindern helfen. Die Unterschiede in der statistischen Abgrenzung und Methode der volkswirtschaftlichen Gesamtrechnung erschweren erheblich entsprechende Vergleichsrechnungen. Denn erst durch umständliche Umrechnungen auf die eine oder andere Berechnungsmethode kann man im Sinne einer Annäherung einen ungefähren, wenn auch interpretationsbedürftigen Vergleich des volkswirtschaftlichen Gesamtgeschehens durchführen.

Nach westlicher Berechnungsmethode ergeben sich für die DDR und für die Bundesrepublik die nachfolgenden Wertanteile des produzierenden Gewerbes (ohne Baugewerbe) und des Dienstleistungssektors (einschließlich Staat). Sie weisen für die DDR, statistisch gesehen, eine rückläufige, zumindest eine stagnierende Wertschöpfung im Dienstleistungsbereich auf.

**Tabelle 2:** Anteile der gewerblichen Produktion (GP) und Dienstleistung (DL) in der BRD und DDR; Bruttoinlandsprodukt = 100%

| | DDR | | BRD | |
|---|---|---|---|---|
| | GP | DL | GP | DL |
| 1970 | 55,8 | 18,7 | 49,7 | 34,0 |
| 1980 | 60,8 | 16,3 | 46,1 | 39,0 |
| 1983 | 62,7 | 15,8 | 44,1 | 41,0 |

Quelle: Anm. (28)

Wichtig zur Bewertung dieser Zahlen ist vor allem die Tatsache, daß aufgrund des vergleichsweise niedrigen Lohn- und Gehaltsniveaus in der DDR eine Vielzahl der personalintensiven Dienstleistungen in ihrem Wert zu niedrig bewertet werden und deshalb für die Zwecke eines Vergleichs nach westlicher Berechnungsmethode aufgewertet werden müßten.

Indirekt spiegelt sich hier eine weitere und bislang ungelöste methodische Problematik, die für die Berechnungsmethoden der volkswirtschaftlichen Gesamtrechnung in Ost und West generell gilt: Beide Rechensysteme, das sozialistische nur in wesentlich höherem Maße, sind nämlich einem industrialistischen Weltbild verpflichtet, das schon längst von der wirtschaftlichen Wirklichkeit überholt worden ist. In der westlichen Sozialproduktsrechnung gehen z.B. die meisten der staatlich finanzierten Dienstleistungen in ihrem Wertbeitrag nur in Höhe des Aufwands, d.h. im wesentlichen: als Personalkosten, in die Gesamtrechnung ein. Das führt statistisch gesehen zu einer gravierenden Unterbewertung der Leistungen in den neuen strategischen Wachstumssektoren wie beispielsweise Bildung und Wissenschaft. Andererseits wird jedoch jede beliebige Markttransaktion, gleichgültig ob es sich um die (in Wirklichkeit kostenverursachende) Herstellung umweltschädlicher Produkte oder um Zahnpasta-Reklame handelt, zu ihrem Marktwert, d.h. über den Preis berücksichtigt. Anders ausgedrückt: bedeutsame Leistungssektoren, die die Entwicklung zur Dienstleistungsgesellschaft entscheidend prägen und ihre Potenzen bestimmen, werden zugunsten beliebiger Markttransaktionen stark unterbewertet. Unter modernen Wirtschaftsbedingungen muß dieser Umstand die Aussagekraft gesamtwirtschaftlicher Leistungsmessungen empfindlich einschränken. (29) Ob die Fachwissenschaft der DDR bei ihren neuen Überlegungen für diese Problematik einen tragfähigeren und innovativen Zugang anzubieten vermag, wird abzuwarten sein. Auf jeden Fall ergäbe sich jedoch auf diesem Gebiet der Revision und theoretischen Kritik veralteter industrialistischer Sichtweisen ein fruchtbares Terrain des wissenschaftlichen Dialoges zwischen Ost und West, der freilich den engen Rahmen einer fachdisziplinären Diskussion weit hinter sich lassen müßte.

## 4. Probleme im Versorgungsniveau der DDR-Bevölkerung mit Dienstleistungen

Ein Großteil der Versorgung der DDR-Bevölkerung mit Dienstleistungen, so etwa im Bildungs- und Gesundheitsbereich, werden über staatliche Mittel finanziert oder wie in anderen Bereichen erheblich bezuschußt. Die Versorgung mit **bezahlbaren** Dienst- und Reparaturleistungen erfolgt in hohem Maße über das Handwerk, das mit einem Anteil von mehr als zwei Dritteln an diesem Versorgungsbereich beteiligt ist. Über die Dienstleistungen und Reparaturen des Handwerks und seinen Beitrag für den privaten Konsum geben die nachfolgenden Tabellen 3 und 4 einen Überblick

**Tabelle 3:** Dienstleistungen und Reparaturen des DDR-Handwerks

| | Dienstleistungen und Reparaturen | davon: für die Bevölkerung |
|---|---|---|
| 1983 | 6,17 Mrd M | 3,96 Mrd M |
| 1985 | 6,66 Mrd M | 4,37 Mrd M |

**Tabelle 4:** Dienstleistungen und Reparaturen für die Bevölkerung insgesamt

| | Gesamtsumme in Mrd M | pro Kopf im Jahr in Mark | davon Anteil des Handwerks in % |
|---|---|---|---|
| 1983 | 5,84 Mrd M | 394,88 M | 68 % |
| 1985 | 6,52 Mrd M | 391,52 M | 67 % |

Quelle: Anm. 30)

Da eine statistische Abgrenzung von Handwerksleistungen insgesamt und solchen für die Bevölkerung in der Bundesrepublik nicht vorgenommen wird, wurden für die nachfolgende Tabelle 5 die Umsatzzahlen jener Handwerksbereiche zusammengestellt, die in der Bundesrepublik eine im Vergleich zu DDR-Betrieben ähnliche Leistung anbieten (Schneiderei, Körperpflege, Textilreinigung etc.).

**Tabelle 5:** Dienstleistendes und reparierendes Handwerk in der Bundesrepublik Deutschland

| | Summe in Mrd DM | pro Kopf im Jahr in DM |
|---|---|---|
| 1983 | 114,5 Mrd M | 1864,- DM |
| 1985 | 115,9 Mrd M | 1899,- DM |

Quelle: Anm. 31)

Die jeweiligen Pro-Kopf-Verbrauchszahlen weisen überschlägig betrachtet auf das relativ unterentwickelte Niveau dieses Dienstleistungsbereichs in der DDR hin und verdeutlichen den starken Nachholbedarf. Wenn in diesem Zusammenhang von Kozioloek und Mitautoren behauptet wird, daß für die "Mehrzahl der hauswirtschaftlichen Dienstleistungen (in Wäschereien, Nähereien, Reparaturwerkstätten für Konsumgüter) eine stabile, bedarfsgerechte Versorgung gesichert (ist)" (32), dann muß diese Aussage als falsch klassifiziert werden. Gerade zu diesem Thema finden sich in DDR-Publikationen eine Vielzahl von kritischen Hinweisen auf bisweilen nachhaltige Versorgungsengpässe. Wenn beispielsweise das volkseigene Kombinat "Textilreinigung" in Halle den Reinigungsauftrag eines Schulhortes damit beantwortet, daß man den Auftrag nur dann übernehmen können, wenn der Kunde zwei Arbeitskräfte für das Zweischichtsystem abstelle (33), so handelt es sich hier keineswegs um einen absonderlichen Einzelfall. Kritische Berichte in der Tagespresse, Glossen und Witzeleien in der Bevölkerung spiegeln vielmehr den Dauerzustand einer quantitativ wie qualitativ unzureichenden Versorgung wieder. (34) Das wird, wenn auch diplomatisch formuliert, ebenfalls von hochoffizieller Seite eingeräumt. In den Presseinformationen des Ministerrates der DDR hieß es unlängst zu diesem Thema: "Der Bedarf übersteigt vielerorts gegenwärtig noch das Angebot an Dienstleistungen und Reparaturen, allzuoft bleiben Wünsche offen." (35)

Diese Mängel des Versorgungsniveaus reduzieren sich keineswegs nur auf das, was sie zunächst einmal und handgreiflich sind:

ein fortlaufendes Ärgernis für den Konsumenten. Solche Schwachstellen und Engpässe der Infrastruktur stellen vielmehr auch ein sozial-ökonomisches Wachstumshemmnis dar. Die so häufig in der DDR hervorgehobenen Modernisierungs- und Effizienzerfordernisse im ökonomischen und wissenschaftlich-technischen Bereich müssen auch und gerade durch eine vergleichbare "Ökonomie der Zeit" und Professionalität der Leistung in den Bereichen sozialer Reproduktion abgesichert werden. Die Produzenten des wissenschaftlich-technischen Fortschritts werden nämlich die vielgepriesenen Zeiteinsparungen, die von den Hochtechnologien im Produktionsbereich ausgehen (sollen), kaum erwirtschaften können, wenn sie als Konsumenten ihre Zeit in Warteschlangen verbringen und ihre Energien für den Kampf mit der gewöhnlichen Unterversorgung verbrauchen.

## Anmerkungen

1) Lexikon der Wirtschaft. Arbeit, Bildung, Soziales, Berlin (DDR) 1982, Stichwort: Dienstleistungen; vgl. auch Wörterbuch der Ökonomie Sozialismus, Berlin (DDR) 1984 (6), S.191f.
2) Gablers Lexikon der Wirtschaft, Stuttgart 1962, Stichwort: Dienstleistungen.
3) Vahlens Großes Wirtschaftslexikon, München 1987, Stichwort: Dienstleistungen.
4) Vgl. etwa Hans Paul Bahrdt, Quo vadis Arbeit? Erwerbsarbeit - Eigenarbeit - Heimarbeit, in: Universitas, 42. Jg. (1987), H. 3, S. 230 ff.; als Problem einer modernen Arbeits- und Organisationsgestaltung wird dieser Aspekt des sich verändernden Charakters der produktionsdurchführenden Arbeit u.a. von B. Eidenmüller deutlich gemacht. Vgl. hierzu ders., Auswirkungen von Automatisierungskonzepten auf Führung und Organisation, in: H.-J. Warnecke (Hrsg.) Initiativen für die Fabrik der Zukunft, Berlin u.a., 1986, S. 337 ff.
5) Vgl. Probleme der postindustriellen Gesellschaft, hrsg. v. Lucian Kern, Köln 1976, S. 21; generell zu diesem Thema Daniel Bell, Die nachindustrielle Gesellschaft, Frankfurt und New York 1975.

6) Vgl. hierzu John Naisbitt, Megatrends - 10 Perspektiven, die unser Leben verändern werden, München 1986, S. 24 ff; Naisbitt lehnt den Terminus "Dienstleistungsgesellschaft" ab und benutzt stattdessen "Informationsgesellschaft". Der entscheidende Grund für die Begriffswahl besteht nach Naisbitt jedoch lediglich darin, daß "die überwältigende Mehrheit aller im Dienstleistungsbereich Tätigen (...) in Wirklichkeit mit der Erstellung, Verarbeitung und dem Vertrieb von Informationen befaßt ist." - ebenda, S. 27.

7) Vgl. Alan Gartner, Frank Riessman, Der aktive Konsument in der Dienstleistungsgesellschaft. Zur politischen Ökonomie des tertiären Sektors, Frankfurt 1978, S. 30 ff.; obwohl Gartner und Riessman in erster Linie von personenbezogenen Dienstleistungen ausgehen und insbesondere Aspekte des sozio-kulturellen Wertewandels betonen, scheint mir ihre Hervorhebung der "Individualität" der dienstleistenden Arbeit von allgemeiner Bedeutung zu sein.

8) Vgl. Helmut Koziolek, Reproduktion und Nationaleinkommen, Berlin (DDR) 1979, S. 182 f.

9) Helmut Koziolek, Werner Ostwald, Hans Stürz, Reproduktion und Infrastruktur, Berlin (DDR) 1986, S. 19 f.

10) Ebenda, S. 27.

11) Ebenda.

12) Ebenda, S. 29; im Original hervorgehoben.

13) Schaubilder aus Peter Otto, Philipp Sonntag, Wege in die Informationsgesellschaft, München 1985, S. 84 f.

14) Zusammengestellt nach Materialien zum Bericht zur Lage der Nation im geteilten Deutschland 1987, Herausgegeben vom Bundesministerium für innerdeutsche Beziehungen, Bonn 1987, S. 716.

15) Bezogen auf alle Beschäftigten (volkswirtschaftlicher Gesamtarbeiter = 100%) liegen die Beschäftigten im Sektor Reparatur und Instandhaltung mit einem Anteil von 19% an zweiter Stelle hinter den in der Produktion Beschäftigten (26%) und noch vor der drittgrößten Beschäftigtengruppe, dem Leitungs- und Verwaltungspersonal (18%). Vgl. hierzu die sozialstrukturelle Analyse von Reinhard Schaefer, Jürgen Wahse, Zum Einfluß des wisenschaftlich-technischen Fortschritts auf die Struktur der Arbeitskräfte und ihre Qualifikation, in: Wirtschaftswissenschaft, 34. Jg. (1986), H. 8, S. 1130.

16) Vgl. Otto/Sonntag, a.a.O. (Anm. 13), S. 83 ff.

17) Vgl. Helmut Koziolek, a.a.O. (Anm. 8), S. 182.
18) Schaubild aus Zahlenspiegel Bundesrepublik Deutschland/ Deutsche Demokratische Republik. Ein Vergleich, hrsg. v. Bundesministerium für innerdeutsche Beziehungen, Bonn 1986, S. 54.
19) Karl Marx, Das Kapital, Bd. I, MEW Bd. 23, Berlin (DDR) 1970, S. 532.
20) Adam Smith, Der Wohlstand der Nationen. Eine Untersuchung seiner Natur und Ursachen, München 1974, S. 273.
21) Karl Marx, a.a.O. (Anm. 19), S. 531.
22) Ebenda, S. 532.
23) Vgl. John Naisbitt, a.a.O. (Anm. 8), S. 28.
24) Klaus Steinitz, Wirtschaftswachstum und ökonomische Strategie, in: Wirtschaftswissenschaft, 35. Jg. (1987), H. 10, S. 1468.
25) Ebenda, S. 1469.
26) Karl Marx - volkswirtschaftliche Gesamtrechnung und Wirtschaftsprognose heute (Tagungsbericht von Peter Nick/Uwe Schmidt), in: Wirtschaftswissenschaft, 36. Jg. (1988), H. 3, S. 404.
27) Ebenda, S. 411.
28) Zusammengestellt nach Hochrechnung des DIW, in: Materialien ..., a.a.O. (Anm. 14), S. 719, und Statistische Jahrbücher für die Bundesrepublik Deutschland.
29) Vgl. Alan Gartner/Frank Riessmann, a.a.O. (Anm. 7), S. 58 ff.
30) Zusammengestellt und berechnet nach Statistisches Jahrbuch der Deutschen Demokratischen Republik 1986, Berlin (DDR) 1986, S. 34 und S. 287.
31) Zusammengestellt und berechnet nach Statistisches Jahrbuch 1986 für die Bundesrepublik Deutschland, Stuttgart und Mainz 1986, S. 31 und 212 f.
32) Koziolek/Ostwald/Stürz, a.a.O. (Anm. 9), S. 93.
33) Vgl. "Freiheit" v. 24.04.1988.
34) Ganz ähnlich läßt sich etwa die "Leipziger Volkszeitung" v. 2.2.1988 über das Problem fehlender Reparaturkapazitäten für Schuhe und lange Wartezeiten für Kunden aus. Das DDR-Satireorgan "Eulenspiegel" liefert zu diesem Thema monatliche Kostproben und nimmt dabei gezielt Mißstände im Dienstleistungsbereich aufs Korn.
35) Presse-Information (DDR), Nr. 11/1988, Beilage, S. I.

## Zur Entwicklung des Verhältnisses von Produktions- und Dienstleistungssektor in der DDR

Klaus Steinitz

Die Beziehungen zwischen der Produktion materieller Güter und den Dienstleistungen betreffen grundlegende Tendenzen, Zusammenhänge und Probleme der Entwicklung der sozialistischen Gesellschaft. Um eine Übersicht zu dieser Problematik zu geben und damit auch einige wichtige Einsichten in die Entwicklung der sozialistischen Wirtschaft in der DDR zu vermitteln, soll der Beitrag auf folgende drei Komplexe konzentriert werden:

1. Zu wichtigen Ausgangspunkten und Grundlagen des Verhältnisses von Produktions- und Dienstleistungssektor

2. Zur bisherigen Entwicklung des Verhältnisses zwischen Produktion und Dienstleistungen in der DDR

3. Erfordernisse und Grundrichtungen der weiteren Entwicklung der Dienstleistungen in der DDR.

### I. Zu wichtigen Ausgangpunkten und Grundlagen des Verhältnisses von Produktions- und Dienstleistungssektor

Wenn die Stellung der Dienstleistungen im gesellschaftlichen Reproduktionsprozeß der DDR bestimmt werden soll, so sind vor allem zwei Funktionen hervorzuheben.

Die **erste**, vorwiegend **sozial bestimmte Funktion** besteht darin, vitale Grundbedürfnisse der Bevölkerung zu befriedigen. Bei diesen bedürfnisorientierten Dienstleistungen kommt den Leistungen der sozialen und geistig-kulturellen Bereiche eine hervorragende Rolle zu. Sie sind darauf gerichtet, die Bedingungen zu verbessern, um die dem Wesen des Sozialismus entsprechenden Erfordernisse nach sozialer Sicherheit und sozialer Gleichheit zu verwirklichen. Durch die Entwicklung dieser Bereiche soll für alle Teile der Bevölkerung eine Teilnahme an der gesellschaftlichen Arbeit (Berufstätigkeit) sowie unabhängig von ihrem individuellen Einkommen ein möglichst hohes Niveau der Befriedigung der grundlegenden Bedürfnisse nach Bildung, gesundheitlicher und sozialer Betreuung und Kultur gesichert werden. Das heißt, es geht hierbei um die Verwirklichung wichtiger Menschenrechte und sozialistischer Wertvorstellungen. Für alle Menschen sollen grundsätzlich gleiche soziale Startchancen in das Leben sowie Bedingungen der medizinischen Betreuung geschaffen, den Frauen soll die gleichberechtigte Teilnahme an der gesellschaftlichen Entwicklung so weit wie möglich gesichert , allen Menschen soll die Furcht vor Arbeitslosigkeit und einer unsicheren Zukunft genommen werden. Die Erfüllung dieser Aufgaben darf nicht statisch betrachtet werden, als ein zu einem bestimmten Zeitpunkt erreichter Zustand, sondern vielmehr als ständige Herausforderung und als Entwicklungsprozeß. Eine hohe Priorität der Leistungen der Bildung und des Gesundheits- und Sozialwesens war und ist in allen Abschnitten des Aufbaus und der weiteren Gestaltung des Sozialismus in der DDR typisch. Die Leistungen dieser Bereiche zeichnen sich durch eine hohe Stabilität und Kontinuität aus, die von jährlichen Schwankungen im Wachstum des Nationaleinkommens unabhängig sind.

Im Jahre 1986 wurden aus dem Staatshaushalt für die sozialen geistig-kulturellen Bereiche der Volkswirtschaft 64 Mrd. Mark bereitgestellt, das sind über 1/4 der Gesamtausgaben des Staatshaushaltes. Diese Mittel sind mit einer überdurchschnittlichen Dynamik gestiegen, von 1970 bis 1986 auf das 2, 3-, bei einem Zuwachs der Nettogeldeinnahmen der Bevölkerung auf das 1,9-fache und des im Inland verwendeten Nationaleinkommens auf das 1,7fache. (1) An diesem Entwicklungsverhältnis werden sowohl die hohe Priorität, die diesen sozialen Grundbedürfnissen beigemessen wird als auch die hohe Anspannung bei der Verwendung des Nationaleinkommens und dadurch hervorgerufene Entwicklungsprobleme und Widersprüche deutlich. Von 1960 bis 1986 stiegen die Bruttoarbeitseinkommen je Haushalt und Monat von 775 M auf 2051 M (auf 265 Prozent). In diesem Zeitraum erhöhten sich die

---

1) Diese und die folgenden Berechnungen beruhen auf dem Statistischen Jahrbuch der DDR 1987, Staatsverlag der DDR, Berlin 1987.

Zuwendungen für die Bevölkerung aus Mitteln des Staatshaushalts, der Betriebe und Organisationen von 222 M auf 961 M (auf 430 Prozent). Ihr Anteil an den Bruttoeinkommen insgesamt erhöhte sich damit von 22,2 Prozent 1960 auf 31,9 Prozent 1986.

Hierin widerspiegeln sich auch die Beziehungen zwischen der Verteilung nach der Arbeitsleistung und der Verteilung mit Hilfe des gesellschaftlichen Konsumtionsfonds. Hiermit werden auch Fragen aufgeworfen, wie, in welchen Richtungen und mit welchen quantiativen Proportionen der für die Konsumtion verfügbare Nationaleinkommenszuwachs perspektivisch eingesetzt werden soll, um die Stimulierung hoher Leistungen für die Gesellschaft, das sozialistische Leistungsprinzip, noch wirksamer mit der Befriedigung grundlegender sozialer Bedürfnisse unabhängig von der konkreten Arbeitsleistung und mit sozialer Sicherheit zu verbinden. Verteilung nach der Arbeitsleistung und mit Hilfe des gesellschaftlichen Konsumtionsfonds stehen dabei nicht nebeneinander, sondern sind wechselseitig miteinander verflochten. Beide sind notwendige Realisierungsweisen der sozialistischen Forderung nach sozialer Gerechtigkeit und Gleichheit.

Die Entwicklungsproportionen zwischen diesen beiden Verteilungsformen sind ebenso wenig für alle Zeiten gegeben, wie der konkrete Inhalt der sozialen Sicherheit und Gleichheit unveränderlich ist. Wichtige Ausgangspunkte für die zukünftige Gestaltung dieser Proportionen sind u.a. das erreichte Entwicklungsniveau der Produktivkräfte und der Bedürfnisbefriedigung, bestehende Widersprüche und ungelöste Probleme bei der Verteilung, Rückwirkungen der Arbeitseinkommen und der Einkommen aus gesellschaftlichen Konsumtionsfonds auf die Produktivität und Effektivität. Hierfür sind noch umfangreiche Forschungsarbeiten erforderlich.

Die **zweite**, vorwiegend **ökonomisch bestimmte Funktion** der Dienstleistungen besteht darin, durch produktionsorientierte Dienste die materielle Produktion zu unterstützen, ihre Effektivität zu erhöhen und zu gewährleisten, daß der gesamte ökonomische Kreislauf von der Produktion über die Verteilung und Zirkulation bis zur Konsumtion auf dem erforderlichen Niveau erfolgt. Es geht hier um Beiträge der Dienstleistungen sowohl für eine hohe Effektivität der Produktion als auch für eine größere gesellschaftliche Wirksamkeit der produzierten materiellen Güter.

Den wichtigsten theoretischen Ausgangspunkt für die Bestimmung von Produktion und Dienstleistungen bildet die Auffassung der produktiven Arbeit, die gemeinsam mit der Natur Quelle des materiellen Reichtums, Grundlage für die Existenz und Entwicklung der menschlichen Gesellschaft darstellt. Die Marx´sche politische Ökonomie geht davon aus, daß die produktive Arbeit im Prozeß der Aneignung der Natur zur Befriedigung der Bedürfnisse der Menschen die materiellen Produkte schafft, deren Gesamtheit das gesellschaftliche Gesamtprodukt bildet. Darin eingeschlossen ist das Nettoprodukt oder das Nationaleinkommen. Der Größe, Qualität und Dynamik des Nationaleinkommens insgesamt und vor allem je Kopf der Bevölkerung wird eine Schlüsselfunktion für den gesellschaftlichen Fortschritt im Sozialismus beigemessen.

In der Planung und Statistik der DDR wird davon ausgegangen, daß die materielle Produktion aus der Herstellung materieller Güter (Industrie, Bauwirtschaft, Land- und Forstwirtschaft) und den Bereichen der produktiven oder materiellen Dienste (vor allem Transport, Nachrichtenwesen, Handel und sonstige produktive Leistungen) besteht.

Die nichtproduzierende Sphäre, zu der vor allem auch die geistig-kulturellen und sozialen Bereiche gehören, bilden einen wichtigen Bestandteil des gesellschaftlichen Reproduktionsprozesses. Die nichtproduzierenden Bereiche spielen eine entscheidende, mit der Entwicklung der sozialistischen Gesellschaft weiter ansteigende Rolle für die Bedürfnisbefriedigung der Menschen. Sie sind jedoch in ihrer Entwicklung abhängig von der materiellen Produktion. Einerseits werden die materiell-technischen Grundlagen für die nichtproduzierenden Bereiche und darüber hinaus auch für die produktiven Dienstleistungen vor allem in der Industrie und im Bauwesen geschaffen. Andererseits wird das Ausmaß, in dem gesellschaftliche Arbeit, materielle und finanzielle Ressourcen für deren Entwicklung eingesetzt werden kann, in einem hohe Grade von der Arbeitsproduktivität und Effektivität der Bereiche und Zweige der materiellen Produktion bestimmt.

Die Herausbildung und Entfaltung der neuen Qualität des Wirtschaftswachstums erfordert die Sicherung und ständige Weiterentwicklung der Proportionalität der gesellschaftlichen Reproduktion. Zu den volkswirtschaftlichen Proportionen gehören auch die Beziehungen zwischen den Bereichen der materiellen Produktion (produzierender Bereich) und den nichtproduzierenden Bereichen sowie innerhalb der materiellen Produktion zwischen stofflicher Produktion (Herstellung materieller Güter) und produktiver Leistungen.

Die besondere Hervorhebung der materiellen Produktion und dabei vor allem der Güterproduktion beruht auf diesen theoretischen Prämissen. Dabei spielen die konkreten historischen Entwicklungen in der DDR und in den anderen sozialistischen Ländern sowie die mit der sozialistischen Industrialisierung zu lösenden Aufgaben eine wichtige Rolle. Im Vordergrund standen die Aufgaben zur Erweiterung und Stärkung der industriellen Basis und zur Entwicklung der landwirtschaftlichen Produktion. Da die verfügbaren Ressourcen, vor allem die Investitionen stark begrenzt waren und auch noch sind, ergaben und ergeben sich hieraus Konsequenzen für die mögliche Entwicklung wichtiger Komplexe der Dienstleistungsbereiche.

Auf die Bereiche der Produktion materieller Güter wurde der größte Teil der Investitionen konzentriert. Im Zeitraum 1960 - 1986 wurden etwa 60 Prozent der gesamten Investitionen der Volkswirtschaft für die Industrie und Landwirtschaft eingesetzt. Das Tempo der Erweiterung und qualitativen Vervollkommnung der Dienstleistungen konnte auf einer Reihe wichtiger Gebiete mit dieser Entwicklung nicht Schritt halten. Damit entstanden trotz beträchtlicher Leistungen bei der Entwicklung der sozialen und geistig-kulturellen Bereiche auf einigen Gebieten Anspannungen und Störungen im volkswirtschaftlichen Gleichgewicht, die sich hemmend auf die Leistungs- und Effektivitätsentwicklung und auf die Bedürfnisbefriedigung auswirken. Dies gilt insbesondere für das Transport- und Nachrichtenwesen sowie, trotz deren beschleunigter Entwicklung in den letzten Jahren, für die Instandhaltungs- und Reparaturkapazitäten.

Seit einiger Zeit gewinnen in den Publikationen und in den Diskussionen der Wirtschaftswissenschaftler der DDR die mit den Dienstleistungen verbundenen Probleme an Gewicht. Dabei werden diese Probleme oft nicht unter der Thematik Dienstleistungen oder Dienstleistungssektor, sondern unter anderen Kategorien der Reproduktion untersucht, wie Infrastruktur, materieller und geistiger Nationalreichtum, nichtproduzierende Bereiche oder soziale und geistig-kulturelle Bereiche, Beziehungen zwischen Konsumgütern und Dienstleistungen. Im Ergebnis der Forschungsarbeiten vor allem zur neuen Qualität des Wirtschaftswachstums konnten einige der eingangs genannten politökonomischen Prämissen präzisiert und weiterentwickelt werden. Hierzu gehören u.a.:

- Die früher zum Teil noch vorhandene einseitige Auffassung der nichtproduzierenden Sphäre als nur Nationaleinkommen verbrauchende Sphäre konnte überwunden werden. Heute wird allgemein anerkannt, daß diese Bereiche auch und vor allem als Leistungssphäre zu betrachten sind. Die Entwicklung der sozialen und geistig-kulturellen Bereiche ist von großer und zunehmender Bedeutung, nicht nur unmittelbar für die Bedürfnisbefriedigung der Menschen, sondern darüber hinaus für das erreichte Entwicklungsniveau, den Reichtum und die Stärke einer Volkswirtschaft. Sie müssen als wichtige Indikatoren des Wirtschaftswachstums aufgefaßt werden. Sie sind, wenn sie nicht in das Nationaleinkommen und dessen Dynamik direkt einbezogen werden, als wichtige Ergänzungen zum Nationaleinkommen, als Kennziffer zur Präzisierung der Aussagen zum erreichten Niveau und zur Dynamik der volkswirtschaftlichen Entwicklung zu berücksichtigen. Dabei ist auch die verstärkte Rückwirkung dieser Bereiche auf die materielle Produktion zu beachten, die vor allem über den Menschen als Hauptproduktivkraft erfolgt. Von der Staatlichen Zentralverwaltung für Statistik wurden die notwendigen Schritte vorbereitet, um ähnlich wie in der UdSSR die Dienstleistungen bei der Bewertung des Wirtschaftswachstums zu berücksichtigen. Dazu soll in Ergänzung zum Nationaleinkommen auch das Bruttosozialprodukt erfaßt und ausgewiesen werden.

- Die Rolle der Dienstleistungen und der ihr zugrunde liegenden Infrastruktur für den ökonomischen Fortschritt sowie für die gesellschaftliche Wirksamkeit des Wachstums wurde gründlicher und tiefergehend untersucht und nachgewiesen. Im Vordergrund standen dabei deren Wirkungen:

  erstens auf das Wachstum der Produktion, die Erhöhung ihrer Effektivität, vor allem durch Wissenschaft und Bildung, sowie durch solche Dienstleistungen des produzierenden Bereiches wie Transport und Großhandel (Rolle bei der Sicherung einer kontinuierlichen Produktion);

  zweitens auf die Erhaltung des Gebrauchswerts und den verlustarmen und zeitgerechten Vollzug des ökonomischen Kreislaufs vom Rohstoff bis zum Finalerzeugnis sowie vom Produzenten zum Konsumenten (Anwender) und drittens auf die unmittelbare Befriedigung der Bedürfnisse der Bevölkerung nach Bildung, Gesundheit, abwechslungsreicher Freizeit u.a.

- Es wurde begründet, daß die Sicherung einer proportionalen Entwicklung der Dienstleistungen einen integrierten Bestandteil der staatlichen Leitung und Planung des volkswirtschaftlichen Reproduktionsprozesses bilden muß und zu den wichtigsten Aufgaben einer effektiven Strukturierung der gesellschaftlichen Gesamtarbeit und einer volkswirtschaftlichen Strukturpolitik gehört.

- Wachsende und zum Teil qualitativ völlig neuartige Anforderungen an die Dienstleistungen wurden im Zusammenhang mit dem erreichten Grad der Bedürfnisbefriedigung und der Herausbildung neuer Bedürfnisse sowie neuer Tendenzen der Produktivkraftentwicklung herausgearbeitet. Hierzu gehören vor allem neue Erfordernisse, die auf dem zunehmenden Systemcharakter und der höheren Komplexität neuer Technologien und Produktionsstrukturen, auf dem wachsenden Stellenwert der Flexibilität sowie auf der qualtitativ neuen Rolle der Information und Informationstechnik beruhen. Auf einige hiermit verbundene Fragen wird noch im letzten Teil des Beitrages zurückzukommen sein.

Unabhängig von den vorhandenen unterschiedlichen Standpunkten zum Inhalt und Umfang der produktiven Arbeit besteht unter den Wirtschaftswissenschaftlern der sozialistischen Länder weitgehend Übereinstimmung darin, daß die Dienstleistungen verstärkt in die Volkswirtschaftsplanung, speziell in die volkswirtschaftliche Gesamtrechnung und die Strukturpolitik einzubeziehen sind. Im wesentlichen gibt es auch einen Konsens dazu, daß die Aufgaben der umfassenden Intensivierung und der neuen Qualität des Wirtschaftswachstums nur gelöst werden können, wenn die Dienstleistungen wirksamer und konsequenter als bisher in die Gestaltung und Weiterentwicklung der volkswirtschaftlichen Proportionalität sowie in die Intensivierungs- und Innovationsprozesse einbezogen werden.

Die Beziehungen zwischen Produktion und Dienstleistungen werden in der sozialistischen Reproduktionstheorie und in der Volkswirtschaftsplanung vor allem nach folgenden Komplexen untersucht, denen jeweils spezifische Aspekte dieser Beziehungen zugrunde liegen:

- Beziehungen zwischen produzierendem Bereich und nichtproduzierendem Bereich;

- Beziehungen zwischen stofflicher Produktion (Herstellung materieller Güter) und produktiven Leistungen innerhalb des produzierenden Bereiches;

- Beziehungen zwischen Dienstleistungen, insbesondere produktionsorientierten Dienstleistungen, die im Rahmen gesonderter Zweige und Wirtschaftseinheiten realisiert werden und solchen Dienstleistungen, die im Rahmen der Zweige und Wirtschaftseinheiten der Produktion materieller Güter vollbracht werden;

- Beziehungen zwischen Konsumgütern und Dienstleistungen für die Bevölkerung als Bestandteile der individuellen Konsumtion.

Entsprechend diesen Komplexen sollen einige Ergebnisse und Tendenzen der bisherigen Entwicklung der Beziehungen zwischen Produktion und Dienstleistungen in der DDR betrachtet werden. Im folgenden werden die Dienstleistungen des produzierenden Bereiches als produktive und die des nichtproduzierenden Bereichs als nichtproduktive Dienstleistungen bezeichnet.

## II. Entwicklung des Verhältnisses zwischen Produktion und Dienstleistungen in der DDR in der Zeit von 1960 - 1986

Die einheitliche Bewertung der Ergebnisse der gesellschaftlichen Arbeit, der Ergebnisse der materiellen Produktion und des nichtproduzierenden Bereiches ist bisher noch nicht befriedigend gelöst. Daher soll das Verhältnis zwischen dem produzierenden Bereich und dem nichtproduzierenden Bereich auf der Grundlage der hierfür eingesetzten Ressourcen an Grundfonds, Investitionen und Arbeitskräften dargestellt werden.

**Beziehungen zwischen stofflicher Produktion (Produktion materieller Güter), produktiven Dienstleistungen und nichtproduktiven Dienstleistungen**

Die Gliederung des gesellschaftlichen Reproduktionsrozesses in diese drei Bereiche gibt die Möglichkeit, die Entwicklung der Beziehungen zwischen Produktion und Dienstleistungen nach verschiedenen Gesichtspunkten zu betrachten. Damit können sowohl die Beziehungen zwischen Produktion (materielle Güter und produktive Dienstleistungen) und nichtproduktiven Dienstleistungen als auch die Beziehungen zwischen der Produktion materieller Güter und der Gesamtheit der Dienstleistungen, produktiven und nichtproduktiven, charakterisiert werden. (1)

Im Zeitraum von 1960 bis 1986 ist die Anzahl der Berufstätigen im Dienstleistungssektor insgesamt um rund 830.000 gestiegen, während im Bereich der stofflichen Produktion die Anzahl der Berufstätigen faktisch unverändert blieb.

Die Qualifikationsstruktur der Berufstätigen wird dadurch charakterisiert, daß der Anteil der Hoch- und Fachschulkader im nichtproduzierenden Bereich weit über dem volkswirtschaftlichen Durchschnitt liegt. Während 1986 der Anteil der Hoch- und Fachhochschulkader an den Berufstätigen in der Volkswirtschaft insgesamt bei 23,3 Prozent lag, betrug er im nichtproduzierenden Bereich 53,6 Prozent. Damit waren in diesem Bereich bei einem Anteil an den Berufstätigen von 21,1 Prozent mehr als die Hälfte aller Hoch- und Fachschulkader beschäftigt.

Von 1970 bis 1987 erhöhte sich die Anzahl der Ärzte von 27.255 auf 40.700 und die Anzahl der Zahnärzte von 7.349 auf 12.500.

---

1) Bei den folgenden Angaben, die auf dem Statistischen Jahrbuch der DDR 1987 beruhen, muß beachtet werden, daß sich die Daten teilweise beträchtlich von den Angaben der vorangegangenen Statistischen Jahrbücher unterscheiden. Dies ergibt sich einerseits aus der veränderten Preisbasis für Investitionen (Preisbasis 1985, während die Angaben des Statistischen Jahrbuches 1986 noch auf den Preisen von 1980 beruhen) und zum anderen aus den Ergebnissen der Umbewertung der Grundfonds, die zu den neuen Preisen des Jahres 1986 aufgenommen wurden.

Damit wurden 1970 von einem Arzt 626 Einwohner und 1987 410 Einwohner betreut. (1) Obgleich die Anzahl der Schüler in den Einrichtungen der Volksbildung 1986 nicht höher war als 1960, ist in dieser Zeit die Anzahl der vollbeschäftigten Lehrkräfte von 86.350 auf 170.277, d. h. auf fast das Doppelte gestiegen.

**Tabelle 1:** Entwicklung der Anzahl und der Struktur der Berufstätigen 1960 bis 1986

| | **1960** | | **1970** | | **1986** | |
|---|---|---|---|---|---|---|
| | abs. in 1000 | Anteil in % | abs. in 1000 | Anteil in % | abs. in 1000 | Anteil in % |
| Volkswirtschaft gesamt | 7686 | 100 | 7769 | 100 | 8548 | 100 |
| Stoffliche Produktion[1] | 4956 | 64,5 | 4794 | 61,7 | 4986 | 58,4 |
| produktive Dienstleistungen[2] | 1540 | 20,0 | 1620 | 20,8 | 1757 | 20,5 |
| nichtproduktive Dienstleistungen[3] | 1190 | 15,5 | 1355 | 17,5 | 1805 | 21,1 |
| Dienstleistungen insgesamt | 2730 | 35,6 | 2975 | 38,3 | 3562 | 41,6 |

**Quelle:** Berechnet nach Statistisches Jahrbuch der DDR 1987, S.18,19.

1 Berufstätige in der Industrie, im produzierenden Handwerk (ohne Bauhandwerk, in der Bauwirtschaft, in der Land- und Forstwirtschaft

2 Berufstätige im Verkehrs- und Nachrichtenwesen, im Handel sowie in den sonstigen produzierenden Zweigen

3 Berufstätige im nichtproduzierenden Bereich

1) Zahlen und Fakten zum Thema soziale Sicherheit, Politik zum Wohle des Volkes, Antwort der DDR auf die Umfrage des UNO-Generalsekretärs zu Bevölkerungsfragen, Neues Deutschland vom 19./20.3.1988, S. 9.

**Tabelle 2:** Entwicklung der Investitionen und ihrer Struktur 1960 bis 1986 (Vergleichbare Preise, Basis 1985)

| | 1960 | | 1970 | | 1986 | |
|---|---|---|---|---|---|---|
| | abs. in Mrd.M. | Anteil in % | abs. in Mrd.M. | Anteil in % | abs. in Mrd.M. | Anteil in % |
| Volkswirtschaft gesamt | 21,9 | 100 | 43,7 | 100 | 65,9 | 100 |
| Stoffliche Produktion[1] | 13,5 | 61,7 | 28,9 | 66,0 | 42,0 | 63,8 |
| produktive Dienstleistungen[2] | 3,0 | 13,7 | 6,8 | 15,6 | 9,6 | 14,6 |
| nichtproduktive Dienstleistungen[3] | 5,4 | 24,6 | 8,0 | 18,4 | 14,3 | 21,7 |
| darunter: Wohnungsneubau | 3,2 | 14,7 | 3,2 | 7,4 | 8,6 | 13,1 |
| Dienstleistungen insgesamt | 8,4 | 38,3 | 14,8 | 34,0 | 23,9 | 36,2 |

**Quelle:** Berechnet nach Statistisches Jahrbuch der DDR 1987, S.105.

1 Investitionen in der Industrie, im produzierenden Handwerk (ohne Bauhandwerk, in der Bauwirtschaft, in der Land- und Forstwirtschaft
2 Investitionen im Verkehrs- und Nachrichtenwesen, im Handel sowie in den sonstigen produzierenden Zweigen
3 Investitionen im nichtproduzierenden Bereich, einschließlich Wohnungsneubau

Ohne Investitionen für den Wohnungsneubau nahm der Anteil der Investitionen für die Dienstleistungen insgesamt im Zeitraum 1960 bis 1970 zu, während er im Zeitraum 1970 bis 1986 zurückgegangen ist. In dieser Entwicklung, die im wesentlichen auch für den letzten Zeitabschnitt, für 1981 bis 1986, typisch ist, zeigt sich die sehr starke Konzentration der Investitionen auf die Erfüllung des Wohnungsbauprogramms zur Lösung der Wohnungsfrage als soziales Problem bis zum Jahre 1990 und der steigende Anteil der Investitionen für die Industrie (von 48,8 Prozent 1970 auf 54,6 Prozent 1986), dabei insbesondere zur Sicherung der Energie- und Rohstoffbasis und zur vorrangigen Entwicklung der Mikroelektronik.

Von 1971 bis 1987 wurden insgesamt 315 Mrd. M für das Wohnungsbauprogramm aufgewendet (das sind 10 Prozent des gesamten in diesem Zeitraum produzierten Nationaleinkommens). In dieser Zeit entstanden 2,84 Millionen neugebaute und modernisierte Wohnungen. Damit verbesserten sich die Wohnbedingungen für die Hälfte aller Einwohner der DDR. (1)

**Tabelle 3:** Entwicklung der Grundmittel und ihrer Struktur 1960 bis 1986 (durchschnittlicher Grundmittelbestand, vergleichbare Preise, Basis 1986)

| | 1960 | | 1970 | | 1986 | |
|---|---|---|---|---|---|---|
| | abs. in Mrd.M. | Anteil in % | abs. in Mrd.M. | Anteil in % | abs. in Mrd.M. | Anteil in % |
| Volkswirtschaft gesamt | 477,7 | 100 | 733,8 | 100 | 1570,5 | 100 |
| Stoffliche Produktion[1] | 226,9 | 47,5 | 397,5 | 54,2 | 897,4 | 57,1 |
| produktive Dienstleistungen[2] | 77,9 | 16,3 | 111,2 | 15,2 | 215,8 | 13,8 |
| nichtproduktive Dienstleistungen[3] | 172,8 | 36,2 | 225,1 | 30,6 | 457,2 | 29,1 |
| Dienstleistungen insgesamt | 250,7 | 52,5 | 336,3 | 45,8 | 673,0 | 42,9 |

**Quelle:** Statistisches Jahrbuch der DDR 1987, S. 16, 107.

1 Grundmittel in der Industrie, im produzierenden Handwerk (ohne Bauhandwerk), in der Bauwirtschaft, in der Land- und Forstwirtschaft
2 Grundmittel im Verkehrs- und Nachrichtenwesen, im Handel sowie in den sonstigen produzierenden Zweigen
3 Grundmittel im nichtproduzierenden Bereich, einschließlich Wohnungsneubau

1) Zahlen und Fakten ..., a.a.O., S. 9.

Obwohl der Anteil der produktiven Dienstleistungen an den Investitionen und Grundfonds von 1970 bis 1986 zurückgegangen ist, wurden in dieser Zeit bedeutende Projekte durchgeführt. Hierzu gehören im Verkehrswesen:

- Das Elektrifizierungsprogramm der Reichsbahn; von 1980 bis 1986 stieg der Anteil der Elektrotraktion von 19,9 Prozent auf 38,3 Prozent.

- Die weitere Umstellung auf den Containertransport; die Anzahl der transportierten Großcontainer stieg bei der Eisenbahn von 98,7 Tausend auf 748,5 Tausend.

- Die Verlängerung des Autobahnnetzes

- Bau des Fährhafens Mukran.

Mit den verfügbaren Investitionen war es jedoch auf wichtigen Gebieten der produktiven Dienstleistungen nicht möglich, die einfache Reproduktion der Grundfonds voll zu gewährleisten.

Im nichtproduzierenden Bereich wurden in den 70er und 80er Jahren bedeutende neue Kapazitäten in den Bereichen Bildung, Gesundheitswesen, Kultur, Sport und Erholung geschaffen bzw. vorhandene rekonstruiert.

Die Berufstätigkeit der Frauen wurde durch einen hohen Grad der Betreuung der Kinder in Kinderkrippen und -gärten unterstützt. Die Anzahl der betreuten Kinder je 1000 Kinder im betreffenden Alter entwickelte sich wie folgt:

| | Kinderkrippe | Kindergarten |
|---|---|---|
| 1960 | 143 | 461 |
| 1970 | 291 | 645 |
| 1986 | 811 | 891 |

Von 1970 bis 1986 stieg bei Rückgang der Schülerzahl die Anzahl der Unterrichtsräume von 90 Tausend auf 120 Tausend und der Schulsporthallen von 1950 auf 4000.

Die Kapazitäten der Berufsausbildung sichern, daß alle Schulabgänger einen Beruf erlernen können.

Im Gesundheitswesen stieg von 1970 bis 1986 die Anzahl der Polikliniken von 452 auf 598 und der Ambulatorien von 828 auf 1008. In dieser Zeit wurden als wichtige Vorhaben des Gesundheitswesens der Neubau und die Rekonstruktion der Charité sowie mehrerer Bezirkskrankenhäuser durchgeführt. Die Plätze in Feierabend- und Pflegeheimen sowie Wohnheimen für ältere Bürger wurden von 99 Tausend auf 173 Tausend erhöht.

Auf dem Gebiet der Kultur wurden in dieser Zeit solche Projekte verwirklicht wie der Bau bzw. Wiederaufbau der Semper-Oper in Dresden, des Gewandhauses in Leipzig, des Schauspielhauses, des Französischen Doms, des Friedrichstadtpalastes sowie die Rekonstruktion der Staatsoper, des Deutschen Theaters und der Kammerspiele in Berlin.

Durch Erweiterung der Kapazitäten im Rahmen des Feriendienstes der Gewerkschaften konnte die Anzahl der Urlaubsreisen von 1,14 Millionen auf 1,86 Millionen erhöht werden.

**Beziehungen zwischen Dienstleistungen, die im Rahmen gesonderter Zweige und Wirtschaftseinheiten realisiert werden und Dienstleistungen, die im Rahmen der Zweige und Wirtschaftseinheiten der materiellen Produktion vollbracht werden**

Zu diesen Beziehungen, die für die Beurteilung der Leistungsfähigkeit der gesamten Dienstleistungen, insbesondere der produktiven Dienstleistungen, sehr wichtig ist, gibt es keine umfassenden statistischen Übersichten. Es kann jedoch davon ausgegangen werden, daß im Vergleich zur BRD und anderen westlichen Staaten ein wesentlich geringerer Teil solcher produktiver Dienstleistungen, wie Herstellung von Software, Projektierung, Consulting, Forschung und Entwicklung durch spezialisierte Betriebe erfolgt, sondern größtenteils in den Kombinaten der Industrie und des Bauwesens konzentriert ist. Im Rahmen ihrer Verantwortung für den gesamten Reproduktionsprozeß haben die Kombinate Kapazitäten aufgebaut und entwickelt, um ihre Anforderungen an solchen Dienstleistungen in einem beträchtlichen Umfang selbst realisieren zu können.

In allen Etappen der sozialistischen Entwicklung werden bedeutende Mittel eingesetzt, um die Leistungen der Betriebe für die soziale und geistig-kulutrelle Betreuung der Werktätigen zu erweitern und qualitativ zu verbessern. Hierzu gehören vor allem Leistungen zur gesundheitlichen Betreuung der Berufstätiggen (von den 1986 bestehenden 1008 Ambulatorien sind 334 Betriebsambulatorien, von den 598 Polikliniken sind 135 Betriebspolikliniken), zur beruflichen Aus- und Weiterbildung, zur Speisenversorgung (Betriebsessen) und zur Ferienbetreuung (1986 konnten 3,1 Millionen Urlauber einen größeren Teil ihrer Ferien zu niedrigen Preisen in betrieblichen Erholungseinrichtungen verbringen).

Unter Auswertung bisheriger Erfahrungen sowie internationaler Entwicklungstendenzen ist es jedoch erforderlich, die gesellschaftliche Arbeitsteilung auf diesem Gebiet, unter Ausnutzung der Vorzüge spezialisierter Kapazitäten, weiterzuentwickeln. Ein Beispiel für eine rationellere Arbeitsteilung sind die Veränderungen der Proportionen zwischen dem öffentlichen Straßenverkehr und dem Werkverkehr im Straßengüterverkehr. Der Anteil des öffentlichen Straßenverkehrs ist auf Kosten des Werkverkehrs von 67 Prozent 1980 auf 76 Prozent 1986 gestiegen.

**Beziehungen zwischen Konsumgütern und Dienstleistungen für die Bevölkerung als Bestandteile der individuellen Konsumtion**

Die individuelle Konsumtion wird in der DDR u. a. durch folgende Merkmale charakterisiert:

- Auf der Grundlage der kontinuierlichen Entwicklung des Nationaleinkommens (Volumen, Qualität und Struktur) wachsen auch Konsumtion und ihre Bestandteile kontinuierlich. Von 1970 bis 1986 ist die individuelle Konsumtion als Teil des Nationaleinkommens (d.h. Konsumgüter und produktive Dienstleistungen) auf 183 Prozent und der Einzelhandelsumsatz auf 184 Prozent, 117,8 Mrd. M 1986, gestiegen. In diesem Zeitraum wuchs der Umsatz an Nahrungs- und Genußmitteln auf 163 Prozent und an Industriewaren auf 210 Prozent. Der Ausstattungsgrad mit langlebigen Konsumgütern wurde wie folgt erhöht (vgl. Tabelle 4):

**Tabelle 4:** Ausstattungsgrad je 100 Haushalte

| | 1960 | 1970 | 1980 | 1986 |
|---|---|---|---|---|
| Personenkraftwagen | 3,2 | 15,6 | 38,1 | 50,5 |
| Haushaltskälteschränke | 6,1 | 56.4 | 108,8 | 144,5 |
| Haushaltswaschmaschinen | 6,2 | 53,6 | 84,4 | 102,0 |
| Fernsehempfänger | 18,5 | 73,6 | 105,0 | 118,9 |

**Quelle:** Statistisches Jahrbuch der DDR 1987, S. 53.

Die produktiven Dienstleistungen für die Bevölkerung (Reparaturen, Textilreinigung, Transport- und Nachrichtenleistungen u.a.) wuchsen in dieser Zeit insgesamt etwas langsamer als der Warenumsatz im Einzelhandel. Einen weit überdurchschnittlichen Zuwachs wiesen dabei jedoch die Reparaturen an Kraftfahrzeugen und anderen langlebigen Konsumgütern auf (Wachstum 1970 bis 1986 auf über 300 Prozent, von ca. 1 Mrd. M auf über 3 Mrd. M).

- Die Konsumgüter umfassen den größten Teil des Gesamtverbrauchs der Bevölkerung an Konsumgütern und Dienstleistungen. Ihr Anteil am Gesamtverbrauch eines Arbeiter- und Angestelltenhaushaltes je Haushalt und Monat betrug 1986 57,7 Prozent, das sind 1.337 M Konsumgüter bei einem Gesamtverbrauch von Konsumgütern und Leistungen von 2.317 M. Ihr Anteil am **bezahlten** Verbrauch von Waren und Dienstleistungen betrug 1986 84,2 Prozent. Er hat sich seit 1960 kaum verändert. Dieser geringe Anteil der bezahlten Dienstleistungen ist vor allem auf die niedrigen, stark subventionierten Mieten und Tarife für Verkehrsleistungen, Energie und Wasser zurückzuführen. Der Anteil der Mieten an den Bruttogeldeinkommen betrug 1960 3,9 Prozent und 1986 nur noch 2,4 Prozent, die entsprechenden Anteile für Strom und Gas betrugen 1,1 und 1,4 Prozent.

- Die Entwicklung der Struktur des Verbrauchs von Konsumgütern und Dienstleistungen zu effektiven Preisen ist seit 1960 durch die ständige Erhöhung des Anteils der Dienstleistungen gekennzeichnet. Ihr Anteil stieg von 29,8 Prozent 1960 auf 42,3 Prozent 1986. Dabei ist charakteristisch, daß diese Anteilserhöhung ausschließlich auf den unentgeltlichen Leistungen beruhte. Ihr Anteil am Gesamtverbrauch wuchs von 17,3 Prozent 1960 auf 31,6 Prozent 1987, oder in absoluten Größen von Haushalt und Monat von 140 Mark auf 732 Mark. In diesem Zeitraum ging der Anteil der bezahlten Leistungen von 12,5 Prozent 1960 auf 10,7 Prozent 1986 zurück (vgl. Tabelle 5).

## III. Erfordernisse und Grundrichtungen der weiteren Entwicklung der Dienstleistungen in der DDR

Ausgehend von den bisher erreichten Ergebnissen der Entwicklung der Dienstleistungen der DDR und den dabei sichtbar gewordenen Problemen, den Aufgaben der Gesellschafts- und der ökonomischen Strategie bis zum Jahre 2000 sowie der Weiterentwicklung der sozialistischen Reproduktionstheorie sollen im letzten Teil des Beitrages einige Erfordernisse und Grundrichtungen der weiteren Entwicklung der Dienstleistungen in der DDR thesenförmig charakterisiert werden.

Erstens: Der Entwicklung der Dienstleistungen kommt eine wachsende Bedeutung für die umfassende Intensivierung und die langfristige Weiterführung der Einheit von Wirtschafts- und Sozialpolitik zu. Die Erweiterung der Dienstleistungen, aber vor allem die Verbesserung ihrer Qualität und Struktur entsprechend den gestiegenen Anforderungen der Bevölkerung, der Wirtschaft sowie der internationalen Beziehungen gehören zu den grundlegenden Aufgaben der ökonomischen Strategie. Die weitere Erhöhung der Leistungsfähigkeit, Effektivität und internationalen Wettbewerbsfähigkeit der Volkswirtschaft der DDR hängt in beträchtlichem Maße davon ab, wie es gelingt, die notwendigen Proportionen zwischen der Herstellung materieller Güter und den Dienstleistungen herzustellen und ständig weiter zu entwickeln.

Eine wichtige Voraussetzung hierfür ist die Erwirtschaftung und Bereitstellung der hierfür erforderlichen Ressourcen, insbesondere Investitionen und moderne Technik. Für die zukünftige Kapazitätsentwicklung der nichtproduzierenden Bereiche gewinnt die Sicherung der einfachen Reproduktion der Grundfonds durch Instandhaltung, Modernisierung und Rekonstruktion sehr stark an Gewicht. Es gilt, die Proportionen zwischen Neubau und Erhaltung

**Tabelle 5:**
**Entwicklung und Struktur des Verbrauchs von Konsumgütern und Leistungen in Arbeiter- und Angestelltenhaushalten der DDR je Haushalt und Monat in effektiven Preisen (absolut in Mark und Strukturanteile in Prozent)**

| | 1960 | | 1970 | | 1980 | | 1986 | |
|---|---|---|---|---|---|---|---|---|
| | absolut in M | Strukturanteile in % | absolut in M | Strukturanteile in % | absolut in M | Strukturanteile in % | absolut in M | Strukturanteile in % |
| Verbrauch von Konsumgütern und Leistungen gesamt | 810 | 100 | 1198 | 100 | 1881 | 100 | 2317 | 100 |
| Konsumgütern | 569 | 70,2 | 794 | 66,3 | 1162 | 61,8 | 1337 | 57,7 |
| Leistungen | 241 | 29,8 | 404 | 33,7 | 719 | 38,2 | 980 | 42,3 |
| Bezahlter Verbrauch von Konsumgütern gesamt | 553 | 68,3 | 775 | 64,7 | 1149 | 61,1 | 1325 | 57,2 |
| Nahrungs- und Genußmittel | 330 | 40,7 | 433 | 36,1 | 566 | 30,1 | 642 | 27,7 |
| Industriewaren | 223 | 27,5 | 342 | 28,6 | 583 | 31,0 | 683 | 29,5 |
| Verbrauch von bezahlten Leistungen | 101 | 12,5 | 146 | 12,2 | 205 | 10,9 | 248 | 10,7 |
| darunter: | | | | | | | | |
| Mieten | 33 | 4,1 | 38 | 3,2 | 44 | 2,3 | 54 | 2,3 |
| Strom und Gas | 9 | 1,1 | 18 | 1,5 | 24 | 1,3 | 31 | 1,3 |
| Verbrauch von unentgeltlichen Leistungen gesamt | 140 | 17,3 | 258 | 21,5 | 514 | 27,3 | 732 | 31,6 |
| darunter: | | | | | | | | |
| Gesundheits- und Sozialwesen | 43 | 5,3 | 61 | 5,1 | 105 | 5,6 | 144 | 6,2 |
| Volksbildung und Kultur | 71 | 8,8 | 141 | 11,8 | 278 | 14,8 | 355 | 15,3 |
| Wohnungsbau und -erhaltung | 8 | 1,0 | 21 | 1,7 | 58 | 3,1 | 145 | 6,3 |
| sonst. unentgeltl. Leistungen | 18 | 2,2 | 35 | 2,9 | 73 | 3,9 | 88 | 3,8 |

**Quelle:** Statistisches Jahrbuch der DDR, 1987, B. 278, 279.

bzw. Modernisierung vorhandener Kapazitäten weiter zu Gunsten der letzteren, d.h. der einfachen Reproduktion der baulichen Grundfonds und auch der Ausrüstungen zu verändern.

Zweitens: In den Wechselbeziehungen zwischen der Herstellung materieller Güter und den Dienstleistungen gewinnen letztere relativ an Gewicht. Dies hängt mit einigen neuen Tendenzen der Produktivkraft- und Bedürfnisentwicklung zusammen, wie:

- größere Komplexität und weitere Ausprägung des Systemcharakters der Produktivkräfte und des gesamten gesellschaftlichen Reproduktionsprozesses; die Wirksamkeit der materiellen Güter (der Hardware) ist von der Kombination mit den erforderlichen Dienstleistungen, vor allem mit den produktionsorientierten Diensten, zu einem effektiven System abhängig, wobei sich beide zunehmend gegenseitig durchdringen; vor allem bei den neuen Erzeugnissen der Informations- und Automatisierungstechnik wie EDV-Anlagen, flexible Automatisierungssysteme, CAD/CAM-Systeme, wird deutlich, daß sie nur in der Einheit von Hardware und Software sowie anderen produktionsorientierten Diensten realisiert und beim Anwender wirksam werden können;

- der Produktions- und Reproduktionsprozeß beruht in wachsendem Maße auf der Einheit von Stoff-, Energie- und Informationsverarbeitung (bzw. -umwandlung) sowie den entsprechenden Stoff-, Energie- und Informationsflüssen; je höher der Stellenwert der Informationen und der Informationstechnik für die intensiv erweiterte Reproduktion, desto größer die Bedeutung solcher produktionsorientierter Dienste wie Software und Datenkommunikation;

- die Effektivität des Reproduktionsprozesses wird zunehmend von der Beherrschung des Zeitfaktors, der Beschleunigung der ökonomischen Kreisläufe und Innovationen, der höheren Flexibilität der Reproduktion, von der Qualität und Rechtzeitigkeit der Entscheidungen bestimmt; hierfür gewinnen vor allem die mit der Bereitstellung und Verarbeitung von Informationen verbundenen Leistungen sowie andere Dienstleistungen ein höheres Gewicht;

- die neue Qualität in der Einheit und Verflechtung von Wissenschaft und Produktion führt dazu, daß die Leistungen in Forschung und Entwicklung und bei der Aus- und Weiterbildung der Werktätigen das Wirtschaftswachstum und dessen Qualität sowie die Wettbewerbsfähigkeit immer mehr bestimmen;

- die gesellschaftliche Wirksamkeit des Wirtschaftswachstums wird nicht vom Produktionszuwachs an sich, sondern zunehmend von seiner Bedarfsgerechtheit und Qualität, von der schnellen, zuverlässigen, reibungs- und verlustarmen Realisierung der materiellen Güter - Transport, Lagerung, Kühlung, Handel - sowie von der hohen zeitlichen Verfügbarkeit der Maschinen, Anlagen und Konsumgüter - Reparaturen, Serviceleistungen -, d. h. von wichtigen Komplexen der Dienstleistungen bestimmt;

- mit der Entwicklung der sozialistischen Lebensweise sowie dem höheren Niveau bei der Befriedigung der materiellen Lebensbedürfnisse gewinnen die sozialen und geistig-kulturellen Leistungen bwz. Bedürfniskomplexe sowie die Leistungen zum Erhalt der Gebrauchsfähigkeit langlebiger Konsumgüter, darunter besonders auch der Wohnungen, weiter an Bedeutung.

Drittens: Die höheren Anforderungen an die Dienstleistungen gelten nicht in gleicher Weise und undifferenziert für alle Arten. Es geht daher unseres Erachtens auch nicht primär darum, daß der Dienstleistungssektor insgesamt rascher als die Produktion materieller Güter wachsen muß. Einerseits wird ein zunehmend größerer Teil der produktionsorientierten Dienstleistungen nicht in einem gesonderten Dienstleistungssektor, sondern unmittelbar in Kombination mit der Herstellung der materiellen Güter wirksam. Zum anderen kommt es auf eine differenzierte Entwicklung und Stärkung der verschiedenen Arten von Dienstleistungen an, entsprechend den konkreten Erfordernissen der Produktivkräfte und der Bedürfnisse.

Die Erhöhung der Leistungsfähigkeit der Dienstleistungen und die Sicherung ihrer proportionalen Entwicklung ist eine langfristig und immer wieder neu zu lösende Aufgabe. Auch für die Dienstleistungen gilt wie für die Bereiche der Industrie, der Landwirtschaft und des Bauwesens, daß die erweiterte Reproduktion ihrer Leistungsfähigkeit vor allem auf dem Wege der Intensivierung erfolgen muß. Dabei werden die konkreten Proportionen zwischen der Erhöhung der Anzahl der Arbeitskräfte und der materiellen Ressourcen und deren intensive, effektivere Nutzung unterschiedlich sein.

Viertens: Bei der Entwicklung des Verhältnisses von Produktion und Dienstleistungen geht es vor allem um eine neue Qualität der Proportionierung und der gegenseitigen Durchdringung von materieller Produktion und Dienstleistungen. Langfristig wird sich der Anteil der Dienstleistungen an den Berufstätigen und auch an den materiellen Ressourcen erhöhen. Der Beitrag der Dienstleistungen zum ökonomischen und sozialen Fortschritt, zur besseren Bedürfnisbefriedigung und insgesamt zur neuen Qualität des Wachstums muß zunehmen. Diese Tendenz wird aber m.E. nicht adäquat mit dem Begriff Übergang von der Industrie- zur Dienstleistungsgesellschaft widergespiegelt. Es geht vielmehr um eine engere gegenseitige Verflechtung der Produktion materieller Güter und der Dienstleistungen, um eine qualitativ höhere Stufe ihrer Einheit und Wechselbeziehung. Dabei wachsen die Anforderungen sowohl an die materielle Produktion, vor allem an die Entwicklung der Produktionszweige, die Träger des wissenschaftlich-technischen Fortschritts sind, die auch die mögliche Stärkung der materiell-technischen Basis und der Leistungsfähigkeit der Dienstleistungen bestimmen, an die Qualität und den Neuheitsgrad ihrer Ergebnisse als auch an die Dienstleistungen, vor allem an ihre Qualität und bedarfsgerechte Struktur.

## Literaturverzeichnis

Bericht des Zentralkomitees der Sozialistischen Einheitspartei Deutschlands an den XI. Parteitag der SED, Berichterstatter: Genosse Erich Honecker, Dietz Verlag, Berlin 1986.

Direktive des XI. Parteitages der SED zum Fünfjahrplan für die Entwicklung der Volkswirtschaft der DDR in den Jahren 1986 bis 1990, Dietz Verlag, Berlin 1986.

Grundfragen der sozialistischen Reproduktionstheorie, Autorenkollektiv, Leiter: W. Heinrichs, Dietz Verlag, Berlin 1982.

Umfassende Intensivierung und Reproduktionstheorie, Autorenkollektiv, Leiter; W. Heinrichs, Dietz Verlag, Berlin 1987.

H. Koziolek, Reproduktion und Nationaleinkommen, Verlag Die Wirtschaft, Berlin 1979.

H. Koziolek/W. Ostwald/H. Stürz, Reproduktion und Infrastruktur, Verlag Die Wirtschaft, Berlin 1986.

Lebensniveau im Sozialismus, Autorenkollektiv, Leitung: G. Manz, Verlag Die Wirtschaft, Berlin 1983.

A. Braun, Wechselbeziehungen zwischen Veränderungen der Produktionsstruktur und der Steigerung der volkswirtschaftlichen Effektivität, Wirtschaftswissenschaft 34 (1986) 12.

Statistisches Jahrbuch der Deutschen Demokratischen Republik, Staatsverlag der DDR, Berlin 1987.

## Zusammenfassung der Beiträge

Heiner Timmermann

Erstmals fand in der Bundesrepublik Deutschland ein internationales wissenschaftliches Kolloquium zu Aspekten der DDR- und Deutschland-Forschung statt, in dem Referenten aus beiden deutschen Staaten ihre Forschungsergebnisse zu "Sozialstruktur und sozialem Wandel in der DDR" vortrugen. Eingeladen hierzu hatte die Europäische Akademie Otzenhausen, die auch für die Konzeption verantwortlich zeichnete. Neben Forschern aus der Bundesrepublik und der DDR waren mehr als 50 Wissenschaftler und Wissenschaftlerinnen aus Frankreich, Großbritannien, Italien und Luxemburg der Einladung gefolgt.

Prof. Dr. Manfred Lötsch, Akademie für Gesellschaftswissenschaften beim ZK der SED, eröffnete den Reigen der Vorträge mit "Sozialstruktur der DDR - Kontinuität und Wandel". Er definierte den übergreifenden Ansatz der Sozialstrukturforschung als "Struktur-Funktions-Paradigma". Daraus folgerte er, daß Strukturen nicht als separate Gegebenheiten existieren und mithin auch nicht isoliert beschrieben werden können. Sie erfüllen übergreifende Systemfunktionen und lassen sich folgerichtig immer nur im Zusammenhang mit ihnen begreifen. Für Lötsch verhalten sich klassen- und schichtungstheoretische Ansätze zueinander nicht wie "wahr" oder "falsch", sondern einfach in unterschiedlichen Erklärungszusammenhängen. Für die DDR-Soziologie verändern sich, so Lötsch, theoretische Blickwinkel und Ansätze mit gesellschaftlichen Bedürfnissen. Für sie sind Analysen und daraus hervorgehende Verallgemeinerungen immer ein Moment gesellschaftlicher Bestrebungen, Entwicklungsprozesse praktisch zu beherrschen. Strukturen erfüllen - als Moment von **Kontinuität** - Funktionen der Systemstabilisierung, und sie wirken - als Moment von **Wandel** - als Faktoren von Entwicklung.

Zwei übergeordnete Zielkriterien wies Lötsch der sozialistischen Gesellschaft der DDR zu: Auf der einen Seite definiert sich Sozialismus als Gesellschaft, die nach Überwindung überkommener Klassengegensätze verbliebene soziale Unterschiede weiter aus der Welt schaffen will. Im konzeptionellen Denken der DDR wurden Zielvorstellungen, die auf die Schaffung einer durch soziale Gleichheit charakterisierten Gesellschaft gerichtet sind, im Laufe der siebziger und vor allem der achtziger Jahre einschneidend präzisiert: das heißt nicht, daß Gleichheitsziele ad acta gelegt oder kommenden Generationen überwiesen würden. Was sich im konzeptionellen Denken änderte, war die differenzierte und realistischere Einordnung aktueller Ziele und Erfordernisse in größer dimensionierte historische Zielvorstellungen. Der zweite Bezugspunkt ergab sich für ihn aus dem Umstand, daß soziale Strukturen mit der ökonomischen Effektivität gesellschaftlicher Systeme zusammenhängen: Im weitesten Sinne mit ihrer Fähigkeit zum Wirtschaftswachstum, im engeren Sinne mit ihrer Innovationsfähigkeit.

Damit gilt: Sozialstrukturelle Entwicklungen in der DDR-Gesellschaft unterliegen 1. Gleichheitszielen und 2. Effektivitätserfordernissen. Das Spannungsverhältnis zwischen diesen Zielvorstellungen faßte Lötsch wie folgt zusammen:

1. Soziale Gerechtigkeit und Uniformität sind zwei grundverschiedene Dinge. Anzustreben sei nicht eine Gesellschaft, in der Lebenslagen, Lebensstile usw. auf einen Durchschnitt hin nivelliert werden, sondern eine Gesellschaft gleicher Entwicklungsmöglichkeiten und Lebenschancen, was Vielfalt nicht ausschließt, sondern geradezu meint.

2. Innerhalb des gesamten Phänomens "soziale Differenziertheit" sind unterschiedliche Sachverhalte voneinander abzuheben.

3. Die Ortung unterschiedlicher Problemlagen führt zu unterschiedlichen gesellschaftlichen Strategien, abgegrenzt von der pauschalen Vorstellung, das Maß an Unterschiedslosigkeit schlechthin für das übergreifende Fortschrittskriterium der sozialistischen Gesellschaft anzusehen.

Die in Konturen skizzierte Wende im konzeptionellen Denken der DDR hatte vor allem zwei Hintergründe:

- Wende in der volkswirtschaftlichen Wachstumsstrategie in der DDR Ende der 70er Jahre. Es gab kein Anwachsen des quantitativ verfügbaren Arbeitskräftepotentials, weil die einzige Quelle, die es dafür bei ständigem Rückgang der Gesamtbevölkerung gab - die Zunahme der Berufstätigkeit der Frauen - erschöpft wurde. Die Proportionen zwischen Un/Angelernten - Facharbeitern - Werktätigen mit Fach- und Hochschulbildung habe sich von Ende der 40er Jahre: 75 : 23 : 2 auf gegenwärtig: 15 : 64 : 21 entwickelt.

- Damit stellen sich Fragen, die mit dem Eckpunkt "Effizienz" zusammenhängen, nunmehr völlig anders.

Dreh- und Angelpunkt des neuen Wachstumskonzepts sah Lötsch in der völlig neuen Rolle der Wissenschaft. Dieser veränderte gesellschaftliche Kontext führte zu neuen Akzentuierungen in soziologischen Fragestellungen, vor allem in den Forschungen zur Sozialstruktur, weil in den vorangegangenen Phasen man den Schwerpunkt auf die Entwicklung der Arbeiter und Bauern gelegt hatte. Vor diesem Hintergrund mußte das um die Eckpunkte "Gleichheitsziele" und "Effizienzerfordernisse" gruppierte Problem neu durchdacht werden. Ohne soziale Besonderheiten ist eine sich in ihren Leistungen über das Mittelmaß erhebende wissenschaftliche Intelligenz nicht zu haben.

Zu Beginn seines Referats "Aspekte des sozialen Wandels in der DDR - Transformation oder Modernisierung?" konstatierte Rüdiger Thomas, Referatsleiter in der Bundeszentrale für politische Bildung, in vielen Punkten eine Übereinstimmung mit den Feststellungen von Lötsch. Im allgemeinen stellte er fest, daß Defizite in der bundesrepublikanischen DDR-Forschung sich häufig als Folge von Defiziten der Forschung in der DDR selbst erweisen. In der Bundesrepublik werde mehr veröffentlicht als geforscht, in der DDR mehr geforscht als veröffentlicht.

Thomas thematisierte die Zusammenhänge von Nation und Gesellschaft, Abstiegs- und Aufstiegsmobilität, Bildungs- und Gesellschaftspolitik und das Verhältnis von sozialer Homogenität und sozialer Differenzierung und Leistung, ging auf den Zielkonflikt zwischen dem Gleichheits- und Effizienzprinzip ein und faßte zusammen:

Der politisch induzierte sozioökonomische Umbau der DDR-Gesellschaft, der sich in einer grundlegenden Veränderung der Produktionsverhältnisse (**Beseitigung des Besitzbürgertums**) und einem weitreichenden Austausch gesellschaftlicher Macht- und Funktionseliten ausdrückt, ist am Beginn der 60er Jahre im wesentlichen abgeschlossen worden. Damit ist eine nachhaltige Abschwächung gesellschaftlicher Mobilitätsprozesse verbunden. In der nachrevolutionären Konsolidierungsphase, die durch die Zäsur des Mauerbaus ihren Ausgangspunkt findet, wird der Prozeß einer Transformation der Gesellschaft durch eine Politik der Modernisierung abgelöst, die gleichzeitig eine gesellschaftliche Stabilisierung zur Folge hat. Die Gestaltung des "entwickelten Systems des Sozialismus" erweist sich zunehmend als die Entfaltung einer industriell entwickelten Gesellschaft. Neben der politisch und ökonomisch bestimmten strukturellen Differenz beider deutscher Staaten tritt eine "industriegesellschaftlich geprägte" prozessuale Parallelität beider deutscher Gesellschaften wieder deutlich hervor.

In den folgenden Referaten wurden Jugend, Frau und Familie im Kontext von "Sozialstruktur und sozialer Wandel in der DDR" untersucht.

Dr. Gustav-Wilhelm Bathke, Zentralinstitut für Jugendforschung, Leipzig, setzte sich mit dem Thema "Jugend" auseinander, dargestellt an der sozialen Reproduktion der Hochschulstudenten und ihrer Persönlichkeitsentwicklung in der DDR. Für Bathke ist mit der sozialen Reproduktion ein breites Spektrum von Fragen verbunden, z.B. hinsichtlich der Entwicklung und Stabilisierung der sozialen Struktur der Gesellschaft, der Effizienz, der sozialen Gerechtigkeit, der Chancengleichheit und -realisierung, der Nutzung des Begabungspotentials. Bei der empirischen Untersuchung des Zusammenhangs von sozialer Herkunft und Persönlichkeitsentwicklung stellte er zwei Positionsbereiche heraus:

- Probleme der Vermittlungsprozesse und
- Bestimmung der sozialen Herkunft.

Die Mehrheit der heute tätigen Intelligenz hat sich aus Arbeitern und Bauern bzw. deren Kindern rekrutiert. Im Ergebnis dieses Reproduktionsprozesses hat sich das soziale und politische Profil der Intelligenz grundlegend gewandelt. Die heutigen Hochschulstudenten als zukünftige Angehörige der Intelligenz reproduzieren sich in starkem Maße aus dieser neuen Intelligenz. Die homogene Intelligenzfamilie ist somit eine Neuerscheinung im Sozialismus.

Für Dr. Barbara Hille von der Forschungsstelle für Jugendfragen, Hannover, ist der thematische Zugang "Sozialstruktur und sozialer Wandel" mit Blickrichtung "Jugend in der DDR" eher mit einem Fragezeichen zu versehen. Jugend gilt zwar in der Regel als Träger sozialen Wandels innerhalb einer Gesellschaft, doch welcher Bezugspunkt bietet sich an, an dem Wandel heute zu messen ist?

Nach anfänglichen radikalen Umbrüchen und Veränderungen der DDR-Gesellschaft in den 40er und 50er Jahren zeichnet sich in der Folge eine kontinuierliche Entwicklung in Richtung einer Stabilisierung der zum Teil neu geschaffenen sozialen Strukturen ab sowie eine Vertiefung bestehender Unterschiede zwischen den verschiedenen sozialen Gruppen. Im Zuge der erforderlichen Differenzierungen der Qualifikationen erscheint es wenig wahrscheinlich, daß künftig Unterschiede und Ungleichheiten in der Arbeitstätigkeit abgebaut werden können. Die meisten Jugendlichen vollziehen den Prozeß des Hineinwachsens in die Erwachsenengesellschaft relativ zügig. Im Vergleich mit der Bundesrepublik Deutschland handelt es sich um eine kurze Statuspassage vom Jugendlichen zum Erwachsenen. Für die meisten Jugendlichen ist z.B. die Berufsausbildung mit 18 Jahren abgeschlossen. Es folgt für die männlichen Jugendlichen der Dienst in der NVA. Die meisten Jugendlichen gründen mit ca. 23 Jahren eine eigene Familie. Somit ist diese kurze Lebensphase mit vielfältigen Aufgaben, Ansprüchen und Verantwortung ausgefüllt und verplant. Dementsprechend wird Jugend unter der Zielsetzung der Entwicklung zu "sozialistischer Persönlichkeit" kein spezieller sozialer Sonderstatus zuerkannt, sondern als Angehörige der sozialen Klassen und Schichten der sozialistischen Gesellschaft eingestuft. Folgende Faktoren hob Hille als für die Entwicklung der jungen Generation besonders wichtig hervor:

1. Entwicklung des einheitlichen Bildungssystems,
2. veränderte Stellung der Frau,
3. veränderte Familienformen, -strukturen, -größen,
4. organisierte Freizeit.

Frühzeitige Eheschließung und Familiengründung sowie die zunehmende Zahl außerehelicher Lebensgemeinschaften legen zugleich neue weitreichende Pflichten auf und binden und kanalisieren zugleich jugendliche Unruhe. Sie sind allerdings weniger noch als ihre Eltern zu bedingungsloser Anpassung bereit. Die

Mehrheit arrangiert sich, paßt sich an. Für die vielfältigen Anpassungsleistungen werden jedoch erhebliche Kräfte verbraucht, die effektiver genutzt werden könnten. Es fehlen in der DDR offiziell tolerierte "Freiräume" für individuelle Entfaltung und Ausgestaltung, für Entspannung ohne Programm und Zeitplan. Eine perfekte Organisation, Betreuung und Erziehung, die bereits in der Kinderkrippe systematisch beginnt, erschwert solche Entwicklungen, produziert eher weites Mittelmaß. Sozialer Wandel wird sich möglicherweise in Zukunft im Zusammenhang mit der forcierten technologischen Entwicklung vollziehen. Zu diesem Zweck wird auch eine strengere Selektion und planmäßige Förderung der Leistungsbesten und insbesondere der technisch, mathematisch und naturwissenschaftlich befähigten und hochbegabten Schüler sowie Studenten angestrebt. Schöpfertum wird sich allerdings kaum nach Plan erzeugen lassen.

Dr. Jutta Gysi, Akademie der Wissenschaften der DDR, Institut für Soziologie und Sozialpolitik, beschäftigte sich mit der "Frauen- und Familienentwicklung in der DDR". Eingangs stellte sie fest, daß die praktische Realisierung der Gleichberechtigung der Frau ein unverzichtbares Entwicklungsmoment des Sozialismus überhaupt sei. Dafür mußten zwei Aufgaben zeitgleich in Angriff genommen werden:

1. war eine neue, dem Mann gleichberechtigte Stellung der Frau herauszubilden, die nicht mehr einseitig an die Familie gebunden, sondern primär von ihrer Position im gesellschaftlichen Arbeitsprozeß und ihrer Teilnahme am politischen Leben bestimmt war;

2. galt es, Partner- und Familienbeziehungen qualitativ neuer Art zu entfalten, die auf Gleichberechtigung, Liebe, Achtung und Kameradschaft, kurzum auf die inneren Werte von Partnerschaft aufbauen.

Bildung und Berufstätigkeit sind für die DDR die wichtigsten Grundlagen der Gleichberechtigung.

Im folgenden machte Dr. Gysi Ausführungen zur beruflichen Entwicklung der Frau, zur vorherrschenden Familienform, die in der DDR nicht anders als in anderen industriell entwickelten Ländern die Kernfamilie ist, Erwartungen an Partnerschaft und Familienleben. Die Frage, wie es mit Ehe und Familie angesichts der Scheidungsrate, Lebensgemeinschaften und unvollständigen Familien weitergehen werde, beschäftigt Wissenschaft und Politik in einem hohen Maße. Über die Fortexistenz der Familie brauche man sich wohl keinerlei Zweifel hinzugeben. Denn der Wert der Familie hat in der DDR-Gesellschaft keineswegs an Bedeutung eingebüßt. Auch die Ehe wird in absehbarer Zeit als Paradigma in der Lebensweise der DDR-Bürger erhalten bleiben. Der Prozeß der Anpassung der sozialistischen Inhalte und Änderungen an die tradierten Lebensformen hebt Ehe und Familie nicht auf, versieht diese aber mit Modifikationen. Man habe sich deshalb wohl nach und nach darauf einzurichten, mit einem bleibenden bzw. möglicherweise noch ansteigenden Prozentsatz an Mehrfachehen, Lebensgemeinschaften und unvollständigen Familien.

Dr. Susanne Weigandt, früher Rostock, jetzt Freie Universität Berlin, untersuchte den sozialen Wandel am Beispiel der Integration von Frauen in den Beruf und ihre Teilnahme an beruflichen Spitzenpositionen als Indikator für eine gesellschaftliche Lösung der Vereinbarkeit von Berufstätigkeit und Familie. In ihrer fast 40jährigen Geschichte kann die DDR auf eine Reihe von Erfolgen in der Politik der Gleichberechtigung der Geschlechter verweisen. Reale Gleichberechtigung der Geschlechter kann sich nach dem Selbstverständnis der DDR nur in einer von Ausbeutung freien, also sozialistischen Gesellschaft entwikkeln, in der das Privateigentum an den Produktionsmitteln und die daraus resultierende Ausbeutung des Menschen durch den Menschen beseitigt sind (Marx). Eine Veränderung der geschlechtsspezifischen Arbeitsteilung in der Gesellschaft und in der Familie und eine daraus resultierende notwendige Neudefinition der Rolle des Mannes in Familie und Gesellschaft wird erst in jüngster Zeit zunehmend diskutiert.

Weigandt wies im folgenden die unverkennbaren Erfolge der Gleichberechtigung nach, allerdings auch das Defizit weiblicher Präsenz in Spitzenpositionen von Politik, Wirtschaft und Gesellschaft. Als Fazit stellte Dr. Weigandt fest, daß sich die verstärkte berufliche Frauenförderung seit Gründung der DDR dahingehend ausgewirkt habe, daß sich soziale Unterschiede, beruhend auf niedrigerer Qualifikation von Frauen, in den jüngeren Jahrgängen weitgehend abgebaut haben. Geblieben sei der geschlechtsspezifische Zugriff auf die traditionellen Frauenberufe im sozialen und pflegerischen Bereich. Die seit 1950 aufgestellte Forderung, mehr leitende Positionen mit Frauen zu besetzen, sei bisher wenig von Erfolgt gekrönt, wie in der DDR selbstkritisch konstatiert werde.

Prof. Dr. Gunnar Winkler, Direktor des Instituts für Soziologie und Sozialpolitik der Akademie der Wissenschaften der DDR, sprach zur Sozialpolitik der DDR: Man kann heute davon ausgehen, daß in der DDR unter Sozialpolitik jener Teil der Politik verstanden wird, der auf die Gestaltung sozialer Verhältnisse gerichtet ist. Daraus ergibt sich für Winkler:

Sozialpolitik umfaßt die Gesamtheit der Gestaltung der sozialen Verhältnisse der Klassen, Schichten und der sozialen Gruppen zueinander und nicht nur die Verbesserung der wirtschaftlichen Lage der wirtschaftlich und/oder sozial schwachen Gruppen. Insofern ist für die DDR festzustellen: Ihre Sozialpolitik ist keine Politik, die auf dem Konzept der sozialen Schwächen beruht, und sie versteht sich nicht als Politik zur Verhinderung, Behebung oder Milderung sozialer Schwächen. Ihr Objekt sind demzufolge nicht allein soziale Gruppen, deren Lebenslage sich vom Durchschnitt bzw. von anderen Gruppen negativ unterscheidet, sondern ist die in der sozialistischen Gesellschaft vorhandene Sozialstruktur in ihrer Gesamtheit und in ihren Gliederungen. Die Anerkennung des Zusammenhangs von ökonomischer und sozialer Entwicklung schließt zugleich ein, darin nicht einen einseitigen Ursache-Wirkungs-Zusammenhang zu sehen. Der Zusammenhang von wirtschaftlicher und sozialer Entwicklung hat drei Aspekte:

1. Wirtschaftliche Entwicklung ist Voraussetzung für soziale Entwicklung.

2. Produktionsprozeß und Gestaltung der der menschlichen Natur adäquaten Arbeitsbedingungen sind ein einheitlicher Prozeß.

3. Soziale Entwicklung und Lebensweiseentwicklung sind Voraussetzung und Bedingung für wirtschaftlichen Fortschritt.

Mit der zu Beginn der 70er Jahre eingeleiteten Phase einer sich an den Bedürfnissen der Menschen orientierenden Wirtschafts- und Sozialpolitik wurden soziale Wandlungen in mehreren Hinsichten zugrunde gelegt, die Winkler eingehend erläuterte. Die Gewinnung der Arbeitskräfte für effektivere Tätigkeiten bei Gewährleistung sozialer Sicherheit ist ein Kardinalproblem der Sozialpolitik der DDR, wie Winkler einräumte. Dabei gehe man von der vollen Verwirklichung des Rechts auf Arbeit aus. Wachsenden Stellenwert in der Sozialpoltik der DDR erhielt zu Beginn und Mitte der 70er Jahre eine bedürfnisorientierte Bevölkerungs- und Familienpolitik. Die Wohnungsfrage soll als soziales Problem bis 1990 gelöst werden. Wandlungen haben sich auch vollzogen in der Erhöhung der Wirksamkeit des sozialistischen Leistungsprinzips als wesentliches Prinzip zur Durchsetzung sozialer Gerechtigkeit. Im Rahmen des demokratischen Zentralismus würden als Träger der Sozialpolitik die Betriebe und Territorien ebenso zunehmendes Gewicht erhalten wie die Gewerkschaften und andere gesellschaftliche Organisationen.

Abschließend sprachen Dr. Fred Klinger, FU Berlin, und Prof. Dr. Klaus Steinitz, stellvertretender Direktor des Zentralinstituts für Wirtschaftswissenschaften der Akademie der Wissenschaften der DDR, über die Entwicklung des Verhältnisses von Produktions- und Dienstleistungssektor.

Klinger führte aus, daß die Bedeutung der Dienstleistungen in den vergangenen Jahren in den Industriestaaten stark zugenommen habe. So zeigten die Zahlen der in diesem Sektor Beschäftigten in den USA, Frankreich, Japan und Schweden gegenüber den Produktionssektoren Industrie und Landwirtschaft eine dauerhaft steigende Tendenz. Auch in der Bundesrepublik hätte der Anteil der Beschäftigten der gewerblichen Produktion 1970 noch bei 40,2% gelegen, im Dienstleistungssektor bei 24,7%. 13 Jahre später, 1983, hätten sich die Zahlen zuungunsten der gewerblichen Produktion auf 34,2% und zugunsten der Dienstleistungen auf 30,4% verschoben. In der DDR hingegen seien die Beschäftigtenzahlen im Bereich der gewerblichen Produktion mit 41,1% gleich geblieben und im Dienstleistungssektor nur unwesentlich von 22,0% auf 25,2% gestiegen. Dies liege daran, daß Dienstleistungen in der DDR in der Regel nicht als produktive Leistungen gelten. Sie seien in diesem Sinne nicht wertschöpfend, sondern werden als Kosten durch Umverteilung aus den wertschöpfenden produktiven Sektoren abgedeckt. Die Problematik, so Klinger, liege darin, daß es schwierig sei, das ökonomische Gewicht und den Beitrag der dienstleistenden Bereiche für das gesamtwirtschaftliche Geschehen in einer Planwirtschaft zu bestimmen.

Prof. Dr. Steinitz legte dar, daß ein Unterschied zwischen den Verhältnissen darin liege, daß in der Bundesrepublik bezüglich den zum Dienstleistungssektor gehörenden Gebieten eine Differenz zur DDR bestehe, woraus sich diese stark unterschiedlichen Zahlen ergäben. So gehöre in der DDR zur materiellen Produktion aus der Herstellung materieller Güter auch der Bereich der produktiven oder materiellen Dienste (vor allem Transport, Nachrichtenwesen, Handel und sonstige produktive Leistungen), was sich auch in den Statistiken niederschlage. Allerdings müsse man sehen, daß durch die Tatsache, daß von 1960 bis 1986 etwa 60% der gesamten Investitionen der Volkswirtschaft für die Industrie und Landwirtschaft eingesetzt wurden, bei einer Reihe wichtiger Gebiete des Dienstleistungssektors mit dieser Entwicklung nicht voll Schritt gehalten werden konnte. Dies gelte insbesondere für das Transport- und Nachrichtenwesen sowie, trotz der beschleunigten Entwicklung in den letzten Jahren, für die Instandhaltungs- und Reparaturkapazitäten.

Während Klinger die These vertrat, daß aus wirtschaftssoziologischer Sicht eine Reihe von Argumenten dafür spreche, daß sich ein Wandlungsprozeß der industriell entwickelten Gesellschaften hin zu Dienstleistungsgesellschaften vollziehe, meinte Steinitz, daß bei aller Hervorhebung der Rolle der Dienstleistungen für die neue Qualität des Wirtschaftswachstums es keinen Übergang zur Dienstleistungs- oder Informationsgesellschaft im Sozialismus gäbe.

An Kontroversen und unterschiedlichen Auffassungen fehlte es nicht: Reproduktion der Verhältnisse - Wandel der Verhältnisse. Wo sind die Dynamisierungspotentiale in der DDR-Gesellschaft? Bedeutet Stabilisierung gleich Erstarrung? Warum die gesellschaftspolitisch begründete Zugangsbeschränkung (Flaschenhalssituation) zur Weiterbildung in der DDR? Ideologie und Gesellschaftskonzeption, Elite und Effizienz. Problem der kurzen Jugendphase in der DDR. Welchen Einfluß haben alternative Lebensformen auf den sozialen Wandel? Empirische Datenlage, Bevölkerungspolitik und Geburtenstimulierung, Subventionen in der DDR ("Wie teuer muß ein Brötchen sein, um nicht weggeworfen zu werden?").

Zuweilen hieß es auch: "Ihre Fragen sind auch unsere Fragen." Die Bedeutung dieses internationalen Kolloquiums lag wohl darin, daß es erstmals gelungen war, zum Themenbereich aktuelle

DDR-Forschung auch Wissenschaftler und Wissenschaftlerinnen aus der DDR unter den Teilnehmern gehabt zu haben. Der Austausch der wissenschaftlichen Befunde war bei allen Desiderata und unterschiedlichen Auffassungen fruchtbar, so daß eine Fortsetzung dieses Austausches von allen Wissenschaftlern begrüßt wurde.

## Liste der Autoren

**Heiner Timmermann**, Dr. phil., stellv. Leiter der Europäischen Akademie Otzenhausen und Lehrbeauftragter an der Universität des Saarlandes

**Arno Krause**, Leiter der Europäischen Akademie Otzenhausen und Generalsekretär der Internationalen Föderation der Europa-Häuser

**Manfred Lötsch**, Prof. Dr., Akademie für Gesellschaftswissenschaften beim ZK der SED, Berlin

**Rüdiger Thomas**, Referatsleiter in der Bundeszentrale für politische Bildung, Bonn

**Gustav-Wilhelm Bathke**, Dr. phil., Zentralinstitut für Jugendforschung, Leipzig

**Barbara Hille**, Dr., Forschungsstelle für Jugendfragen, Hannover

**Jutta Gysi**, Dr., Akademie der Wissenschaften der DDR. Institut für Soziologie und Sozialpolitik

**Susanne Weigand**, Dr., Freie Universität Berlin

**Gunnar Winkler**, Prof. Dr., Akademie der Wissenschaften der DDR. Institut für Soziologie und Sozialpolitik

**Fred Klinger**, Dr., Forschungsstelle für gesamtdeutsche wirtschaftliche und soziale Fragen, Berlin

**Klaus Steinitz**, Prof. Dr., Akademie der Wissenschaften der DDR. Zentralinstitut für Wirtschaftswissenschaften

**Forum: Politik** (ISSN 0932-0970)

In dieser Reihe werden einzelne politikwissenschaftliche Fragestellungen aus verschiedenen Perspektiven beleuchtet.

1 Heiner Timmermann (Hrsg.): **Deutschland – Frankreich – Polen.** Ihre Beziehungen zueinander nach 1945. 1986. 185 S., ISBN 3-926406-01-1.

2 Heiner Timmermann (Hrsg.): **Geschichtsschreibung zwischen Wissenschaft und Politik.** Deutschland – Frankreich – Polen im 19. und 20. Jahrhundert. 1987. 280 S., ISBN 3-926406-07-0.

3 Heiner Timmermann (Hrsg.): **Außenpolitik und Interessenausgleich.** Die Bundesrepublik Deutschland und die Volksrepublik Polen in den Ost-West-Beziehungen. 1988. 187 S., ISBN 3-926406-15-1.

4 Heiner Timmermann (Hrsg.): **Sozialstruktur und sozialer Wandel in der DDR.** 1988. 208 S., ISBN 3-926406-18-6.

Verlag Rita Dadder
Scheidter Straße 5A, D-6601 Saarbrücken-Scheidt